Robert Widl

Der Fall Maximilian von Mexiko

Wie eine Jugendliebe Weltgeschichte machte

Robert Widl

Der Fall Maximilian von Mexiko

Wie eine Jugendliebe
Weltgeschichte machte

Stieglitz Verlag
D-75415 Mühlacker
A-8952 Irdning/Steiermark

Schutzumschlag: Volker Riedel, Knittlingen

Titelbild: Kaiser Maximilian von Mexiko

Österreichische Nationalbibliothek Wien, Bildarchiv

Die Deutsche Bibliothek – CIP-Einheitsaufnahme
Widl, Robert:
Der Fall Maximilian von Mexiko: wie eine Jugendliebe
Weltgeschichte machte / Robert Widl – Mühlacker;
Irdning/Steiermark; Stieglitz-Verlag, 1999
ISBN 3–7987–0350–7

ISBN 3–7987–0350–7

D-75415 Mühlacker
A-8952 Irdning/Steiermark
1999

Druck: Karl Elser Druck GmbH, Mühlacker

„Mein Sohn, Du kannst nicht wissen,
mit wie wenig Verstand der Erdkreis regiert wird!“
(Axel Oxenstierna,
Reichskanzler Schwedens,
an seinen Sohn Johan.)

Meiner Familie
in Liebe

Inhalt

1

Was führt der Mexikaner im Schilde?

„Wer nicht versteht, daß die Macht das stärkste Erotikum der Menschheit ist, wird niemals Politik und Geschichte verstehen.“
(Franz Werfel)

Biarritz, Juli 1857:
Demokratien gleichen meistens Schachspielen, Diktaturen aber eher einem russischen Roulette. Und das Große in der Weltgeschichte ist selten wirklich groß...

Don José Manuel Hidalgo y Esnaurriza, vor kurzem von seinen häufig wechselnden Regierungen vom Posten als zweiter Sekretär der mexikanischen Gesandtschaft in Madrid wieder einmal abberufen, stößt leise seine jugendliche Begleiterin an.

„Siehst du den französischen Offizier dort an der Reling ins Meer starren?“

„Den blonden Hünen?“

„Er ist trotz seiner Jugend bereits Oberst der Leibgarde der Kaiserin Eugénie. Sprich ihn an! Du weißt, ich muß unbedingt zu ihr persönlich vordringen, und zwar so bald wie möglich.“

„Wie stellst du dir das vor? Eine junge Dame kann doch nicht einfach einen jungen Mann ansprechen. Noch dazu einen Offizier dieses frivolen Hofes Napoleons III. Ausgeschlossen, ganz ausgeschlossen!“

„Ich bitte dich, mach kein Theater! Du weißt, was alles auf dem Spiel steht!“

„José, du bist verrückt! Nein, nein, was du da von mir verlangst. Mir fehlen einfach die Worte.“

„Carmencita, du mußt ihn ansprechen. Dieser junge Mann könnte für unsere Sache von unermeßlichem Wert werden.“

„Nein, und abermals nein! Ich bin doch keine Dirne.“

„Du mußt es tun. Wir haben keine andere Wahl. Du willst doch nicht alle unsere Pläne zunichte machen?“

„Pläne, Pläne! Du denkst nur daran. An mich denkst du nicht. Ich soll mich wie eine leichtlebige Frau aufführen?“

„Carmencita! Die Sache duldet keinen Aufschub, wir sind in Zugzwang. Unsere Existenz, deine ebenso wie meine, hängt an einem dünnen Faden. Geh, sprich ihn an! Nur diese eine Minute vergiß deine Herkunft, deine Erziehung, und spiele ein Mädchen, das mit einem jungen Mann ein wenig flirtet.“

„José, du bist von Sinnen. Ich soll diesen feschen Oberst ansprechen? Was würde er von mir halten?“

„Das muß uns jetzt gleichgültig sein. Bedenke, wir haben keine Alternative! Geh zu ihm, bevor er sich entfernt!“

„Er dürfte unsere Blicke gespürt haben, José. Er sieht her zu uns. Ist das peinlich! Komm, entfernen wir uns so rasch wie möglich!“

„Bist du übergeschnappt, Carmencita? Du bist unsere einzige Hoffnung, enttäusche uns nicht!“

„Ihr Männer macht es euch leicht, eure Kastanien von uns Mädchen aus dem Feuer holen zu lassen.“

„Was zögerst du noch? Sprich ihn um Himmels willen endlich an!“

„Dazu sieht er zu gut aus. Wenn er wenigstens einen Buckel hätte oder eine Knollennase!“

„Wir können uns das Äußere unseres Köders nicht aussuchen.“

„Und ich soll der Lockvogel für diesen jungen Mann sein! Abscheulicher Gedanke! Was sage ich bloß zu ihm? Ich habe mir eine solche Rolle selbst in meinen kühnsten Gedanken noch nie vorgestellt!“

„Verlieren wir nicht kostbare Zeit! Nun geh schon!“

„Mein Instinkt verrät mir, daß er ein Mann ist, bei dem man beim Kennenlernen schon an den endgültigen Abschied denken muß.“

„Mach, daß er sich in dich verliebt, und die Sache ist bereits gewonnen. Darum geh schon!“ Und er schubst die Zögernde mit einem energischen Stoß dem jungen Offizier entgegen, der scheinbar nichtsahnend wieder unverwandt aufs Meer schaut.

Carmencita geht langsam auf ihn zu. „Pardon“, haucht sie mehr als sie spricht und verstummt sofort.

Er scheint sie nicht zu hören und nicht zu bemerken.

„Pardon", wiederholt sie tonlos, und ihre Lippen zittern.

Jetzt hebt er ihr ruckartig den Kopf entgegen.

„Da sind Sie endlich!" strahlt er sie an, ihr völlig unverständlich.

Sie ist wie vor den Kopf gestoßen. „Aber... aber... Sie kennen mich doch gar nicht. Sie müssen mich verwechseln..."

„Heißen Sie nicht Carmen?"

„Carmencita."

„Also doch! Sie sind dem Meer entstiegen wie die Schaumgeborene, die Anadyomene des Praxiteles..."

„Ich bin keine Plastik, die ein Künstler aus Stein gehauen hat, Monsieur..."

„Für mich sind Sie aus den blauen Meereswellen erstanden..."

„Nicht doch!"

„Oder vom Himmel herabgestiegen, aus dem unermeßlichen Horizont wie eine Möwe zu mir hergeflogen, Mademoiselle Carmencita..."

„Aber nein! Ich bin keine Undine, keine Wassernixe, ich bin schlicht und einfach..."

„Keine Aphrodite, die Mutter der himmlischen wie auch der irdischen Liebe?"

„Sie machen sich lustig über mich, mon officier! Ich wollte Sie lediglich fragen..."

„Nicht fragen, bitte, nicht fragen! Sie zerstören sonst meine Illusionen.Ich habe eine Carmen verloren, an das Leben verloren. Grausame Fluten haben sie davongespült, und mir ist eben eine Carmencita zugeflogen wie ein leuchtender Paradiesvogel."

„Sie verspotten mich, Monsieur."

„Nein, Mademoiselle, wie dürfte ich!Es wäre zu schädlich, Sie zu verspotten! Ich bewundere Sie, ich verehre Sie, ich bete Sie an!"

„O, das ist mehr als Spott! Das ist Verachtung. Ach, was habe ich getan! Ich Schamlose habe Sie angesprochen."

„Sie mich? Irrtum! Ich Sie, Mademoiselle Carmencita! Ich mußte Sie ansprechen. Kann man denn einen solchen unwiederbringlichen Augenblick des Schicksals vorübergehen lassen, ohne daß..."

„Nein! Verdrehen wir nicht die Tatsachen! Ich habe Sie angesprochen, weil ich Sie bitten wollte, mir zu helfen..."

„Ich will alles für Sie tun, ich schwöre es bei Gott, bei Napoleon III., bei allen Elfen und Feen...!"

„Schwören Sie nicht! Sagen Sie mir lieber, wie ich zur Kaiserin vordringen kann? Ich muß sie unbedingt persönlich in einer sehr wichtigen Angelegenheit sprechen..."

„Ach so... Ich bin für Sie also kein junger Mann, kein junger Offizier, sondern nur die Angel, die man auswirft, um einen Fisch zu fangen."

„Aber ich muß zur Kaiserin, so rasch wie möglich."

„Ich bin doch kein Postamt, bei dem man einen Brief zur baldigen Beförderung aufgibt."

„Nein, das nicht. Aber vielleicht ein Kavalier, der einem Mädchen einen kleinen Dienst erweisen möchte?"

„Bei Hofe lebt man seit dem Bombenattentat vor dem Teatro San Carlo von Neapel in ständiger Angst vor weiteren Anschlägen.Ich riskiere Kopf und Kragen, wenn ich eine Unbekannte bei der Kaiserin einführe. Sie könnten in Ihrem Täschchen eine kleine Bombe verbergen und im entscheidenden Augenblick..."

„Sagten Sie nicht vorhin, daß Sie mich anbeten? Und jetzt haben Sie so wenig Vertrauen zu mir? Natürlich, jeder junge französische Offizier schwatzt immerfort von l'amour und meint damit nichts anderes als..."

„Als was?..."

„Als... Lassen wir das! Verzeihen Sie die Störung! Au revoir!"

„Halt, Mademoiselle! Wir müssen uns in Ruhe aussprechen... Abends... in einem kleinen Bistro. Ich muß mir das erst durch den Kopf gehen lassen. Heute abend? In der Rue Roi Jérôme?"

„Also gut! Kein Rendezvous, sondern ein Arbeitsgespräch!"

Er runzelt die Stirn. Seine grünen Augen unter dem rotblonden Haupthaar schießen feurige Blicke. „Sie sind doch keine Undine. Warum heißen Sie bloß Carmencita? Ich habe schon einmal schlechte Erfahrungen mit einer Carmen gemacht."

„Wer kann dafür? Ob man nun so heißt oder anders..."

„Sie haben recht, Mademoiselle! Ich werde Sie eben anders nennen."

„Wie denn, Monsieur?"

„Vielleicht Esmeralda oder Violette oder Orchidee."

„Wenn schon einen Blumennamen, dann Paquerette."

„Warum ausgerechnet ‚Gänseblümchen'?"

„Weil ein Mädchen, das einen jungen Offizier anspricht..."

„Unsinn! Heute abend, 21 Uhr also im Bistro, Rue Roi Jérôme, Nummer 25."

„Fünfundzwanzig?"

„Hoffentlich nicht Ihre Unglückszahl!"

„Glück... Unglück... was ist das schon, Monsieur?"

Abends im Bistro:

Carmencita sitzt mit dem großen jungen Offizier an einem kleinen, wackeligen Zweiertischchen.

„Lauter Offiziere sind hier", stellt sie fest.

„Und alle mit ihren Freundinnen. Wenn ich das auch von mir behaupten könnte!"

„Das käme darauf an", erwidert sie schelmisch.

„Worauf, Mademoiselle?"

„Ob Sie meinen dringlichen Wunsch erfüllen werden!"

„Dazu müßten wir uns erst näher kennenlernen. Ich müßte schließlich für die Sicherheit der Ersten Dame des Reiches bürgen, wenn ich Ihnen ermögliche, vor ihr Antlitz zu treten."

„Hohle Phrasen sind das, mon officier. Wie will man für einen anderen Menschen hundertprozentig bürgen? Können Sie beispielsweise in mein Herz so sehr hineinleuchten, daß..."

„Das ist möglich, wenn man sich sehr nahekommt."

„Jeder Mensch hat ein Brett vor dem Kopf, und wer verliebt ist, hat deren zwei."

„So jung, so hübsch und schon so mißtrauisch der Liebe gegenüber?"

„Zum mindesten einem Mann gegenüber, der mir nach drei Minuten des ersten Zusammentreffens schon erklärte, daß er mich anbete. Wer vor Liebe den Verstand verliert, der hat bald alles verloren."

„Oho, ein schönes Köpfchen mit feinem esprit! Für eine süße zarte Französin sehr beachtenswert."

„Dabei bin ich keine!"

„So! Was sind Sie dann, meine seltsame Orchidee?"

„Mexikanerin! Von Geburt Mexikanerin, der Herkunft nach aber Spanierin."

„Ein Glück, daß Sie sich als Spanierin fühlen. Für Mexikanerinnen habe ich nicht viel übrig."

„Warum, mon officier?"

Der Kellner bringt die bestellte Weinflasche, entkorkt sie und füllt die Gläser der beiden, die damit anstoßen.

„Auf die Liebe!" prostet er ihr zu.

„Auf die Erfüllung meines Wunsches!" erwidert sie und nimmt einen kleinen Schluck, während er das Glas in einem einzigen Zug leert.

„Sie haben meine Frage noch nicht beantwortet", hebt sie jetzt an.

„Welche Frage, Mademoiselle?"

„Warum Sie Mexikanerinnen nicht mögen."

„Erstens, weil sie derzeit nur die Politik im Kopf haben, und zweitens..."

„Und zweitens?" Ihre Brust wogt plötzlich hoch.

„Und zweitens... ein unruhiges Volk, lebt seit Jahren ständig im Bürgerkrieg, zerfleischt sich selbst und wird noch Europa in seine Turbulenzen hineinreißen..."

„Sie sehen wie ein strahlender Held aus und blasen Trübsal wie... wie..."

Auf die freie Fläche inmitten des Lokals tanzt jetzt ein junges Pärchen herein, von einigen Gitarristen begleitet.

„Sehen Sie", ruft der junge Offizier, „sie tanzen einen Flamenco."

„Wundervoll!" Carmencita klatscht begeistert in die Hände. Der Offizier verschlingt das Mädchen an seiner Seite mit den Blicken. „Ihre Wangen röten sich, Ihre Augen blitzen", flüstert er ihr ins Ohr.

„Pst... Nicht stören!"

„Sie können gewiß noch besser tanzen als diese Zigeunerin dort."

„Sie tanzt sehr gut unseren cante flamenco."

„Jetzt sagten Sie *unseren* flamenco. Sie sind doch zu hundert Prozent Spanierin und fast keine Mexikanerin."

„Finden Sie?"

„Wenn ich doch mit Ihnen diesen flamenco tanzen könnte! Würden Sie meine Lehrmeisterin sein? Der Tanz ist gewiß schwer zu erlernen."

„Nicht, wenn Sie Feuer im Blut haben!"

„Wovon handelt dieser Tanz?"

„Die beiden singen von..."

„Von Liebe. Natürlich von Liebe!"

„Natürlich von Liebe – und Tod! Wir aus Andalusien nämlich, wir singen immer nur davon..."

„Ja? Ich höre, Carmencita..."

„Unser wunderschönes Land, die hohen Berge in der Sierra Nevada... dann die schmale Costa del Sol. Dazu unsere himmlischen Weine um Frontera und Malaga... eine herrliche Gegend, deren musikalische Visitenkarte eben der Flamenco ist."

„Wenn alles bei euch so phantastisch ist, warum singen dann die Flamenceros nicht von Liebe und Glück, sondern von Liebe und..."

„Weil zur Liebe eben der Tod dazugehört wie das A zum B."

„Das ist mir unbegreiflich, meine Schöne."

„Aber wieso denn? Betrachten wir doch die Liebespaare der Weltliteratur: Julia verlor ihren Romeo an den Tod, Hero ihren Leander. Sie, mon officier, Ihre Carmen..."

„Nicht an den Tod, ei bewahre, an das Leben, Carmencita, an das Leben... das ist viel schlimmer..."

„So war eben auch diese Liebe dem Tod geweiht. Hören Sie doch, was die beiden Tänzer eben singen..."

„Was denn, meine Freundin, was?"

„Sie singen auf spanisch:

Wir lieben uns nicht,
wir paaren uns nur.
Häßlich sind die Gedanken,
aber schön die Gesichter.
O, könnten wir doch spielen mit unseren Seelen
wie jetzt mit unseren Körpern, zuckend vor
Leidenschaft!
Die Geister der Toten pfeifen in unsere Ohren:
Ihr müßt sterben wie wir
und zuletzt auch... die heißeste Liebe..."

„Nie und nimmer!" ruft der junge Mann aus. „Die Liebe stirbt nicht, Kommen Sie, lehren Sie mich den Flamenco zu tanzen!"

„Wenn Sie mir helfen, Sie wissen schon, wie!"

„Erst den Flamenco, Carmencita, dann wollen wir sehen!" Er zieht sie auf das freie Parkett im Mittelgang des Bistro.

Die Musiker mit ihren hellen Gitarren stimmen sofort eine zündende, volksliedhafte Weise an.

Carmencita in ihrem eng anliegenden, schwarzen Kleid mit dem roten Schal und dessen langen Fransen, im Haar einen hohen Steckkamm, beginnt mit einem Solotanz. Erst langsam, dann immer rascher sich steigernd in schnell wechselndem Rhythmus, wobei die begleitenden Kastagnetten die Tänzerin anfeuern, immer stärker mit ihren hochhackigen Schuhen auf den Boden zu stampfen, zu klatschen und spanische Weisen zu trällern.

Der Offizier verfolgt den ekstatischen Tanz Carmencitas mit immer größerer Bewunderung. Er klatscht begeistert und durch laute Zurufe bestärkt er die wilde Tänzerin zu immer tolleren Drehungen und Pirouetten.

Da verklingt das Volkslied, der Tanz ist zu Ende. Die Tänzerin hält leicht taumelnd inne und läßt sich schnurgerade in die ausgespannten Arme des hochgewachsenen Offiziers fallen.

Sie verweilt einen Augenblick wie benommen in seinen Armen. Dann küßt er sie. Zuerst zaghaft scheu, jedoch bald stürmischer und fordernder.

Da reißt sie sich brüsk von ihm los und gibt ihm eine schallende Ohrfeige. „Sie meinen wohl, mich erpressen zu können?" zischt sie ihn an.

„Pardon, Mademoiselle!" Über und über rot geworden, verbeugt er sich galant vor ihr. „Was nun? Darf ich Ihnen jetzt noch meine Dienste in Ihrer Angelegenheit anbieten?" spricht er ein wenig verschämt.

„Ich habe keine andere Wahl", seufzt sie auf und ordnet ihr leicht zerzaustes Haar.

„So ist es recht. Hören Sie, Carmencita: Morgen fährt die Kaiserin in ihrem Daumont von ihrem Schloß in Biarritz nach Bayonne. Die Fahrt geht über die Brücke des Adour und der Nive zum Rathaus, wo sie um elf Uhr vormittags eintreffen wird. Wenn Sie, Carmencita, sich davor an der Ecke der Rue

Reine Hortense und Avenue Imperiale aufstellen könnten, und zwar rechts, da die Monarchin rechts von ihrer Hofdame sitzen wird, und ich im Fond ihr gegenüber... Sie werden in der ersten Reihe der Zuschauer stehn und eine Gesuchsrolle sehr auffällig hochhalten. Ich werde die Kaiserin darauf aufmerksam machen und dem Kutscher zurufen zu halten..."

„Das wollen Sie wirklich für mich tun?" Carmencita strahlt ihn mit dem lieblichsten Lächeln der Welt an.

„Ich würde alles für Sie tun, Carmencita, alles!" wallt es leidenschaftlich in ihm hoch.

„Merci, mon officier, merci!" Zarte Röte überzieht ihren hellen Teint.

„Und was bekomme ich dafür?" fragt er sie keck.

„Haben Sie nicht Ihren Lohn bereits erhalten?" Ihre Augen lächeln sehr listig.

„Ja, ich spüre ihn immer noch." Er reibt sich die intensiv gerötete Backe.

„O, jetzt sollte ich Sie vielleicht gar noch bedauern?"

„Nicht nötig", brummt er. „Morgen abends wieder im Bistro, in unserem Bistro?"

„Das kommt darauf an."

„Worauf kommt es an, Carmencita?"

„Ob es klappen wird! Ob ich dazu kommen werde, das auszuführen, was ich mir vorgenommen habe."

„Wenn Sie mich ein ganz klein wenig mögen, dann kommen Sie auf jeden Fall."

„Und wenn ich Sie nicht mag?"

„Daran will ich nicht denken. Sie kommen also, Sie kommen?"

„Wir werden sehn."

„Dankbarkeit ist das Gedächtnis des Herzens, Carmencita."

„Ich habe für den Dienst bereits bezahlt. Um mindestens einen Kuß zuviel."

„Rechnen Sie immer so streng ab? Sie wollen also nicht ins Bistro kommen morgen abend?"

„Rätsel soll man nicht zu früh auflösen."

„Und es ist kein anderer Mann im Spiel? Carmencita, kein anderer Mann? Gott sei Dank, Sie schütteln den Kopf. Also, bis morgen abend...?" beharrt er.

„Au revoir, Monsieur!"

2

Biarritz, elf Uhr

„Eine Liebeserklärung mach ich einer spröden Schönen, die ihre Reize hinter dem Schleier der Geschichte verbirgt und meinen sehnsüchtigen Kuß abwehrt...“
(Hugo Schanovsky,
Den Tod auf der Zunge)

„Ah, Sie holen mich ab zur Fahrt nach Bayonne! Ist es schon soweit?“ fragt die 31jährige Kaiserin Eugénie ihren Sicherheitsoffizier.

„Majestät haben noch etwas Zeit“, erwidert mit strammem, militärischem Gruß der Angesprochene, Oberst Rodolfo Conte Plindera.

„Nehmen wir zur Fahrt einen einfachen Hofwagen oder welchen ...?“ Die schöne Monarchin blickt dem eleganten Hünen voll ins Gesicht.

„Den neuen Daumont, den uns Paris eben geschickt hat.“

„O, so feierlich?“ Die zarte Eugénie, mit schmaler Taille und der bezauberndsten Rundung der Schultern wie aus kostbarem Emaille, öffnet leicht den roten Mund mit regelmäßigen Perlzähnen. „Welches Programm habe ich heute in Bayonne durchzuführen?“

„Einen Besuch der Bajonettenfabrik, die der Stadt den Namen gegeben hat. Und danach den Hinterbliebenen der im Krimkrieg Gefallenen Medaillen und Dekrete huldvollst zu überreichen.“

„Huldvollst!“ Eugénie richtet ihre blauen, mandelförmigen Augen leicht ironisch auf den jungen Oberst. Etwas widerwillig schüttelt sie ihr rotblondes, in der Mitte streng gescheiteltes Haar, welches das ebenmäßige Oval ihres klaren Gesichts nur noch schöner erscheinen läßt. „Medaillen für kinderreiche Mütter wären mir lieber“, ergänzt sie mit einem leisen Seufzer.

Der Oberst betrachtet bewundernd die Frau mit dem durchsichtigen, strahlenden Teint, der überall die begeisterten Blicke sofort auf sich zieht.

„Der Kaiser will eben in die Fußstapfen seines Onkels, des großen Napoleon, treten“, meint er.

„Und wird wohl oder übel Kriege über Kriege führen wie dieser.“ Sie hebt beschwörend ihre feingliedrigen Hände, die harmonisch zu ihren sehr kleinen, schmalen Füßen passen.

„Das ist es!“ bekräftigt der heute zerstreut wirkende Offizier. „Der Kaiser wird mithelfen, Italien zu einigen, er wird im Fernen Osten, er wird...“

„Schon gut, Conte“, lächelt Eugénie in den strahlenden Sommertag hinein. Vor den Fenstern des auf einer schroffen Felszacke thronenden Schlosses Basque grüßen die Wogen vom Golf von Biskaya aufschäumend herüber. Immer ist ein Großteil der reichsten Gesellschaft hier in Biarritz versammelt, wenn die Kaiserfamilie in diesem erlesenen Badeort ihre Ferien verbringt.

„Conte, Sie kommen mir heute anders vor als sonst.“ Die Kaiserin mustert den jungen Mann verstohlen.

„Wie meinen Sie das, Majestät?“ Der Offizier tritt verlegen von einem Fuß auf den anderen.

„Was soll ich sagen?“ Die zur großen Weltdame erzogene Eugénie nähert sich dem um sechs Jahre jüngeren Oberst, der sie um Haupteslänge überragt. „Sie sind heute eben... anders“, wiederholt sie stereotyp.

„Ich denke, ich bin wie immer.“ Er kaut nervös an seiner Unterlippe.

Eugénie beobachtet lächelnd den blonden, jungenhaft wirkenden Conte. Dann klatscht sie mit ihrem zusammengeklappten Fächer leicht auf ihr linkes Bein. „Sie haben gestern etwas Neuartiges erlebt. Ich hab's! Sie sind... verliebt.“

„Oh...!“ Er windet sich vor Verlegenheit. „Wie könnte das sein? Hier in Biarritz, im Dienst...“

„Gerade hier, in Biarritz!“ Sie scheint in sprudelnde Stimmung zu kommen. „Hier, an diesen herrlichen Badestränden, an denen sich alles der strahlenden Sonne und heiterer Ausgelassenheit hingibt, da sollte ausgerechnet ein junger Offizier wie Sie, der dazu wie ein siegreicher Held aussieht...“

„Majestät sind heute zu gütig zu mir.“

„Huldvoll, nicht wahr?“ Sie lacht übermütig. „Also, was ist? Beichten Sie! Leugnen hat überhaupt keinen Zweck.“

„Was soll ich?“ windet er sich vor Verlegenheit. Er greift mit der Linken nach dem Offizierskragen, der ihm mit einem Mal zu eng wird.

„Wer ist sie? Wie alt ist sie? Wie sieht sie aus? Vor mir brauchen Sie doch kein Liebesgeheimnis zu hüten.“

„Ich weiß nichts über sie. Fast nichts.“

„Und das Wenige, was Sie über sie wissen? Nun?“

„Ich weiß nur, daß sie Carmencita heißt.“

„Schöner Name, klingt spanisch.“

„Sie ist Mexikanerin, aber spanischer Herkunft.“

„Sieh einmal an!“ Die Kaiserin hat es plötzlich nicht eilig. Sie setzt sich. Ihre silberweiße Robe bauscht sich verlockend über ihrer schmalen Taille. Ihr schönes Dekolleté leuchtet verführerisch unter dem großen Diamantenkollier. „Ich kannte einmal einen Mexikaner spanischer Herkunft... einmal... ziemlich gut.“

„Wie gut?“ Conte Rodolfo ist augenblicklich entsetzt über seine kecke, direkte Frage, die er soeben völlig unüberlegt ausgesprochen hat.

Doch die Kaiserin scheint an dieser unpassenden Direktheit keinen Anstoß zu nehmen.

„Wie gut?“ wiederholt sie, und ihre blauen Augen färben sich in Verträumtheit etwas dunkler ein. „Ich war dreizehn. Es war nach dem Tod meines Vaters, und Mama hielt in ihrem Palais in Madrid ständig offenes Haus. Da kam er, acht Jahre älter als ich, von London herüber... Er war soeben zum neuen Sekretär der mexikanischen Gesandtschaft in Madrid bestellt worden.“ Die Kaiserin wird rot wie ein kleines Schulmädchen.

„Ich glaube, jetzt wäre es soweit.“ Rodolfo hat seine Taschenuhr gezogen und zeigt wie mit einem leichten Vorwurf darauf.

Doch Eugénie scheint es nicht zu bemerken. „Wissen wir eigentlich, was Liebe ist?“ spricht sie mehr wie zu sich selbst. „Ich erlebte einmal denKampf zweier brunftiger Hirsche, die beide nachher tot auf dem Platz blieben. Conte, ich sage Ihnen...“

„Ja, Majestät?“

„Ich sage Ihnen, die Hirsche wissen, was Liebe ist... Vielleicht wußten es die Urmenschen von einst auch... aber wir überzivilisierten Menschen von heute? Was ahnen wir schon davon, was sie ist... die herrlichste Urkraft allen Werdens und Vergehens, allen Lebens..."

„Ich glaube, wir müssen gehen."

„Der besagte Mexikaner, Don José Hidalgo hieß er, war fast täglich fortan unser Gast. Ich war ein noch unreifer Backfisch, ich glaube... ich verliebte mich in ihn. Aber er bemerkte mich damals nicht, er sah nur meine schöne Mutter."

„Zum Glück! Sonst wären Sie heute nicht die Kaiserin der Franzosen, die Gemahlin Napoleons III., die Mutter des kleinen Kronprinzen!"

„Die Bürgerkriegswirren in Mexiko brachten es mit sich, daß er einige Monate später abberufen wurde, da seine Partei, die Konservativ-Klerikalen, bald von der Gegenpartei, den Liberalen, abgelöst wurde. Ich hörte dann nichts mehr von ihm. Ich war damals noch so... unaufgeklärt und er... einundzwanzig... Was bedeutet für einen jungen Mann in diesem Alter ein... Kind!" Die Kaiserin springt erregt auf.

„In Bayonne werden die Menschen schon die ganze Nacht ihren Stehplatz entlang der Fahrtroute eingenommen haben, um einen Blick auf ihre schöne Kaiserin zu erhaschen", wirft der Offizier ein und schaut abermals vorwurfsvoll auf die Taschenuhr in seiner Hand.

Doch die sonst überpünktliche Eugénie läßt sich diesmal nicht zur Eile drängen.

„Wo mag er heute sein? Wie mag es ihm jetzt ergehen? Die politischen Umstände in Mexiko sind sehr verworren. Seit der Unabhängigkeit im Jahre 1821 wechselten dort bereits mehr als dreißig Regierungen einander ab. Doch... um auf Sie, Conte, zurückzukommen, auf Ihre neueste Eroberung..."

„Darf ich bemerken, daß es bereits sehr spät ist?" wirft er mit sanftem Vorwurf ein.

Eugénie macht eine wegwerfende Handbewegung. „Ihre Carmencita... was für ein Wesen ist sie? Hübsch? Natürlich, sehr... sehr hübsch?"

„Sie hat einen Tick, ja, einen Tick! Sie haben richtig gehört."

„Wie soll ich das verstehen?"

„Sie möchte unbedingt Majestät ein Gesuch überreichen."

„Mir? Ein Gesuch?"

„Ja. Sie wartet in Bayonne an einer bestimmten Straßenecke. Ich versprach ihr... mußte ihr einfach versprechen..."

„Was mußten Sie ihr versprechen?"

„Daß an einer gewissen Stelle der Kutscher langsamer fährt, damit sie Eurer Majestät das Schriftstück übergeben kann."

„Worum handelt es sich eigentlich?"

„Das hat sie mir nicht verraten. Nur soviel: es wäre höchst wichtig und dringend..."

„An welcher Straßenecke?"

„Ecke Rue Reine Hortense und Avenue Imperiale."

„Gut. Conte, Sie sitzen ja mir gegenüber im Wagen, und wenn es soweit ist, geben Sie mir einen Wink! Ich will Ihnen zuliebe gern Ihrer Carmencita helfen, weil sie Mexikanerin spanischer Herkunft ist wie... wie dieser... Don José von damals, der heute... Wie alt wäre er eigentlich heute?"

„Es ist spät. Die Musikkapelle vor dem Schloßtor intoniert bereits die Hymne."

„Also gehen wir, Marchese!"

Eugénie besteigt den von acht Schimmeln gezogenen Wagen. Zu ihrer Linken sitzt ihre Oberzeremonienmeisterin, die ältliche Prinzessin Eßling. Ihr gegenüber Rodolfo Conte Plindera.

„Ihr Name klingt nicht französisch", lispelt die kleine, mollige Prinzessin ihm zu.

„Ich bin in Grado geboren, also abstammungsmäßig Österreicher italienischer Herkunft."

„Ich verstehe kein Wort", jammert die Prinzessin. „Sind Sie jetzt Österreicher oder Italiener oder Wahlfranzose oder was eigentlich?"

Die Wache vor dem Schloßportal salutiert, die Trommeln wirbeln, Fanfaren und Trompeten erschallen, und der Wagen verläßt unter Beifall der zahlreich versammelten Menge die Place du Château.

„Ein herrlicher Tag", jubelt die Prinzessin.

„Wie in Spanien und wohl auch in Mexiko", flüstert Eugénie im Gedenken an das Gespräch mit dem Conte.

Eugénie, Kaiserin der Franzosen
Gemälde von Dubufe

„Wie das Volk Sie liebt, Majestät!" schmeichelt die Prinzessin und nickt der Kaiserin so heftig zu, daß ihr breiter Tüllhut wie eine Fregatte auf hoher See hin- und herschwankt.

„Das Volk, meine Liebe?" erwidert Eugénie und winkt der schreienden Menge äußerst ‚huldvoll' zu. „Man liebt doch am ehesten das Hilflose, Schwache. Darf aber eine Kaiserin hilflos und schwach erscheinen? Also liebt man sie kaum."

„Aber nein!" widerspricht die füllige, ältliche Prinzessin. „Das Volk liebt das Schöne, das Strahlende, das..." Ihr fällt nicht ein, was alles das Volk noch lieben könnte. „Also liebt das Volk seine Kaiserin über alles, weil Sie nicht nur schön sind, sondern..."

„Was bin ich?" Eugénie wirkt zerstreut und sieht verträumt an der Menge vorbei, die sich beim Verlassen der mondänen Kurstadt allmählich lichtet.

„Ein Sonntagskind sind Sie!" stößt die nervöse Prinzessin hervor, „das Schicksal hat um Sie eine wunderbare Welt aufgebaut, eine Traumwelt wie die schönste Theaterkulisse."

„Ach, meine liebe Prinzessin, wissen Sie denn nicht, daß der Mensch eine Fata morgana ist? Alles scheint nur eine Kulisse zu sein, jawohl! Doch all das kann plötzlich zusammenbrechen."

„Mon Dieu! Warum denn bloß?" Die Prinzessin hüstelt. „Bei der Liebe dieses Volkes?"

„Eine politische Macht, selbst wenn sie dem Volkswillen entspringt, kann dennoch kapitulieren wie eine Mücke vor einem schweren Gewitter."

„Aber, aber!" Die Eßling schlägt entsetzt die Hände zusammen.

„Doch! Wie könnte man die Französische Revolution vergessen, in der man die Königin Marie Antoinette hingerichtet hat?"

„Das waren böse Zeiten!" Die Prinzessin bekreuzigt sich heftig.

„Das Volk nannte damals Marie Antoinette verächtlich die ‚Österreicherin'. Hinter meinem Rücken tuschelt man gewiß ‚die Spanierin'."

„Welch absurde Gedanken!" Die Eßling wiegt ihren Kopf hin und her.

„Darf ich Majestät aufmerksam machen, wir nähern uns bereits der Stadt Bayonne", wirft jetzt der Conte ein.

Eugénie nimmt die Gegenwart und ihre Umgebung nicht wahr. In Gedanken ist sie wieder die Dreizehnjährige, die ihre erste Liebe erfährt und nicht beachtet wird. Es war trotzdem wunderschön...

Der Conte beschreibt den Weg, den die Kutsche durch Bayonne nimmt, das dichte Spalier der Hafenarbeiter an der Brücke über den Adour.

„Wir biegen soeben in die Rue Reine Hortense ein." Der Offizier kaut aufgeregt an seiner Unterlippe.

Eugénie scheint noch immer nichts zu bemerken. Sie blickt verträumt in die laute Menge und winkt mit ihrer rechten Hand automatisch.

„Majestät!" ruft der Conte erregt, „wir nähern uns der Avenue Imperiale. Gleich sind wir da." Der Uniformkragen scheint ihm wieder einmal zu eng zu werden.

„Aber wir müssen doch zur Mairie fahren." Die Prinzessin hebt abwehrend ihre Hände. „Warum halten wir hier plötzlich?" kreischt sie erschrocken auf.

„Majestät, wir sind an der bewußten Stelle." Der Offizier beugt sich näher zu Eugénie, als ob er sie aus dem Schlaf wecken wollte. „Dort... steht sie... mit dem Gesuch... Jetzt kommt sie an den Wagen heran."

Da kehrt Eugénie in die Gegenwart zurück. Die Menge tobt vor Begeisterung, weil sie nun die schöne Kaiserin aus nächster Nähe sehen kann. Die Leute schwingen Fähnchen in den Farben der Trikolore und schreien sich heiser vor südländischer Freude. Ein Mädchen, ungefähr Anfang zwanzig, in schwarzem Festkleid mit bunten Rosen am tiefen Ausschnitt, im Haar einen hohen, silbernen Steckkamm, der einen weißen Spitzenschleier herabwallen läßt: dieses Mädchen tritt nun an den Wagen heran, doch... da schiebt ein Mann sie beiseite, der sich hinter ihr angeschlichen hatte, ... und steht jetzt vor der Kaiserin, die soeben, von Conte Rodolfo gestützt, ausgestiegen ist.

Der dunkelhaarige, mittelgroße Mann sieht Eugénie fest ins Gesicht. Diese, leicht kurzsichtig, kneift unwillkürlich ihr linkes Auge zusammen.

Conte Rodolfo ist über den frechen Fremden empört, der Carmencita so unsanft beiseitegeschoben hat. Er fährt den Enddreißiger brüsk an. „Was unterstehen Sie sich? Zurück, hinter die Absperrung, oder ich lasse Sie verhaften."

Da ergreift der Fremde blitzschnell Eugénies Rechte, beugt sich darüber und drückt auf den weißen Handschuh der Kaiserin einen zarten Kuß.

„Was wollen Sie?" fragt Eugénie, zutiefst erschrocken.

„Erkennen Sie mich nicht?" Er schaut ihr starr ins erblassende Gesicht. „Sie sind noch viel schöner geworden, sehr viel schöner!"

„Wer sind Sie?"

„Erinnern Sie sich nicht an den Salon Ihrer Frau Mama in Madrid? Ihre Schwester Pacca und Sie… damals war Ihr Haar noch feuerrot wie bei einer der Frauengestalten Tizians."

„Don José Hidalgo", murmelt Eugénie tonlos.

„Ja… Ich konnte der kleinen Condesa damals nicht dienen, jedoch heute Ihrer Majestät…"

Erinnerung oder Vorahnung – rasch gewinnt die disziplinierte Eugénie ihre Fassung wieder.

„Ich freue mich, Don José, Sie nach so vielen Jahren wiederzusehen. Kommen Sie doch morgen nach Biarritz! Morgen um einundzwanzig Uhr in meinen Salon!"

„Es wird mir eine große Ehre sein." Er verbeugt sich tief.

Eugénie nickt wie zum Abschiedsgruß, winkt noch rasch der applaudierenden Menge zu und besteigt schnell ihren Wagen.

„Marchese", wendet sie sich an den blonden Rodolfo, „geben Sie dem Kutscher Bescheid! Los, wir fahren weiter!"

„Zur Mairie!" ruft der Conte dem Fahrer zu.

Hurtig fangen die acht mit weißen Federbüschen geschmückten Schimmel wieder zu traben an.

3

Am nächsten Abend

„Reich werden ist herrlich.
Also, laßt uns reich werden!“
(Teng Hsiao-p'ing,
kommunistischer Führer
der Volksrepublik China)

„Sie werden staunen, Majestät, ich habe heute eine Überraschung für Sie, eine Überraschung, sage ich Ihnen!“ Die 21jährige, erst ein Jahr verheiratete Fürstin Pauline Metternich strahlt die um zehn Jahre ältere kaiserliche Freundin übermütig an.

„Was haben Sie vor?“ fragt Eugénie heiter.

„Das wird nicht verraten.“ Pauline spitzt ihre geschminkten Lippen.

„Ach, ich kenne Sie!“ schmollt Eugénie spielerisch. „Was wird uns schon erwarten? Unser Verwandter, Graf Bacciocchi, wird wie immer die Leierkastenkurbel des mechanischen Klaviers drehen und Sie, meine Teure, werden Gesellschaftsspiele arrangieren.“

„Das auch!“ Pauline macht ein geheimnisvolles Gesicht. „Sie erfreuten sich doch bisher immer an unseren Scharaden mit ihren improvisierten Szenen.“

„Heute würde es mich langweilen“, erwidert Eugénie schnell.

„Oder unsere Pantomimen!“ Pauline klatscht schalkhaft in die Hände. „Senza parole, wie die Italiener zu sagen pflegen, ganz ohne zu sprechen...“

„Heute bitte nicht!“ Eugénies Gesicht glüht wie in hektischer Erwartung eines anderen Ereignisses.

„Nun gut“, setzt Pauline munter fort, „dann eben nicht! Aber unsere Pfänderspiele finden doch gewiß auch heute wieder Gnade vor unserer schönen Fee von Biarritz.“

„Sie können es nicht wissen, Fürstin.“ Eugénie springt erregt von ihrem Sitz auf. „Ich erwarte Besuch. Er muß in Kürze hier eintreffen.“

„Besuch?“ Pauline macht erstaunte Augen. „Vielleicht gar ein neuer Stern am Kaiserhof?“

„Eine Jugendliebe, Pauline. Ja, Sie haben richtig gehört! Fast... Eine Jugendliebe.“

„Was denn?“ ereifert sich die Metternich. „Die schöne Elfe von Spanien, Frankreich und Biarritz stieg einstens von ihrem hohen Olymp herab und verirrte sich in amourösen Niederungen? Ich sterbe vor Lachen.“ Die 21jährige kichert wie ein junges Mädchen.

„Lachen Sie nur, Pauline! Lachen Sie nur! Ich war damals dreizehn... Darf denn die Kaiserin der Franzosen nicht einmal als Backfisch verliebt gewesen sein?“

„Mon Dieu!“ erwidert Pauline mit gespielter Herablassung. „Es wird im nachhinein die Bewilligung hiezu ausnahmsweise gewährt.“

„Zu gütig, meine Liebe! Sie verstehen, ma chère, daß ich daher gerade heute absolut keine Lust empfinde...“

„Bewilligt, Majestät, bewilligt! Aber jetzt... erzählen Sie, erzählen Sie... Ich brenne vor Neugierde!“

„Da gibt es nicht viel zu erzählen.“ Nach kurzem Zögern – sie selbst hatte ja damit angefangen – weiht die Kaiserin die junge Freundin in die Geschichte ihrer Jugendschwärmerei ein.

„Und heute? Hat der Märchenprinz am Ende schon eine Glatze und einen Schmerbauch...“

„Das nicht! Natürlich ist er älter geworden. Achtzehn Jahre gehen nicht spurlos vorbei.“

„Und jetzt erinnert er sich auf einmal der von ihm einstens völlig Übersehenen, nun, da sie Kaiserin geworden ist!“

„Sie haben recht, Pauline! Es ist seltsam. Er schiebt eine junge Dame, die mir ein Gesuch überreichen will, brüsk beiseite, um mich ansprechen zu können. Was wäre, wenn mein Wagen in Bayonne an der bewußten Stelle nicht gehalten hätte?“

„Das klingt nicht nach purem Zufall. Das war ein ausgeklügelter Coup, sage ich Ihnen! Diese junge Dame war sein Lockvogel, die ihre Hand im Spiel hat. Wahrscheinlich seine Geliebte oder gar seine Ehefrau!“

„Sie bringen mich auf eine Idee, Pauline. Ja, das wäre denkbar.“

„Der Mann scheint berechnend zu sein. Er hat etwas vor, er führt etwas im Schilde. Nur was? Ich las unlängst einen Kriminalroman. Äußerst spannend, sage ich Ihnen. Ein verheirateter Mann, der sein Vermögen im Hasardspiel verloren hatte, macht sich an eine steinreiche Dame heran, täuscht ihr vor, noch ledig zu sein, heuchelt Liebe, verspricht ihr die Ehe und zu guter Letzt ermordet er sie und flieht mit ihrem Vermögen... Entsetzlich, ganz entsetzlich!"

Da tritt Gräfin Aguado, die diensthabende Hofdame, ein.

„Madame", spricht sie, „ein Monsieur Hidalgo bittet, empfangen zu werden. Er sagt, Sie hätten ihn für einundzwanzig Uhr bestellt."

„Gräfin, lassen Sie ihn eintreten! Bitte bleiben Sie, Fürstin, ich möchte mich mit ihm nicht allein unterhalten."

Don José Hidalgo betritt den Salon mit einer tiefen Verbeugung. Gräfin Aguado zieht sich zurück.

„Mein lieber Don José", begrüßt ihn Eugénie. „Ich freue mich über Ihr Kommen. Bitte, setzen wir uns! Fürstin, darf ich Ihnen Don José Hidalgo vorstellen, den ich einst in unserem Palais in Madrid kennengelernt habe? Er war damals Sekretär der mexikanischen Gesandtschaft. Was machen Sie jetzt in Frankreich? Ist es nur ein Kurzbesuch oder...? Übrigens, ich werde Sie nachher dem Kaiser vorstellen."

„Zu gütig, Majestät! Ob es ein Kurzbesuch wird oder ein längerer Aufenthalt, das hängt von den Umständen ab."

„Von welchen?" Eugénie klappt ihren Fächer auf. Es wird ihr plötzlich heiß.

„Von den politischen in meiner Heimat Mexiko. Die konservative Regierung wurde gestürzt. Ein neuer, starker Mann schiebt sich in den Vordergrund."

„Stets dasselbe, Politik und immer wieder Politik." Eugénie verzieht ihren Mund und sieht an Hidalgo vorbei. „Ich befasse mich nicht mit Politik", ergänzt sie und macht eine gelangweilte Miene.

„Politik sollten nicht... nur Männer machen", streut Pauline angriffslustig ein. „Frauen sind doch bessere Diplomaten. Was wäre denn aus dem heiligen römischen Reich deutscher Nation geworden, wenn statt Maria Theresia ihr Mann regiert hätte? Was aus Rußland, wenn statt der Zarin Katharina II. ihr Mann, der schwächliche Zar Peter III. das Sagen gehabt hätte? Was aus England, wenn statt Queen Victoria irgend so ein langweiliger Tudor an die Macht gekommen wäre? Die Natur hat da etwas falsch gemacht. Frauen müßten regieren und Männer meinetwegen Kinder kriegen."

„Originell!" Hidalgo lächelt nachsichtig. „Das müßte Kaiser Franz Josef hören oder König Viktor Emanuel oder Papst Pius IX."

„Von mir aus auch Napoleon III." Die Fürstin zieht ein keckes Schmollmündchen. „Übrigens... ich habe es ihm bereits selbst ins Gesicht gesagt."

„Tatsächlich?" Don Hidalgo schüttelt den Kopf und sieht Eugénie fragend an.

„Dem Kaiser", erwidert diese auf seinen Blick, „kann man vieles sagen, wenn es nur ein wenig vernünftig ist und geistreich klingt."

„Ich bin sprachlos!" Der Mexikaner schaut verblüfft drein. „So zwangslos kann man mit Seiner Majestät diskutieren?"

„Mitunter. Es kommt eben darauf an." Eugénie lächelt mit geschlossenem Mund.

„Worauf, wenn ich fragen darf?" nun Hidalgo seinerseits.

„Eben auf die jeweiligen Umstände, wie Sie vorhin auch schon selbst bemerkten."

„Ich?" Hidalgos Blick ist jetzt aufmerksam auf Eugénie gerichtet.

„Natürlich. Immer kommt es auf die Umstände an." Eugénie spricht plötzlich hektisch und abgehackt. „Wenn ein junger Mann beispielsweise in ein Haus mit jungen Töchtern kommt, aber deren schöne Mutter beeindruckt ihn mehr als die noch kindlichen Mädchen... Finden Sie nicht auch, Don José, daß es gerade da auf die Umstände ankommt, zu welchem Ziel unser junger Mann gelangen wird?"

„Wahrscheinlich..." Hidalgo dehnt seine Worte über Gebühr lange aus. „Wahrscheinlich... hatte der bewußte junge Mann damals ein Brett vor dem Kopf."

„Und einen Stein in der Brust statt eines Herzens", stößt die Fürstin Metternich etwas boshaft hervor.

„Oder..." Eugénie überlegt sehr bewußt jedes weitere Wort. „Oder... der junge Mann entschied sich für den Glanz der Mutter, statt für die Unauffälligkeit der noch nicht flügge gewordenen Töchter."

„Kann es nicht noch eine andere Möglichkeit gegeben haben? Der junge Mann etwa könnte so etwas wie ein Spätzünder gewesen sein, der von dem Liebreiz der jüngeren Tochter geblendet, die nötige Selbstbeherrschung verlor und die Flucht ergreifen mußte."

„Der bewußte junge Mann machte überhaupt nicht den Eindruck eines... Spätzünders, wie Sie sich auszudrücken belieben."

„Ich bitte Sie, meine schöne Majestät, eine Ballade auf die Umstände, auf hemmende, lähmende Umstände, die dem sieghaften Verlangen des Herzens in die emotionalen Speichen fallen könnten..."

Hidalgo wischt sich den Schweiß von der Stirn mit dem schütter werdenden Haar.

„Oh, eine Sarabande für das sieghafte Verlangen des Herzens!" ruft die Fürstin Metternich aus. „Finden Sie nicht auch, Majestät?"

Da erhebt sich die Kaiserin. „Ich schlage vor, wir begeben uns in den großen Salon, wo der Kaiser uns gewiß schon erwartet."

Sie gehen zu dritt hinüber. Der mittelgroße Saal mit den hohen Fenstern gibt den Blick tagsüber frei auf das Meer und die unten liegenden Badestrände. Mittlerweile wurden jedoch die dicken Portieren zugezogen. Nun ist der Saal kerzenhell.

Ein Raunen geht durch die kleine Gesellschaft, als die Kaiserin mit ihrer Vertrauten und einem Fremdling eintritt.

Lakaien schlendern lautlos umher und servieren gekühlten Champagner und dazu feines Teegebäck.

Der 49jährige Napoleon III. schreitet eben am oberen Saalende mit schleppendem Schritt, die Hände auf dem Rücken, verschleierten Blickes an einigen Höflingen vorbei. Er hat eine kleine, unansehnliche Gestalt mit unschönen Händen, aber schlau suchende Augen.

Die rassige Gräfin Castiglione, von der man tuschelt, Graf Camillo Cavour, der sardinische Ministerpräsident Victor Emanuels, habe sie als erotische Spionin dem Kaiser in den Pelz gesetzt, diese Castiglione also wirft jetzt Napoleon III. unter schwarzen Wimpern einen feurigen Blick zu. Da erwacht der Kaiser für einen Augenblick aus seiner scheinbaren Undurchdringlichkeit, zwinkert der Dame heftig zu und schreitet schweigend weiter, um jemanden zu finden, der es wert wäre, mit ihm ein Weilchen zu diskutieren, während er als Kettenraucher Zigarette um Zigarette konsumiert. Da entdeckt er die eingetretene Eugénie, steuert sofort auf sie zu und küßt ihr die Hand.

Mit einem Stirnrunzeln deutet er auf den Fremdling neben ihr.

„Madame, wen haben Sie uns da mitgebracht?“ Das Kaiserpaar spricht sich vor Zeugen stets mit ‚Sie‘ an.

„Sire, ein alter Freund aus meinen Kindertagen in Madrid. Don José Hidalgo, ehemaliger Sekretär der mexikanischen Gesandtschaft, erst von London und danach von Madrid, und jetzt von der Regierung seines Postens enthoben.“

„Monsieur, ich freue mich, Sie kennenzulernen!“ spricht der Kaiser mit schwerer Zunge und schaut an dem Mexikaner vorbei und zur Castiglione hinüber.

„Sire, ich danke dem Himmel tausendmal für die hohe Ehre, dem großen Herrscher Frankreichs begegnen zu dürfen, der wie sein erhabener Oheim die Geschicke Europas mit weiser Hand lenkt.“

Napoleon hebt den von dicken Lidern verhangenen Blick. Schmeichelei ist auch für ihn eine stimulierende Droge. „Woran denken Sie?“ fragt er unvermittelt und sieht dabei in die heute unruhigen Augen seiner Gattin.

„Woran? Sire, ich meine, es müßte etwas für die lateinische Rasse in Amerika getan werden. Meine arme Heimat Mexiko zum Beispiel...“ Hidalgo hebt wie beschwörend beide Hände.

„Für die Einigung Italiens müßte etwas getan werden“, schneidet ihm Napoleon das Wort ab. „Eine herrliche Nation, die nicht zur Ruhe kommen kann. Im Norden wird jene von den Habsburgern beherrscht, im Süden von den Bourbonen. Dazwischen regiert der Papst in seinem Kirchenstaat. Der Italiener ist ein ausgebeuteter, gefangener Fremdling in seinem eigenen Haus.“

„Wie der Mexikaner, genauso wie er!“ Hidalgo scheint mit seinen dunklen Augen den Kaiser hypnotisieren zu wollen.

Napoleon III. macht eine abwehrende Handbewegung. „Monsieur, was wollen Sie? Mexiko ist ein labiler Kranker. Vierunddreißig Regierungen innerhalb weniger Jahre!“

„Nur eine Monarchie kann diesen Zerfallsprozeß Mexikos zum Stillstand bringen."

„Hattet ihr nicht schon einmal so etwas wie einen Monarchen?" fragt der Kaiser zerstreut und wendet dabei kein Auge von der Castiglione, die in einer Nische mit dem Herrn von Morny, einem illegitimen Halbbruder Napoleons, heftig flirtet.

„Ich bitte Sie, Sire, den sogenannten Kaiser Augustin Iturbide, einen spanisch-mexikanischen General! Ein Jahr nur währte sein Imperium. Dann wurde er erschossen. Mein Vater diente seinerzeit als Oberst in dessen Armee."

„Interessant!" Den Kaiser langweilt dennoch dieser Mann. „Es hat mich gefreut, Sie hier zu sehen", sagt er teilnahmslos und will seinen einsamen Rundgang fortsetzen.

„Wenn ich noch bemerken darf", erwidert Hidalgo rasch und tritt keck einen Schritt vor, um den Monarchen zum Bleiben zu bewegen, „bereits im Jahr 1848 bot man dem österreichischen Erzherzog Karl die Kaiserkrone von Mexiko an, um das ehrwürdige mexikanische Kaisertum Montezumas wieder aufzurichten, aber der damalige österreichische Staatskanzler Metternich verhinderte dies."

Napoleon zuckt bei dem Namen Erzherzog Karls zusammen, weil dieser einst seinen „großen" Oheim Napoleon I. in der Schlacht bei Aspern besiegt hatte.

„Ganz recht", pflichtet die seitlich stehende Fürstin Metternich bei, „es war damals für einen Erzherzog von Österreich doch völlig ausgeschlossen, eine Krone aus der Hand von Revolutionären anzunehmen."

„Aber heute... wären es bei Gott keine Revolutionäre mehr, sondern echte, ehrliche Patrioten von der Partei der klerikalen Konservativen." Hidalgo glüht vor Eifer.

„Die Zeit ist noch nicht reif dafür", erklärt Napoleon III. barsch und will weitergehen.

„Frankreichs Grande Nation müßte an der Spitze der Zivilisation marschieren und eine Gesellschaftsrettung in Angriff nehmen zur völligen Änderung des mexikanischen Regierungssystems."

„Mein Herr, glauben Sie mir, wir haben andere Sorgen." Der Kaiser wird ärgerlich.

„Es geht um die Rettung des Katholizismus in Mexiko, Sire", ruft Hidalgo leidenschaftlich aus. „Die Rückgabe der vielen, von der derzeitigen Regierung eingezogenen Kirchengüter wäre ein Anliegen, das es wert wäre, ernstlich ins Auge gefaßt zu werden."

Napoleon zuckt unwillkürlich zusammen. Seine papstfreundliche Politik war einer der Eckpfeiler seiner Wahl zum erblichen Kaiser und ist eine der Säulen seiner politischen Macht in der Gegenwart.

„Sire", fährt Hidalgo flammend fort, „Sie gelten in der öffentlichen Meinung als einer der klügsten Männer der Welt, dem durch seinen offenbaren Einfluß bei allen Vorkommnissen alles wie selbstverständlich gelingt."

„Schmeicheleien, mein Herr, nichts als Schmeicheleien!" Der Kaiser tritt bereits vor Ungeduld von einem Fuß auf den anderen, doch der aufdringliche Gast will und will sich nicht zurückziehen.

„Sire, an welchen Merkmalen erkennt man denn die Größe eines Mannes?" redet er weiter auf den Herrscher ein. „Doch allein an der Genialität seiner Ideen, wenn seine Grundsätze und sein System über allem triumphieren... und das ist bei Ihnen in geradezu einmaliger Weise ersichtlich."

„Monsieur, mein Grundsatz ist: Der Erfolg rechtfertigt alles. – Dem ist nichts hinzuzufügen. Und nun..."

„Großartig, Sire, exzellent!" unterbricht ihn Hidalgo dreist. „Lassen Sie den Erfolg rechtfertigen in... Mexiko!"

Der Kaiser kann seine Ungeduld mit diesem lästigen Menschen nicht länger verbergen. „Mein Herr, man müßte etwas tun für... Italien, ich sagte es schon. Verstehen Sie... für... Italien... Monsieur, Mexiko ist weit, sehr weit..."

Und Napoleon III. gelingt es, den aufdringlichen Hidalgo stehen zu lassen und weiterzuschreiten.

Der spätere preußische Ministerpräsident, Fürst Otto von Bismarck, beurteilt Napoleon III. in einem Brief an einen Vertrauten folgendermaßen: *„Mit seiner Intelligenz ist es nicht weit her, auch mit seinem Wissen nicht. Besonders schlecht ist es mit ihm in der Geographie, obwohl er in Deutschland erzogen worden und auf die Schule gegangen ist, und er lebt in allerhand phantastischen Vorstellungen... Man hat mir das nicht glauben wollen, aber ich habe das schon vor langer Zeit ausgesprochen. 1854 und 1855 sagte ich es schon dem König, Friedrich Wilhelm IV. von Preußen."*

Jetzt aber klatscht die junge Fürstin Pauline laut in die Hände. „Mesdames et Messieurs", ruft sie aus, „ich versprach Ihrer Majestät für heute abend eine besondere Überraschung... ja... Überra... schung...!"

„Eh bien...", stimmt Napoleon III. von weitem zu.

„Diese... diese Überraschung..." Die Fürstin macht es besonders spannend. „Ich führe Ihnen hiermit vor..." Sie blickt sich suchend um. Da erscheint hinter ihr ein junger Mann, der aber älter wirkt.

„Hier...", fährt Pauline Metternich beeindruckt fort. „Hier!" sie deutet auf den Jüngling. „Monsieur Home, das berühmteste Medium derzeit..."

Die versammelten Damen und Herren treten mit neugierigem Raunen heran.

„Monsieur Home", nun wieder Pauline, „zeigen Sie, was Sie können!"

Das bleiche, kränkliche Medium wird zu einem Stuhl geführt, auf dem er sich sofort wie erschöpft niederläßt.

„Ach, eine Séance!" mault enttäuscht Prinzessin Eßling. „Ein Potpourri aus Jacques Offenbachs ‚Hoffmanns Erzählungen' wäre mir lieber. Zum Beispiel seine Barcarole ‚Schöne Nacht, oh Liebesnacht, oh stille mein Verlangen'!" trällert sie, bis ihr die Stimme in einem Glucksen zusammenbricht.

„Eine Séance!" Die Castiglione klatscht vor Begeisterung laut in die Hände.

„Wie machen Sie das, junger Mann?" fragt Napoleon III. und sieht das Medium mißtrauisch an. „Sie manipulieren so mir nichts dir nichts die Geister der Verstorbenen? Wie?"

„Nein, Sire", widerspricht Pauline anstelle des Mediums dem Kaiser. „Monsieur Home versetzt sich einfach in Trance, und dann geschieht alles wie von selbst."

„So einfach geht das?" Der Kaiser schüttelt unwillig den Kopf.

„Monsieur Home hat einen Kontrollgeist, der die große Zahl der Verstorbenen, die sich melden wollen, zurückdrängt, weil eben zu viele auf einmal sprechen würden und er sonst nichts verstände. Sein Kontrollgeist ist so etwas wie ein Vorsitzender im Parlament. Er spricht mit der Stimme dessen, für den er gerade dolmetscht."

„Monsieur Home, Sie kannten Ihren Kontrollgeist von früher, als er... als er noch lebte?“ Eugénie tritt freudig erregt an das Medium heran.

„Wir kannten uns in der Kindheit“, erwidert Home mit leiser Stimme. „Dann verloren wir uns. Er übersiedelte mit seinen Eltern irgendwohin, ich weiß nicht wohin... Als er sich zum ersten Mal in der Séance bei mir meldete, teilte er mir mit...“

„Ja, was... was teilte er mit?“ Eugénie bringt vor Aufregung die Worte nur stoßweise hervor.

„Daß er... nun drüben weilt... daß er gestorben war im Jahr 1851, am 1. Dezember bei den Unruhen in Paris anläßlich der... anläßlich der...“ Monsieur Home bricht ab.

„Er meint den Staatsstreich, mit dem der Thron Napoleons I. für dessen Neffen wieder aufgerichtet wurde“, flüstert die Herzogin von Persigny ihrer Nachbarin zu.

„Sprechen Sie weiter!“ Eugénie zittert jetzt am ganzen Leib.

„Ich zog Erkundigungen über meinen einstigen Freund aus den Kindheitstagen ein und erfuhr, daß er genau an jenem Tag verstorben war.“

„Tatsächlich?“ Die Castiglione rückt ihre kunstvolle Frisur zurecht.

„Und... man könnte das Medium über einen Verstorbenen ausfragen und bekäme auch Antwort?“ Die Fürstin Walewska, Gattin des Außenministers, eines außerehelichen Sohnes Napoleons I. mit der schönen Polin Maria Walewska, diese ihre Schwiegertochter also, bestürmt das Medium, sofort auf das Wesentliche zu kommen.

„Wenn ich in Trance bin, ja... eben durch meinen Kontrollgeist Rubis.“

„Na, klappt es mit diesem Spuk etwa nicht?“ fragt Napoleon ungläubig.

„Wir beginnen sofort!“ erklärt Pauline Metternich. „Man möge bitte alle Lichter im Saal löschen. Nur eine einzige Kerze hierher!“ Nach einer kleinen Weile: „Monsieur Home, dürfen wir bitten?“

Das Medium atmet tief durch und verfällt augenblicks in einen schlafähnlichen Trancezustand. Und schon vernimmt man aus seinem Mund eine fremde Stimme: „Hier ist Rubis. Ich begrüße herzlich die anwesenden Damen und Herren.

Heute haben wir ja eine erlesene Gesellschaft! Viele Jenseitige drängen sich an mich heran. Da ist eine... Großmutter. Sie sagt, ihre Enkelin säße hier im Saal. Sie nennt sie Madame Laba... nein, Labe... Labedoy... Labedoyère... ja, so scheint es richtig zu sein."

„Das ist meine Großmutter", flüstert die bewußte Gräfin der Herzogin Persigny zu.

„Ist die besagte Dame anwesend?" fragt jetzt der Kontrollgeist Rubis.

„Ja." Der Gräfin sitzt ein Brocken in der Kehle.

„Jene Großmutter sagt: Mein Kind, passe gut auf deine Lunge auf! Eine Erkältung könnte gefährlich werden... Kann das stimmen, wie...?"

„Ich huste tatsächlich seit Tagen jede Nacht." Stille. Eine kleine Pause entsteht.

Die Castiglione meldet sich zu Wort. „Darf ich den Kontrollgeist etwas fragen? Ein Freund... meint er es ehrlich oder... nicht?"

Napoleon III. springt erregt auf und zu Eugénie hin.

„Meine Teure", flüstert er ihr zu, „ich halte dieses Spektakel hier nicht aus. Ich gehe in mein Arbeitszimmer. Berge von Akten warten auf mich..."

„Mon ami", hält ihn Eugénie zurück. „Seien Sie kein Spielverderber! Man amüsiert sich doch ganz gut dabei." Ihr Atem geht stoßweise.

„Na ja!" er zuckt widerwillig mit den Achseln. „Mittelalterlicher Hokuspokus! Wo bleibt da der Geist der Aufklärung?"

„Aufklärung!" widerspricht Eugénie energisch. „Der Kaiser ist von anderen Mächten abhängig als von denen der Aufklärung. Als Orsini seine Bombe vor der Großen Oper gegen uns warf, wo war da Ihre gespriesene Aufklärung? Himmlische Mächte waren es, die jene Bombe in eine andere Richtung lenkten."

„Schon gut, ma chère", gibt der Kaiser nach, „wenn es Ihnen unbedingt Spaß macht..."

„Ja, es macht mir Freude, wenn Sie auch einmal unsere harmlosen Vergnügungen mit uns teilen."

„Wenn damit nur nicht irgendwie auf die Politik Einfluß genommen wird..."

„Ich bitte Sie, mein Gemahl, schauen Sie sich doch diesen armen Jüngling an! Er scheint am Ende seiner Kräfte zu sein."

„Kann mir vorstellen, daß derlei Unsinn an den Nerven zerrt", gibt Napoleon III. ärgerlich von sich.

„Nun, was ist?" ruft die Castiglione ungeduldig aus. „Ich habe etwas gefragt und noch keine Antwort erhalten."

„Pardon", erwidert der Kontrollgeist Rubis, „zu dieser Frage hat sich bisher von hier noch niemand zu Wort gemeldet. Oder doch? Ist hier vielleicht jemand...? Ja, hier... eine Dame... nennt sich Madame Trésor. Ja, Madame, bitte! Also... besagte Dame meint, der Herr könnte es mit Ihnen nicht ehrlich meinen, selbst wenn er wollte, weil er... weil er... weil sich Sonne und Finsternis nicht gut zusammen vertragen dürften..."

„Was soll das heißen?" entrüstet sich die Castiglione.

„Madame Trésor meint", nun wieder Rubis, „Sie sollten etwas Zeit verstreichen lassen... die politischen Ziele werden erreicht werden."

„Was sage ich!" entrüstet sich Napoleon III., „es wird doch politisch! Man soll sofort aufhören damit. Befehlen Sie, Madame", fordert er Eugénie auf, „die Fürstin Metternich soll die Séance abbrechen lassen."

„Aber sehen Sie doch, wie gut sich die Gesellschaft dabei unterhält! Ein Monarch darf kein Spielverderber sein."

„Madame, Sie haben eine Art, Einfluß auf meine Gedanken zu nehmen..."

„Wie eben eine treue Gattin dem liebenden Herrn Gemahl gegenüber", erwidert Eugénie leicht ironisch.

Da räuspert sich der Kaiser und nimmt seinen einsamen Rundgang im verdunkelten Saal wieder auf, nicht ohne vorher der Gräfin Castiglione einen langen Blick zuzuwerfen.

„Dürfen wir anfragen, ob es möglich wäre, die einstige Kaiserin Josephine zu bitten, an uns ein paar Worte zu richten?" Pauline Metternich hat diesen Satz vor Aufregung stockend hervorgebracht.

Umgehend antwortet Rubis: „Sie ist hier, zusammen mit einer zweiten Dame. Sie brennt darauf, endlich zu Wort zu kommen."

„Die Großmutter unseres Kaisers", zischelt die Walewska der Castiglione zu.

„O Gott!“ Die dicke Prinzessin Eßling ist bleich in ihren Sessel zurückgesunken.

„Mein Enkel“, jetzt wieder Rubis, „wird noch viele Unternehmungen durchführen...“

„Erfolgreich?“ Eugénie hält vor Erregung den Atem an.

„Wie man es dreht und wendet.“ Rubis fährt nach einer kleinen Pause fort: „Mein zweiter Gemahl, den man Napoleon I. nannte, machte einst ähnliche Fehler...“

Napoleon III. hält in seinem Rundgang ruckartig inne. „Aufhören!“ ruft er. „Sofort aufhören mit diesem Spuk!“

Aber niemand im Saal rührt sich. Und Rubis fährt unbeirrt mit leiser Stimme fort: „Die Dame neben mir nennt sich: die Mutter, seine Mutter!“

„Königin Hortense“, geht ein Raunen durch den Saal.

„Sie sagt eben zu mir“, die Stimme von Rubis wird jetzt überdeutlich: „Zwei werden sich zusammentun, zwei, deren jeweilige Väter umstritten sind... gerüchteweise umstritten sind... diese beiden werden von Europa aus...“

„Was werden sie... was?“ Eugénie hat unwillkürlich diese Worte hervorgestoßen.

„Sie werden...“ Die Stimme von Rubis wird zunehmend undeutlicher... „Von einem Erdteil zum anderen... von einem Meer hin zu jenem Reich... in dem einst die Sonne nicht unterging...“

„Er meint Kaiser Karl V.“, flüstert Pauline Metternich Eugénie zu. Die Kaiserin fröstelt plötzlich, ihre Zähne schlagen wie vor Kälte aneinander.

Mittlerweile hat Napoleon III. die Lakaien erreicht und Befehl erteilt, die Verdunkelung aufzuheben. Der Saal erstrahlt rasch in vollem Glanz.

„Die Séance ist zu Ende“, erklärt Fürstin Metternich daraufhin tonlos.

4

Ein Stelldichein in Plombières

‚Gott schreibt seine Geschichte zu allen Zeiten auf den krummen Zeilen des Lebens, und keine Zeit hat es darin leichter oder schwerer als eine andere.'
(Maria Widl,
Kleine Pastoraltheologie.
Realistische Seelsorge)

Die Gräfin Castiglione... was ist mir ihr?

Sie ist seit Monaten der Gesprächsstoff am Hofe Napoleons III. Die nach dem Taufschein im Jahre 1835, nach ihren eigenen Angaben jedoch angeblich erst 1843 geborene Marchesa Oldoini wird 16jährig mit dem Grafen Francesco Verasis Castiglione verheiratet. Aristokratentöchter werden in dieser Zeit nicht gefragt, ob sie den ihnen zugedachten Bräutigam auch wollen.

Der Graf dürfte kein besonderer Liebhaber gewesen sein, denn kurz nach den sogenannten Flitterwochen spannt ihm bereits sein König, Victor Emanuel II., die frisch gebackene Ehefrau aus.

Dieser ungehobelte Naturbursche ist Witwer und schleicht den Schönen seines Hofes erfolgreich nach. Viktor Emanuels Ministerpräsident, Graf Camillo Cavour, hat einen sicheren Instinkt. Er spürt sofort, daß in dieser rassigen Gräfin Castiglione noch weitaus andere Talente stecken als erotische Verführungskünste. Es gelingt ihm, die junge Frau für den italienischen Einheitsgedanken glühend zu begeistern. Und nachdem dies geschehen ist, schickt er die Patriotin als amourösen Lockvogel an den Hof Napoleons III. Damit die Sache auch ein hübsches Mäntelchen bekommt, ernennt er gleichzeitig ihren ‚großzügigen' Gatten zum sardinischen Gesandten in Paris. Kaum dort angekommen, ist es für die Castiglione ein Leichtes, den Kaiser für sich zu gewinnen.

Eugénie ist durch die Geburt des Kronprinzen ‚Lulu' gesundheitlich schwer angeschlagen. In dieser Zeit beginnt Napoleon III., sich mit schönen Frauen zu trösten, die an seinem Hof sehr zahlreich sind. Von dem Kaiser eines, wenn auch noch so kurzen, Abenteuers ‚gewürdigt' zu werden, ist für diese ‚Damen' wie die Verleihung eines Adelsprädikats oder eines hohen Ordens. Der Kaiser muß also nicht um erotische Gunst buhlen, nein, sie fällt ihm wie eine reife Frucht von selbst in den Schoß.

Verständlich, daß es zunächst kein Aufsehen erregt, daß er auch der jungen, schönen Castiglione verfällt. Aber diese ist von Cavour angewiesen worden, sich nicht damit zu begnügen, den Kaiser erobert zu haben, sondern vielmehr ihn erfolgreich politisch zu beeinflussen. Während also Napoleon III. in ihren Armen schmachtet, hämmert sie ihm mit allen weiblichen Listen so lange ein, daß er unbedingt etwas für die Befreiung Italiens tun müsse, bis der Mann mit dem trägen Blick und dem seitlich weit aufgezwirbelten Schnurrbart mit Cavour ein Stelldichein vereinbart, das im Juli 1858 in Plombières, nahe der piemontesischen Grenze stattfindet. Es gilt dabei, die brennend gewordene Frage der italienischen Einheit zu lösen.

Cavour setzt dem Kaiser erfolgreich auseinander, daß in Europa kein dauernder Friede möglich sei, solange nicht Italien national geeint wäre und unabhängig von Habsburg im Norden, von den Bourbonen im Süden und dem Kirchenstaat dazwischen, dastände.

Weil eine Heirat zwischen Sardinien-Piemont und Frankreich ein gutes Faustpfand zwischen den neuen Verbündeten wäre, wird sofort eine solche geschmiedet.

Victor Emanuel hat eine 16jährige Tochter (wieder einmal eine Hochzeit in diesem Alter!), nämlich die klösterlich fromme, weltfremde, noch völlig unerfahrene Clothilde. Leider ist jedoch Napoleons III. Sohn erst zwei Jahre alt. Auch hat jener keine Brüder mehr, da beide schon lange verstorben sind. Aber... es lebt am Hofe Napoleons III. der Sohn des jüngsten Bruders Napoleons I., des unrühmlichen Exkönigs Jérôme von Westfalen. Dieser Prinz Napoleon, Plon-Plon genannt, ist 37 Jahre, also 21 Jahre älter als die ihm zugedachte Braut.

Nichtsdestotrotz kommt die Verbindung unter politischem Druck zustande. Damit ist Napoleon III. endgültig für die italienische Sache gewonnen. Wahrhaftig, dieser Cavour ist ein meisterhafter Psychologe! Er hat Napoleon wunderbar ‚ausgespäht' und durchschaut. Er lenkt ihn als ‚Herr und Meister'. Damit wird Cavour für einige Zeit der wahre Feldherr, und sein Schlachtfeld sind die Tuilerien, das französische Königsschloß.

Die Abmachungen von Plombières tragen rasch Früchte. Das Wettrüsten von Piemont-Sardinien und Frankreich gegen Österreich beginnt. Doch dieses schweigt dazu, weil es keinen Krieg will.

Allein... bereits am 1. Januar 1859, beim traditionellen Neujahrsempfang, sagt Napoleon III. zum österreichischen Gesandten, Graf Josef Alexander Hübner: „Ich bedaure es, daß unsere Beziehungen zu Ihrer Regierung nicht mehr so gut sind wie in der Vergangenheit, aber ich bitte Sie, dem Kaiser zu sagen, daß meine persönlichen Gefühle sich nicht geändert haben" (Was immer diese Worte auch bedeuten mögen!).

Doch in den kommenden vier Monaten bis zur unwiderruflichen Entscheidung gibt es allerlei Zögern und Zickzack-Gebärden Napoleons III., die als Ausdruck seines Friedenswunsches gedeutet werden könnten.

Dennoch... kommt es zum Krieg. Der österreichische Kaiser Franz Joseph verliert sein Königreich Lombardo-Venetien, Papst Pius IX. zwei Drittel des Kirchenstaats. Italien ist aber nur erst halb geeint, denn noch beherrschen die Bourbonen den Süden des Landes, nämlich das Königreich Neapel-Sizilien.

Jedoch unter den Klerikalen Frankreichs, die bisher Napoleons III. eifrige Stützen waren, bildet sich ab jetzt eine Opposition gegen ihn, die fortan immer mehr zunehmen wird.

Doch bald erobert der große Freiheitsheld Giuseppe Maria Garibaldi das Bourbonen-Reich im Süden, auch dank der unverhohlenen Sympathie Englands für die italienische Einheit, das heißt auch dank der Eifersucht der Angelsachsen auf die Habsburgermacht.

Im Februar 1861 kann Cavour bereits in Turin das erste Parlament Italiens eröffnen und seinen König Victor Emanuel zum König Italiens ausrufen lassen. Und der siegreiche Ga-

Napoleon III., Kaiser der Franzosen

ribaldi kehrt auf seine Felseninsel Caprera zurück, unbedankt zurück, mit keinen anderen irdischen Reichtümern als fünfzig Franken in der Tasche und einem Sack Bohnen für seinen Garten.

Alle Indizien sprechen dafür, daß Napoleon III. nicht Eugénies große Liebe war. Dennoch ist sie ihm bis zum Auftauchen der Castiglione im Herzen eine treue, fürsorgliche Gattin, die ehrliche Bewunderung für ihn und seine Politik aufbringt.

Hat andererseits Napoleon III. bis zum Erscheinen der Castiglione seine Seitensprünge vor Eugénie erfolgreich verbergen können, so ist dies ab nun nicht mehr möglich.

Denn die temperamentvolle Piemontesin nimmt kein Blatt vor den Mund, schneidet die Kaiserin, wo sie nur kann, und demütigt diese ungeniert vor dem gesamten Hofstaat.

Nun muß Eugénie wohl oder übel erkennen, daß ihr bisher von ihr bewunderter Gatte auch nur ein Mann ist, der in einer Frau lediglich den weiblichen Körper sieht und begehrt, daß er wie viele Männer, einen ständigen Wechsel des Objektes seiner Begierde braucht und daher nicht treu sein kann. Bald wird denn auch die Zahl seiner Mätressen Legion, jener äußerst freizügigen ‚Damen', die zudem schamlos ihre intimsten Abenteuer mit dem Kaiser ausplaudern. Sein Verwandter, Graf Bacciocchi, vermittelt als Kuppler den ständigen Nachschub dieser ‚Holden', die zuerst dem Grafen den Hof machen, um hinterher, wenn auch nur für kurze Zeit, die Geliebte des Kaisers werden zu können.

Zudem sieht Napoleon III. bald darin überhaupt nichts Anstößiges mehr, so daß er sogar dem in Paris eintreffenden preußischen Gesandten, dem Grafen Otto Bismarck anbietet, für ihn eine Mätresse besorgen zu lassen. Bismarck lehnt dieses Angebot ab und bemerkt ironisch, die Grande Nation, die an der Spitze der Zivilisation marschieren wolle, habe doch eine wesentlich andere Auffassung von Familienehre als die ‚deutschen Barbaren', wie sie die Franzosen nennen.

Gemäß ihrer südländischen Natur verfällt bisweilen Eugénie in rasende Eifersucht, was wiederum bei Hof Spott gegen die bigotte Kaiserin hervorruft.

Eines Tages verläßt nun der Kaiser nach einem solchen Eifersuchtsanfall mit einem Beschwichtigungsversuch das Boudoir der weinenden Eugénie und zieht sich mit schlechtem Gewissen in sein Arbeitskabinett hinter einer geheimen Tapetentür zurück, welche er infolge seiner Zerstreutheit versehentlich nicht ganz zuschließt. So wird Eugénie unbeabsichtigte Zeugin des Eintretens von Prinz ‚Plon-Plon' beim Kaiser und des darauf folgenden Gesprächs mit Napoleon III.

„Sire", sagt in heftiger Erregung der nunmehr verheiratete Prinz zum Kaiser, „ich brauche Geld. Sie wissen, die Lebenshaltungskosten steigen beträchtlich von Tag zu Tag."

„Sie brauchen immer Geld", erwidert frostig der Kaiser. „Sie müssen endlich lernen, sich ein wenig einzuschränken."

„Schränken Sie sich denn ein?"

„Ich bitte Sie! Ich habe als Monarch auch die Schlösser zu erhalten und deren Bedienstete..."

„Und ich? Gaben Sie mir denn eine Königstochter zur Frau, um diese an meiner Seite darben zu lassen?"

„Von darben kann keine Rede sein. Unter ihren Fingern zerrinnen eben die Millionen, mein Lieber. Sie sind wie Ihr Vater, der Exkönig von Westfalen, dem ich sage und schreibe 37 Millionen zuschießen mußte!"

„Ich weise eine solche Zurechtweisung energisch zurück!" ruft der Prinz laut aus.

„Pah, mon cher! Sie führen sich auf, als wären Sie der Kronprinz des Reiches, der Erste neben dem Thron."

„Na, und Sie? Sie führen sich auf, als wären Sie der... Kaiser!"

„Das bin ich auch. Was soll das?"

„Sie, der Kaiser?"

„Ich höre wohl nicht recht, daß Sie in diesem Ton so mit mir reden, Herr Vetter!"

„Ich wiederhole: Sie, der Kaiser? – Bereits mein Vater sagte Ihnen ins Gesicht: Was geht Euch übrigens der Kaiser an, Monsieur Neveu?"

„Unerhört! Ich sollte Sie auf der Stelle verhaften lassen, Sie... Sie...!"

„Der Platz, den Sie einnehmen, gehört eigentlich uns, das heißt, meinem jüngst verstorbenen Vater, König Jérôme, und damit jetzt mir, seinem Sohn!"

„Ungeheuerlich, Herr Vetter, das ist Hochverrat!"

„Was denn? Hat nicht mein Onkel König Louis, der Gatte Ihrer Mutter, Königin Hortense, eine Urkunde hinterlegt, in der er gegen die ihm zugeschriebene Vaterschaft bezüglich Ihrer Geburt energisch protestiert hat? Diese Dokumente seines Protestes, den er auch in einem Schreiben an den Papst festgelegt hat, sind im Außenministerium, am Quai d'Orsay, verwahrt worden. Wo sind denn diese Papiere heute? Von Ihnen und Ihren Handlangern beiseitegeschafft."

„Unterstellungen! Infame Unterstellungen!" Der Kaiser keucht vernehmlich.

„Bitte... vielleicht ist nicht Monsieur Neveu Ihr leiblicher Vater, sondern der holländische Admiral Verhuel! Mir einerlei..."

„Sie... Sie Verleumder! Napoleon I. hat feierlich in einem eigenen Staatsakt mich, jawohl mich als Neffen und kaiserlichen Prinzen anerkannt."

„Die Tatsache, daß er es für nötig befand, dies ausgerechnet bei Ihrer Geburt zu dekretieren, ist der Beweis der offensichtlichen Zweifelhaftigkeit der Vaterschaft des Königs Louis, der in einem Handschreiben an den Papst seine Gattin Hortense wortwörtlich als ‚Messalina' bezeichnet hat!"

„Was soll eigentlich dieser unerquickliche Disput?" Napoleon III. schlägt plötzlich einen versöhnlichen Ton an.

„Sie haben eben, wie Sie sehr wohl wissen, eigentlich keinen einzigen napoleonischen Blutstropfen in Ihren Adern."

„Eh bien", erwidert der Kaiser trocken, „aber die napoleonische Familie habe ich auf dem Hals."

„Wollen Sie noch hören, was einmal Kardinal Fesch, der Onkel Napoleons I., über Ihre Mutter gesagt hat? ‚Hinsichtlich der Väter ihrer Kinder wird sich Hortense nie zurechtfinden. Diese Auflistung ist zu verwickelt.'"

„Kommen wir zum Ende!" jetzt Napoleon III. „Sie wissen, ich hasse Streit. Ich lasse Ihnen eine Million Francs neuerlich anweisen. Und damit basta!"

Grußlos verläßt daraufhin der Prinz den Raum.

Später sagt er über Napoleon III. im kleinen Kreis: „Mag sich Frankreich doch verhehlen, daß es einen Gänserich für einen Adler nahm; das ist begreiflich, denn man gibt nur ungern zu, sich so sehr getäuscht zu haben. Aber daß ganz Europa in die Ketzerei verfällt, diesen Menschen für intelligent zu halten, das streift an das schier Unglaubliche."

Eugénie hat nun genug gehört. Sie wankt zur kleinen Tapetentür und verschließt sie lautlos. Das Vernommene reicht ihr.

Dann aber erinnert sie sich plötzlich einer gänzlich anderen Begegnung.

Leise tritt ihre Hofdame ein. „Don José Hidalgo ersucht, Eurer Majestät seine Aufwartung machen zu dürfen."

5

Der Kandidat

‚Ich könnte vielleicht Puppen herstellen, die Herz, Gewissen, Leidenschaft, Gefühl, Sittlichkeit haben. Aber nach dergleichen fragt in der ganzen Welt niemand. Man will nur Kuriositäten; die Menschen wollen Ungeheuer. Ungeheuer wollen sie.'
(Josef Roth)

Eugénie ist durch die Liebschaften ihres Mannes nicht nur in ihrem Stolz schwer verletzt. Zwar kommt er jedes Mal ‚danach' mit einem mehr oder weniger großen Schuldgefühl zu ihr zurück und wird fortan ihr gegenüber immer... nachgiebiger.

Der Gedanke, sich an Napoleon III. für seine Untreue auf gleiche Weise zu rächen, kommt Eugénie kaum. Sie ist auf traditionelle Weise bigott und hat kein Bedürfnis nach Rache und ‚Tröstung' solcher Art. Zwar liebt sie es fortan, mitunter zu flirten und ihrer ein wenig rauhen Stimme Männern gegenüber sanftere, gurrende Töne zu entlocken. Doch das kann sie auf Dauer nicht befriedigen, eine innere Leere breitet sich in ihr aus. Ihr kleiner Sohn, der Kronprinz, ist bei den Gouvernanten in festen Händen und ist vorläufig eben nicht mehr als ein kostbares Schauobjekt. Ihr einstiger Mädchentraum von einem strahlenden Märchenprinzen, von der unstandesgemäßen, ehrgeizigen Mutter mit hochfliegenden Verbrämungen versehen, ist zwar rauschhaft in Erfüllung gegangen. Aber nun hat sie sich an diesen Besitz gewöhnt, und er ist mit der Zeit schal geworden. Die roten Rosen von einst sind verwelkt, die süßen Träume von damals verdorrt; was geblieben ist, sind die wollüstigen Verlockungen der Macht, die Eugénie so überdeutlich verspürt hat, als sie... Ja, nach dem blutigen Sieg über Österreich war es, da Frankreich diesem Reich die Lombardei entrissen hat, und sie, Eugénie, mit dem kleinen Kronprinzen in der Krönungskalesche zum festlichen Dankes-Te-Deum nach Notre-Dame gefahren war und die Liebe des Volkes (oder was Eugénie dafür hielt) sie heiß umbrandet hatte...

Nun aber wird der bis dahin von Eugénie fraglos bewunderte Gatte zu einem Mann mit Eigenschaften, die seine Frau immer mehr ‚nervös' machen. Mit einem Mal erscheint ihr seine Denkungsart etwas verworren. Was er ihr von seinen politischen Plänen erzählte (bisher eine der Sternstunden in ihrem Leben), wird für sie ab jetzt problematisch. Und bei einer Frau wie Eugénie, mit ihrem heißen Herzen und ihrem spanischen Temperament, wird aus politischer Kritik sehr rasch bisweilen politische Gegnerschaft. Damit aber beginnt für Eugénie der neue Weg in ihrem Leben: der Weg der eigenständigen Auch-Politikerin Eugénie, der Napoleon III. mehr und mehr nachzugeben genötigt ist, seit er als treuer Ehemann nicht mehr akzeptiert wird. Dem Kaiser, der bisher das große „Welttheater Europa" routiniert geleitet hat, ihm wird von nun an statt der Heldenrolle eine Chargenrolle zugewiesen, seit seine Frau mit fester Hand die Regie übernimmt.

Don José Hidalgo, Eugénies Traumfreund aus ihren Kindertagen, ist durch seine von ihm raffiniert zur Schau gestellte ‚Freundschaft' mit der Kaiserin politisch aufgestiegen. Er hat sich zum inoffiziellen Verbindungsmann der mexikanischen Republik in Paris gemausert und damit zu einem Gesprächspartner für Napoleon III., den er nicht mehr übersehen kann.

In Mexiko stürzt zwar eine Regierung über der anderen, deren Präsidenten kommen und gehen... Auf den 65jährigen Antonio Lopez de Santa Anna, einen konservativ-Klerikalen, folgte Juan Alvarez. Auf diesen der liberale Ignazio Comonfort, ein unerbittlicher Gegner schrankenloser Priesterherrschaft. Nach ihm kommt Benito Juárez, 56 Jahre alt, ein Mann rein indianischer Abstammung, der noch mit 12 Jahren weder lesen noch schreiben noch spanisch reden konnte.

Doch der kleine, untersetzte Mann mit einem breiten, von schwarzen Haarsträhnen bedeckten Kopf, mit kalten Augen und einer blutunterlaufenen Narbe im Gesicht – er hat einen unbeugsamen Willen. Er arbeitet sich trotz bitterster Armut bis zum Rechtsanwalt empor und kommt scheinbar wie von selbst ins politische Fahrwasser. Rasch schwemmt ihn seine liberale Politik nach oben, ihn, den ein reicher Kaufmann zuerst Theologie hatte studieren lassen.

Juárez macht unheimlich schnell Karriere. Er wird Präsident des Obersten Gerichtshofes und bald sogar Vizepräsident der mexikanischen Republik.

Nach Comonforts Sturz gibt es auf einmal gleich zwei Regierungen in Mexiko: eine in der Hauptstadt unter dem klerikal-konservativen Zuloaga, und eine unter Juárez, der vorderhand noch in Veracruz sein Hauptquartier aufschlagen muß, jedoch von den Vereinigten Staaten von Nordamerika sofort als Mexikos rechtmäßiger Präsident anerkannt wird.

Bald darauf stürzen die konservativen Militärs Zuluoga und setzen an seine Stelle den 26jährigen General Miguel Miramon ein.

Damit ist also Don José Hidalgo der zuerst von Zuluoga eingesetzte, danach von Juárez abgesetzte und jetzt von Miramon abermals in sein Amt als Diplomat berufene Vertrauensmann Mexikos in Frankreich.

Er ist stets bevorzugter Gast Eugénies nicht nur in den Tuilerien in Paris, sondern auch in den Schlössern von Saint Cloud, Fontainebleau, Compiègne und Biarritz.

Und wieder einmal ist großer Empfang in den Tuilerien. Der Kaiser macht wie immer seinen einsamen Rundgang. Da erblickt er Hidalgo, der neben der Kaiserin steht.

„Monsieur", spricht er ihn mit trägem Blick, mit müder

Stimme und ohne sichtliches Interesse an, „was gibt es Neues in Mexiko?“

„Sire, Sie wissen, daß Präsident Miramon in steter Geldverlegenheit ist, weil ihm der sogenannte Gegenpräsident Juárez die Erträge der Küstenzollämter wegschnappt, welche eine Haupteinnahmequelle für eine jede Regierung in Mexiko darstellen.“

„Das ist schlimm, mein Herr“, nickt Napoleon III. gelangweilt. „Und da griff Ihr Präsident Miramon eben zu Notmitteln.“

„Natürlich. Was sollte er sonst tun?“ Hidalgos Stimme wird feurig. „Er schloß mit dem Schweizer Bankhaus Jecker u. Co. einen Staatsanleihevertrag ab, durch den Präsident Miramon dreiunddreiviertel Millionen Franken in bar erhielt, wofür er jedoch Mexiko-Bons im Gesamtbetrag von nicht weniger als 75 Millionen dem Bankhause aushändigen mußte. Das kann auf Dauer nicht gut gehen.“

„Horrible!“ stößt Napoleon III. zwischen den Zähnen hervor.

„Die Nachrichten, die ich aus Mexiko erhalte, sind daher schlecht, und unser Land wird zugrundegehen, wenn Euer Majestät ihm nicht zu Hilfe kommen.“

„Ich? Wieso ich?“ Der Kaiser kaut an den Spitzen seines aufgezwirbelten Schnurbartes. Dann läßt er sich hastig von einem Lakaien eine schwere Zigarette anzünden.

„Erinnern sich Majestät, daß Sie mir einmal zu erklären geruhten, daß für Mexiko nichts getan werden könnte, bevor Italien nicht geholfen werde? Nun haben Sie erreicht, daß es geeint wird. Italien ist damit saturiert. Aber unser Land? Nur eine Monarchie könnte bei uns alles wieder ins rechte Lot bringen. Nur ein unparteiischer, europäischer Prinz käme als künftiger Kaiser von Mexiko in Frage!“

„Mein Herr, die Kaiserin und ich sind überzeugt, daß dazu vorerst eine Armee, Millionen... und dann ein Fürst, der sich als präsumptiver Kaiser für dieses Land zur Verfügung stellen müßte...“

„Eure Majestät wissen, daß von Don Juan von Spanien schon des öfteren die Rede war...“

Der Kaiser antwortet nicht, sondern läßt sich von einem der Lakaien ein Glas Wein reichen. „Trinken Sie nicht?“ fragt er Hidalgo knapp.

„Zu gütig, Majestät, ... aber ich brauche einen klaren Kopf."

„Durch unsere hervorragenden Weine wird er nicht getrübt. Was sagen Sie dazu, Madame", er wendet sich an die neben ihm stehende Eugénie, „dieser Monsieur fürchtet sich vor unserem Wein!"

Die Kaiserin erwidert nichts und spielt zerstreut mit ihrem Fächer.

„Doch um unser Gespräch nicht zu vernachlässigen..." Der Kaiser übergibt das geleerte Glas dem Lakaien. „Wir... die Kaiserin und ich... Wie denkt man beispielsweise über den Herzog von Aumale...?"

„Den fünften Sohn des Exkönigs Louis Philippe von Orléans und der Königin Marie Amélie?"

„Ja, um den Exkönig und damit die Orléanisten mit mir auszusöhnen, weil ich ihnen sozusagen den Thron vor der Nase weggeschnappt habe", erwidert Napoleon III. mit einem stumpfen Blick, „könnte man vielleicht als Kandidaten ihn..."

„Und... er wird doch nicht wollen...!" ruft Hidalgo aus, enttäuscht, daß nicht ein Spanier der mögliche Kaiser von Mexiko werden sollte.

„Nein... er will nicht." Napoleon macht beim Sprechen dieser vier Worte kaum den Mund auf.

„Nun ja!" Hidalgo läuft rot an. „Die Sache duldet keinen Aufschub. Die Gefahr ist zu groß, in der sich Mexiko durch die unselige Politik der Vereinigten Staaten befindet, die jeglichen lateinischen Einfluß in der amerikanischen Hemisphäre zu zerstören drohen. Jene haben sich des reichsten Silberlandes der Erde über Juárez bemächtigt und wollen sich durch die Herrschaft über die beiden großen Meere den gesamten Welthandel untertan machen."

„Ich bin ganz Ihrer Meinung. Besprechen Sie doch die Sache einmal mit meinem Staatsminister, dem Grafen Walewski."

„Wir müssen Mexiko unbedingt unter die Arme greifen!" wirft Eugénie streng ein.

„Ich wäre ja nicht abgeneigt", jammert jetzt der Kaiser, „Aber wie denn das bewerkstelligen?"

„Majestät, aufgestachelt durch die Enteignungspolitik des Juárez, werden Spanien und England Kriegsschiffe in mexikanische Häfen senden. Frankreich stünde also mit seiner Hilfe für unser Land nicht allein da."

„Das wäre gut, sehr gut!" ruft Eugénie erfreut aus.

Hidalgo kommt in Fahrt: „Die Vereinigten Staaten sind durch ihren Bruderkrieg mit den Südstaaten in Kriegsnöten und können daher Juárez derzeit nicht unterstützen. Wenn sich jetzt die Fahne der drei alliierten Mächte zeigt, stehe ich dafür, daß sich Mexiko in Massen erheben wird, um die wohltuende Intervention zu unterstützen." Hidalgos Gesicht glüht vor Erregung.

„Ich habe die diesbezüglichen Depeschen meines Außenministers Thouvenel noch nicht erhalten. Wenn England und Spanien jedoch tatsächlich bereit wären, nach Mexiko zu gehen..."

„Sie sind bereit!" Eugénie strahlt vor Entzücken. „Sie sind bereit!"

„... und wenn es die Interessen Frankreichs erfordern sollten...", zögert Napoleon III. weiterzusprechen, „dann..."

„Dann... was dann?" Hidalgos Stimme überschlägt sich vor Aufregung.

„Dann..." Napoleon III. dreht jedes Wort wie einen Geldschein mehrmals um, „dann... unter Umständen... man kann sich unmöglich jetzt schon festlegen... dann..."

„Was dann?" Hidalgo keucht wie ein erschöpfter Stierkämpfer.

„Dann..." Napoleons Blick wird glasig. „Dann... könnten... vielleicht... die Kaiserin und ich mitmachen..."

„Majestät!" Hidalgos Ausruf klingt wie ein Schlachtruf.

„Und...", fährt der Kaiser langsam und ein wenig unsicher fort, „sollte Mexiko erklären... einmal erklären, daß es sich, auf die europäischen Mächte gestützt, als Monarchie organisieren will, einmal... werden wir ihm... vielleicht... die Hand reichen... Übrigens ist, wie Sie richtig erwähnten, Monsieur, die derzeitige Lage in den Vereinigten Staaten für Ihre Sache nicht ganz... hm... eigentlich nicht gänzlich... ungünstig."

„Sire, was immer geschieht", Hidalgo glaubt zu träumen, sieht er sich doch schon sehr nahe am Ziel seiner Wünsche. „Wir werden es vor allem nur Frankreich danken."

„Was wollen Sie Frankreich verdanken... wie?" Napoleon wiegt zweifelnd sein Haupt.

„Erlauben Sie mir jedoch die Frage, ob Sie einen Kandidaten haben, denn die Mexikaner würden ihn als von Eurer Majestät kommend jedenfalls so annehmen, als ob es ihre eigene Eingebung wäre."

Der Kaiser schaut ins Leere. Dann läßt er sich noch eine Zigarette anzünden und antwortet ruhig: „Ich habe keinen."

Eugénie stößt einen leisen Seufzer aus. Da blickt ihr Hidalgo fest ins Gesicht. „Mexiko kann tatsächlich nicht an einen spanischen Prinzen denken, denn auch Monsieur Alejandro Mon, der spanische Botschafter am Hofe Eurer Majestät, versicherte mir, es sei unerhört traurig zu sagen, aber es gäbe in dieser Hinsicht keine mögliche Wahl."

„Das ist ein großes Unglück", fällt die Kaiserin ein, „denn wenn es einen Prinzen gäbe, so wäre ein spanischer der am meisten geeignete."

„Kein anderer Kandidat also?" Hidalgo schnappt erregt nach Luft.

„Vielleicht der Herzog von Modena?" Eugénie blickt ratlos drein.

„Politisch zu leichtgewichtig", murmelt der Kaiser.

„Ich hörte von einem lutherischen Prinzen...", hebt Hidalgo zögernd an.

„Unmöglich!" Eugénie klappt energisch ihren Fächer zu. „Ein Lutheraner in einem erzkatholischen Land! Was würde Seine Heiligkeit, Papst Pius IX. dazu sagen? Nein, ganz und gar unmöglich!"

„Hélas, wenn ich denke, wir haben..."

„Was haben wir?" funkelt Eugénie ihren Gatten an.

„Wir haben Österreich gekränkt." Napoleon III. kaut wieder einmal an den Enden seines Schnurrbartes. „Wir haben dem Kaiser seine schöne Lombardei zu Gunsten der Einigungsbestrebungen Italiens wegnehmen müssen. Man sollte Kaiser Franz Joseph irgendwie versöhnen."

„Oh, ich verstehe!" jubelt Hidalgo auf. „Der Monarch hat drei Brüder."

„Ja, und sein ältester..." Eugénie klappt wieder ihren Fächer auf, ihr wird plötzlich heiß. „Maximilian heißt er... Im Mai 1856 besuchte er uns. Erinnern Sie sich noch, mein Freund?" fragt sie ihren Gatten.

„Durch unseren Sieg in Italien verlor er seine Stellung als Statthalter der Lombardei."

„Ein netter junger, blonder Mann..."

„Die mexikanischen Frauen wären ganz verrückt nach einem jungen, blonden Kaiser!" Hidalgo lächelt süffisant.

„Mit der Tochter des Königs der Belgier verheiratet", murmelt Napoleon. „Sie ist väterlicherseits mit Queen Victoria blutsverwandt, mütterlicherseits eine Enkelin von Exkönig Louis Philippe von Orléans..."

„Das wäre ein Kandidat!" Hidalgo bekommt einen feuerroten Kopf. „Mit dem müßte auch England einverstanden sein..."

„Die Orléanisten wären mit mir ausgesöhnt, desgleichen Österreich", brummt Napoleon in sich hinein.

„Dann hätten wir also unseren Kandidaten." Eugénie fächelt sich kräftig Luft zu. Von einem Lakaien läßt sie sich ein Glas Champagner reichen. „Aber ich habe Bedenken... Erzherzog Maximilian wird leider nicht wollen. Der Kaiser von Österreich und der König der Belgier würden ihm gewiß abraten."

„O nein! Mein Gott!" Hidalgo wird leichenblaß. „Ich befürchte auch, daß der Erzherzog nicht annehmen würde."

„Nein." Der Kaiser klappt seine trägen Augen fast zu. „Nein, er würde gewiß nicht annehmen. Außerdem... man spricht ja nur allgemein, ganz allgemein von einer solchen Sache, einer überhaupt nicht aktuellen Sache..."

„Dabei wäre er blond", flüstert Hidalgo vor sich hin, „wie... wie der berühmte Herrscher der mexikanischen Sage..."

Darauf entsteht eine kleine Pause. Die Musikkapelle im Thronsaal der Tuilerien intoniert den Krönungsmarsch von Meyerbeer. Die Damen in ihren rauschenden Toiletten und die Herren in ihren goldbetreßten Fräcken formieren sich zum Tanz.

Da schlägt sich Eugénie, wie einer Eingebung folgend, plötzlich mit ihrem kostbaren Fächer auf die Brust. „Nun", ruft sie dem Kaiser und Hidalgo zu, „ich habe eine Vorahnung, die mir sagt, daß er doch annehmen würde!"

„Man müßte", Hidalgo gerät aufs Neue mit seinen Worten in Fahrt, „man müßte unbedingt sofort..."

„Was müßte man unbedingt... sofort?" Eugénie bekommt große Augen.

„Sofort... beim Erzherzog... vorfühlen, wie er darüber... darüber denkt..." Hidalgo gerät ganz außer Atem.

„Ich werde schon in den nächsten Tagen..., ja in den allernächsten Tagen..." Eugénie glüht vor Eifer, „einen Ball geben für die mexikanischen Emigranten in Paris!"

„Einen Ball?" Napoleon III. runzelt unwillig die Stirn. „Was soll ein Ball? Die Sache ist erstens überhaupt nicht aktuell und zweitens denn doch zu ernst... zu ernst für einen solchen Schnickschnack."

„Ja, einen Ball!" beharrt Eugénie eigensinnig. „Einen... Maskenball!"

„Wozu das, ma très chère?" Des Kaisers ansonsten stumpfer Blick funkelt ein wenig drohend seine Frau an.

„Sie wissen doch", beschwichtigt sie rasch ihren Gatten, „was Talleyrand einmal sagte?"

„Ich habe keine Ahnung, worauf Sie anspielen, meine Beste", erwidert er kühl.

„Daß... daß die Sprache dazu da ist, die Gedanken zu verbergen."

„Was soll das?" brummt Napoleon III. ärgerlich.

„Bei einem Maskenball ist es eben unerhört leichter, selbst allzu verborgene Gedanken auszusprechen. Das ist der große Vorteil eines derartigen Festes."

6

Unverhofftes Wiedersehen beim Maskenball

‚Wenn du das Ohr auf die Maske legst (Totenmaske Beethovens), wirst du das Meer unseres Lebens darunter rumoren hören.‘
(Gerhart Hauptmann an Brahms, Dezember 1905)

September 1861:
Und nach kurzer Vorbereitung findet der von Eugénie in den Tuilerien arrangierte Maskenball auch schon statt.

Die geladenen Damen und Herren sind teils in kostbaren, teils in kuriosen Kostümen erschienen. In bunter Reihenfolge lustwandeln die verschiedensten Persönlichkeiten maskiert als Astrologen, chinesische Krieger etwa oder türkische Sklaven.

„Da!“ Der Herzog von Persigny lächelt süffisant seiner Gattin zu. „Sehen Sie nur! Die Gräfin Castiglione als Madame Dubarry!“

„Dazu hätte sie sich nicht verkleiden müssen!“ nickt die Herzogin ironisch. „Sie ist auch ohne Maske frivol genug.“

„Eh bien“, erwidert er trocken. „Wer wohl der Henker mit dem riesigen Beil sein mag?“

„Ach, gewiß Graf Walewski! Er liebt derlei Scherze.“

„Und der beleibte Herr, der als Koch wie eine feiste Ente watschelt?“

„Das kann nur Rossini sein. Seit er nicht mehr komponiert, hat er die Leidenschaft für Omeletts entdeckt. Man sagt, er backe in seine aphrodisischen Omeletts alles Unmögliche hinein, nur leider keine Tausend-Francs-Scheine.“

„Dort... der Leichenbestatter... gewiß ist es Jadin! Ich sähe jedoch lieber unsere Steuereintreiber in solchen Kostümen. Beim letzten Maskenfest ging er als Wetterhahn.“

„Dieser bengalische Tiger, der ‚Madame Pompadour‘ die Hand leckt...?“

„Das ist Alexandre Dumas... natürlich, das sieht ihm ähnlich. Der alte Lustmolch... Doch die Augen der Frauen verfolgen ihn, als wollten sie ihm seinen Regenschirm nachtragen."

„Oder sein Mieder, mit dem er vergeblich den Bauch kaschiert."

„Sein Sohn... sein Sohn... ja, dort steht er... als Page mit weißer Perücke, im Gespräch mit... Dante... Das kann nur unser berühmter Delacroix sein... Dieser gleicht zwar einem verwitterten Gartenzwerg, doch sein Gemälde ‚Dante und Vergil' hängt bereits jetzt schon im Louvre."

„Hängen sähe ich lieber die Herren unserer Opposition", spricht der eben hinzugetretene Herzog von Morny, Halbbruder Napoleons III. und gerissenster Börsenspekulant dieser Epoche.

„Wie gehts, wie stehts?" fragt ihn der Herzog von Persigny. „Was macht die Rendite Ihrer Aktien? Hebt sie sich wie ein verführerisches Unterkleid der Mätresse des Marquis von...?" Der betreffende Name geht unter in der Saalmusik.

„Übrigens", lenkt der Herzog von Morny schnell ab, „was sagen Sie zu dem großen Coup Hidalgos bei Frankreichs Kaiserpaar?"

„Hat er denn Erfolg?" fragt die Herzogin von Persigny.

„Ich bitte Sie, Napoleon wird seine Hand auf Mexiko legen. Ein riesiges Reich wird sich ihm erschließen, das auf der Sklaverei aufgebaut ist."

„Aber... der amerikanische Gesandte John Bigelow will ihn davon abhalten."

„Nun, mon cher", jetzt Morny zum Herzog, „die Südstaaten werden dem nordamerikanischen Löwen die Zähne ausbrechen, und kein Zahnarzt der Welt wird ihm eine taugliche Prothese verpassen können."

Seitwärts von dieser Gruppe rätselt man bisher vergebens, in welchem Mummenschanz wohl der Kaiser und die Kaiserin auftreten werden.

Ein Domino im schwarzen Samt nähert sich einem solchen im roten Brokat. „Was halten Sie von Montezuma?" spricht er ihn an.

„O, Don José Guiterrez! Ich erkenne Sie an Ihrer Stimme. Montezuma... ein Name der traditionellen aztekischen Herrscherliste. Der neunte dieser Reihe..."

„Schon gut, lassen wir das! Er starb in Gefangenschaft. Wir jedoch brauchen einen neuen Kaiser, der Mexiko befreien wird von gottloser Reaktion und verderblichem Liberalismus."

„Ganz recht", erwidert Hidalgo, der als roter Domino kostümiert ist. „Übrigens... unsere Sache steht nicht schlecht."

„Aber sie zieht sich in die Länge. Es geht nichts voran", quengelt Guiterrez.

„Ihre Ungeduld ist begreiflich. Sie arbeiten ja schon zwei Jahrzehnte für diese Sache... leider erfolglos."

„Ich habe daher diese Angelegenheit in Ihre wesentlich jüngeren Hände gelegt. Nun, was ist? Die Kaiserin ist Ihnen doch gewogen... sehr gewogen..."

„Er... der Kaiser ist ein Zauderer. Doch sie bringt ihn noch soweit."

„Gibt es schon einen Thronkandidaten?"

„Unter Umständen... so halb und halb..."

„Was heißt das? Ja oder... nein?"

„Einen österreichischen Erzherzog... vielleicht..."

„Was soll das: vielleicht? Vor zwei Jahrzehnten offerierte ich bereits dem damaligen Staatskanzler, Fürst Metternich, den Erzherzog Karl als Kandidaten. Er lehnte ab. Hören Sie, man lehnte ab! Ich argwöhne, mit diesen Österreichern ist nichts anzufangen!"

„Vielleicht diesmal doch!"

„Immer mit Ihrem vertrackten ‚Vielleicht'. Die Rede sei ja, ja... nein, nein... steht schon in der Bibel. Aber kein Vielleicht!"

„Bitte, von alledem kein Wort zu General Almonte, unserem ehemaligen Gesandten! Wir sind ja leider heute alle nichts als Ehemalige, als Emigranten."

„Das muß sich ändern, und zwar rasch! Selbst Excelencia Labastida, der mexikanische Bischof von Puebla und Tlaxcala, ist bereits von Juárez vertrieben worden und lebt in Rom im Exil."

„Unter dem Himmel des Vatikans", erwidert Hidalgo kurz.

„Sollen wir abwarten, bis bald der letzte aufrechte Mexikaner exiliert ist und dort nur noch die Schurken von Juárez das Sagen haben? General Almonte möchte unbedingt beim Kaiserpaar in dieser Angelegenheit vorsprechen."

„Ausgeschlossen! Die Majestäten wünschen, daß alles noch geheim bleibt. Nur ich... nur ich allein darf bis auf weiteres der mexikanische Verbindungsmann sein. Entfernen Sie sich, die Kaiserin nähert sich uns. Ich erkenne sie an ihrem Gang und, wie sie ihren Fächer hält."

Der schwarze Domino schreitet unwillig weiter. „Sie hören von mir!" zischt er im Abgehen.

Da erscheint in einem himmelblauen Brokatkleid über der weiten Krinoline, mit Wespentaille und kleiner Schleppe, eine mittelgroße Dame mit brillantenbesetztem Fächer und einer silbernen Augenmaske. Vom weiß gepuderten Haar fließt ein ebenfalls himmelblauer Schleier herab.

„Erinnern Sie sich noch an Bayonne?" flüstert sie zu dem roten Domino. „Ecke Rue Reine Hortense und..."

„Avenue Imperiale", ergänzt er rasch. „Ja, ja! Es war ein himmlisches Wiedersehen."

„Sie drängten eine spanische Dame mit einem Gesuch in der Hand beiseite."

„Natürlich. Was tut man nicht alles Ihnen zuliebe!"

„... und Mexiko!"

„Wie bitte?"

„Ich ergänze: und Mexiko zuliebe! Sie lieben Mexiko mehr als alles andere."

„Was bleibt mir denn übrig, bei der furchtbaren Not unseres Landes!"

„Und... Ihr eigenes Wohlergehen?"

„Das muß ich außer Acht lassen. Alles für mein Vaterland!"

„Sind Sie nicht mehr Spanier als Mexikaner?"

„Das muß vorbei sein. Heute bin ich nur noch Mexikaner mit Leib und Seele. Monarchistischer Mexikaner!"

„Sind Sie bereit, für einen... unter Umständen... möglichen Kaiser von Mexiko auch zu kämpfen?"

„Mit... den Waffen des Geistes, versteht sich. Am besten von Paris aus, da Frankreich die große Schutzmacht Mexikos sein wird."

„Das heißt, Sie würden an der Seite der Kaiserin bleiben?"

„Natürlich! Jetzt und in Zukunft, was auch immer kommen mag!"

„Gut. Sie werden sich, Monsieur, unverzüglich... nach Miramar bei Triest zum Schloß des Erzherzogs Maximilian begeben. Sind Sie dazu bereit?“

„Gleich morgen, wenn es sein muß.“

„Noch diese Nacht! Mein Sicherheitsoffizier, Conte Plindera, ist gebürtiger Gradese und wird Sie begleiten. Er wird vor Ihrem Empfang beim Erzherzog... bezüglich Ihres Auftrittes behutsam vorfühlen... Er kennt den Prinzen von Kindheit an.“

„Wie meine Kaiserin befiehlt!“

„Der Herr dort... im Kostüm eines venezianischen Gondoliere, der mich unauffällig beschattet... ist besagter Conte. Er wird Sie sogleich ansprechen. Ich aber ziehe mich zurück. Entbieten Sie dem Prinzen einen Gruß vom Kaiser und mir! Ich wünsche ein gutes Gelingen Ihrer Mission.“

Die himmelblaue Dame in weit ausladender Krinoline rauscht hoheitsvoll davon.

Der Gondoliere tritt rasch heran.

„Monsieur“, spricht er den roten Domino an. „In drei Stunden reisen wir ab. Ich nehme an, man hat Sie bereits davon unterrichtet.“

„Sie kennen mich, mein Herr?“

„Sie sind mir bekannt. Sie gehen ja bei Hofe aus und ein. Ich kenne Sie seit jener Stunde, da Sie in Bayonne eine Dame mit einem Gesuch brutal zur Seite stießen und sich vordrängten zur Kalesche der Kaiserin.“

„Einen anderen Ton, wenn ich bitten darf! Brutal zur Seite stießen... So etwas muß ich mir sagen lassen.“

„War es nicht so? Dieses entzückende Mädchen...“

„Sie scheinen ein besonderes Interesse zu haben...“

„Natürlich! Der Liebreiz dieses Antlitzes, diese hoheitsvolle Gestalt, wenn sie sich im Flamenco mit der Glut ihres spanischen Herzens dreht und...“

„Diese junge Dame ist nichts für Sie!“

„Was geht das Sie an? Mischen Sie sich nicht in meine Angelegenheiten!“

„Ich wiederhole: die Dame ist nichts für Sie! Nehmen Sie das zur Kenntnis!“

„Ich denke nicht daran.“

„Die junge Dame ist bereits vergeben. Sie ist nicht frei.“

„Ist sie ihre Gattin?“

„Wer sie ist, hat Sie nicht zu bekümmern.“

„Oder am Ende gar Ihre... Komplizin? Bei dem Coup, den Sie sich in Bayonne erdreisteten...“

„Mein Herr, das geht zu weit. Ich werde mich bei Ihrer Kaiserin über Ihr flegelhaftes Benehmen beschweren.“

„Tun Sie das ruhig! Entweder... Sie stießen damals eine fremde Dame rüde beiseite... oder... Sie benützten eine Doña als Ihren Lockvogel, um zur Kaisern vordringen zu können.“

„Das ist unerhört. Ich sollte Sie zum Duell fordern.“

„Ob so oder so, Sie handelten nicht wie ein Ehrenmann.“

„Ehrenmann!“ braust Hidalgo auf. „Sie verstehen nichts, rein gar nichts! Wenn wichtige politische Umstände im Spiel sind, dann...“

„Natürlich, die Politik!“ gibt er zurück. „Sie leitet das Volk nicht dorthin, wohin es gehen will, sondern wohin es nach dem Willen einiger Weniger gehen soll.“

„Ach, lassen wir das!“ lenkt Hidalgo unvermittelt ein. „Sehen Sie lieber, wer da kommt!“

Jetzt schreitet mit müdem Schritt ein Mann heran im Kostüm von Julius Cäsar, mit Perücke, Gesichtsmaske und einer Pergamentrolle in der Hand.

„Es ist der Kaiser“, flüstert Hidalgo. „Seit neuestem beschäftigt er sich wieder mit archäologischen und historischen Studien. Er will eine Biographie über Julius Cäsar schreiben, weil er sich mit ihm identifiziert.“

„Fürchtet er nicht einen Brutus und dessen mörderischen Dolch?“ Der blonde Hüne im Gondoliere-Kostüm blickt auf den um fast einen Kopf kleineren Domino Hidalgo hinab.

„Er hat ja seinen Verwandten, den sogenannten Prinzen Plon-Plon. Wozu bedarf es da noch eines Brutus?“ Hidalgo lächelt ironisch. „Aber hören Sie doch! Die Musikkapelle intoniert jetzt ein andalusisches Volkslied. Und da ist sie schon! Unsere Mexikanerin!“

Eine groß gewachsene junge Dame in feuerrotem Kostüm, mit schwarzen Federn verziert, seitlich links hochgeschlitzt, das schwarze Haar über der roten Gesichtsmaske in der Mitte straff gescheitelt und mit einem hohen Steckkamm aufgetürmt, von dem ein roter Spitzenschleier herabwallt... diese junge Mexikanerin oder auch Spanierin erscheint auf dem Podium des Orchesters. In ihrer Rechten hält sie seitlich über ihrem Haupt die Kastagnetten, ihre zierlichen Füße in hochhackigen Schuhen stampfen auf, und schon beginnt sie in französisch zu den Klängen der Musikkapelle zu singen:

‚Draußen am Wald von Tlaxcala
wohnt doch mein Freund Lilas Bastian...'

Der große blonde Gondoliere drängt sich an das Podium heran.

„War es nicht", flüstert er der tanzenden Sängerin zu, „am Waldesrand von Bayonne?"

Sie zuckt unwillkürlich zusammen.

„Im Bistro, rue Roi Jérôme Numero 25", murmelt er.

Da stößt sie einen spitzen Schrei aus, stürmt zum Dirigenten und raunt ihm etwas ins Ohr.

Die ersten Takte einer Habanera klingen jetzt auf.

Die dunkel gefärbte Stimme der schönen Tänzerin beginnt zu singen.

Das Lied ist verklungen. Beifall rauscht auf.

„Ma très chère belle", sagt nun der Mann im Kostüm von Julius Cäsar zu der Tänzerin, „ich würde Sie gerne wiedersehn. Kommen Sie in einer Stunde zu mir... Ein gelber Domino wird Sie abholen und zu mir bringen."

„Wenn Cäsar ruft", erwidert sie neckisch, „müßte Carmencita wohl oder übel..."

„Carmencita heißen Sie, Mademoiselle? Der Name ist schöner als eine Ode von Horaz. Wünschen Sie sich, was Sie wollen, und Cäsar wird für Sie den Olymp sprengen, und Aphrodite..."

„Ave Cäsar, was würde wohl Xantippe dazu sagen?"

„Aber, mon enfant, Xantippe war doch die Ehefrau des Sokrates!"

„Ich bin eben in mexikanischen Gefilden zuhause und nicht in der römischen Antike. Wenn Cäsar mich wiedersehen will, muß er wohl oder übel nach La Borda Quintas bei der Stadt Mexiko kommen."

„Warum gerade dorthin, mein schönes Kind?"

„Weil es für die Mexikaner das Eiland der Liebe ist..."

„Oho!" Der Mann im Kostüm Julius Cäsars ergreift die Hand Carmencitas. „La Belle locuta, causa finita!" mischt er ein wenig Französisch mit Latein, was soviel bedeuten mag wie: Wenn die Schöne entschieden hat, so kann man nichts machen...

„Kommen Sie, mein Herr!" Jene Dame im himmelblauen Krinolinenkleid ist herangetreten. Sie hängt sich in Cäsars Arm und zieht ihn mit sich fort.

Carmencita muß lachen. „So ergeht es eben einem verheirateten Cäsar."

„Und Sie?" drängt der Gondoliere in sie. „Sind Sie schon gebunden?"

„Die Liebe hat bunte Flügel und ist ein luftiger Vogel", trällert sie, die Verse von Prosper Mérimée ein wenig abwandelnd.

„Sind Sie verheiratet? Kennen Sie Don José Hidalgo?" Er fixiert sie scharf.

„Mein Herr, wen ich kenne und wen nicht, ist das nicht ganz allein meine Sache?" Sie lacht ihm frei ins Gesicht.

„Weil Sie mir nicht gleichgültig sind, Señorita oder... Señora...?"

Sie lacht glockenhell und läßt die Kastagnetten in ihrer Hand erklingen. „Ob ihr bittet, ob ihr befehlt und ob ihr sprechet oder schweigt...", singt sie verhalten.

„Warum sind Sie damals in Bayonne nicht ins Bistro gekommen? Ich habe tagelang dort auf Sie gewartet."

„Warum... warum...? Warum hat die Liebe bunte Flügel und nicht ein Sträflingsgewand? Warum erwählt sie nach Laune nur den, der heftig liebt und stumm sich zeigt?"

„Hören Sie, Carmencita! Ich bete Sie an, ich verzehre mich vor Sehnsucht nach Ihnen, ich..."

„Das ist Ihr Problem. Meines jedoch..."

„Haben Sie Kastagnetten in der Brust statt des Herzens?"

„Sie haben mir damals in Biarritz versprochen, mir zu ermöglichen, mich dem Wagen der Kaiserin zu nähern..."

„Habe ich mein Versprechen nicht gehalten? Und Sie?"

„Ich tat es für einen anderen."

„Für Don José Hidalgo! Lieben Sie ihn?"

„Er ist mir teuer."

„Er ist Ihr Gatte?"

„Warum wollen Sie das wissen?"

„Weil... weil... ich... Sie..."

„Weil Sie mich lieben. O là là! Wie oft sagt ein junger Offizier das am Tag einem Mädchen, das er kaum kennt?"

„Ich erzählte Ihnen von einer Carmen, die ich ans Leben

verlor. Ich hoffte damals in Bayonne so sehr, das Leben würde mir eine Carmencita wiedergeben."

„Statt der verlorenen? So einfach ist das? Tausche entschwundene Geliebte gegen eine neue."

„Sie lieben mich also nicht. Nicht soviel!"

„Arbeiten Sie ab sofort für unsere Sache! Vielleicht, wenn Mexiko einmal einen Kaiser hat, der uns von Juárez und seinen Schergen befreit..."

„Was dann, Carmencita?"

„Versprach ich etwas? Ich sagte, wenn..."

„Sie wissen, daß ich Don José demnächst ins Ausland begleite?"

„Das ist möglich."

„Also, Sie wissen davon. Sind Sie seine Gattin? Seine Geliebte? Seine Komplizin? Er hat Ihnen durch ein verabredetes Zeichen zu verstehen gegeben..."

„Erledigen Sie Ihren Auftrag in unserem Sinn!"

„Ich stehe nicht in Diensten mexikanischer Hochverräter."

„Natürlich", entgegnet sie ironisch. „Also, dann: adieu, Monsieur, adieu!"

„Gibt es kein Wiedersehen?"

„Für einen, der nicht für uns arbeiten will?"

„Und wenn ich... falls ich einmal... doch..."

„Dann vielleicht..."

„Nur vielleicht, Carmencita?"

„Wer heftig liebt und stumm sich zeigt..." Sie läßt abermals die Kastagnetten erklingen.

„Mein Leben, meine Karriere bedeuten mir nichts, wenn Sie mich nicht lieben."

„Bedingung Nummer eins: Sie fragen nicht viel und arbeiten für uns."

„Carmencita, ist Ihnen bewußt, was Sie von mir verlangen?"

„Wer liebt, stürzt gern in die Untiefen des Eros hinab."

„In Untiefen? Nicht ins Paradies?"

„Das Paradies ist der Lohn. Aber... davor... verbindet uns das Geheimnis von Verschworenen. Unser Losungswort heißt..."

„L' amour?"

„Mexiko... Kaiser von Mexiko!"

7

Ein Traumschloß am Meer

Jeder bekommt seine Kindheit übergestülpt wie einen Eimer. Später zeigt sich dann, was darin war.' (Heimito v. Doderer: Ein Mord, den jeder begeht).

„Wohin führen Sie mich, Gräfin?" fragt Charlotte, die 21jährige Gattin des Erzherzogs Maximilian, ihre Obersthofmeisterin, die verwitwete Gräfin Maria Ignazia Lützow, vormals verwitwete Marquise de Saint Laurent. Zufällig ist diese alte Dame die Schwiegermutter des Don José Guiterrez, jenes Exilmexikaners, der (wie berichtet) schon seit mehr als zwei Jahrzehnten, also noch vor Don José Hidalgo, an der Errichtung einer Monarchie für Mexiko gearbeitet hat.

„Wohin ich kaiserliche Hoheit führe?" erwidert augenzwinkernd die Gräfin. „Zu einer Stelle im Schloßpark, an der soeben eine neue Statue aufgestellt wurde."

„Sie machen mich neugierig."

Die beiden Damen durchqueren den weitläufigen Schloßpark, vorbei an der Treppe zum kleinen Privathafen des Schlosses. Und dann stehen sie auch schon vor ihrem Ziel.

„Ein nackter Mann!" stammelt entsetzt die junge Frau.

„Seit der Renaissancezeit", verteidigt die Gräfin die Broncestatue, „arbeiten die Künstler wie in der griechischen und römischen Antike und zelebrieren so den Triumph der Nacktheit."

„Wen stellt der junge Mann in Siegespose dar?"

„Napoleon! Napoleon I.", spricht die Gräfin sarkastisch.

„Diese Überraschung ist dem Erzherzog für mich gelungen. Warum aber Napoleon? Warum ausgerechnet diesen?" Die belgische Königstochter Charlotte, mit Queen Victoria nahe blutsverwandt, hat keine besondere Vorliebe für Napoleon, den einstigen Erzfeind der Engländer.

„Warum?" Die Gräfin lächelt süffisant. „Der Erzherzog hat doch eine besondere Vorliebe für große Kaiser und siegreiche Feldherren."

„Ja, das hat er!" Charlotte schweigt betreten. „Gehen wir zurück zum Schloß!"

„Sooft ich in diesen herrlichen Park komme, bin ich immer wieder begeistert davon."

„Die Pflege, die mein Gatte der Anlage des Parks gewidmet hat, führte zum gewünschten Erfolg. Die Felsen des Geländes mußten mit Minen gesprengt werden. Neue Erde wurde aus der Steiermark und aus Kärnten mit tausenden Pferdefuhrwerken herbeigeschafft, weil diese Erde für die zum Teil exotischen Pflanzen als die beste erkannt wurde."

„Ja, das ist alles das Werk des Erzherzogs, sein ewiges Denkmal..."

„Ich bitte Sie!" Charlotte hebt beschwörend beide Hände. „Mein Gemahl ist erst neunundzwanzig... in diesem Alter schon von einem Denkmal für ihn zu sprechen..."

„Pardon, kaiserliche Hoheit!" Die Gräfin beißt sich auf die Lippen.

Die Damen kommen zu einem runden Bassin, umgeben von Orchideen, in dessen Mitte im Wasser sich eine weiße Marmorgruppe erhebt, die eine junge Mutter mit ihrem kleinen, an sich geschmiegten Sohn, darstellt.

„Eine herrliche Skulptur!" schmeichelt die Gräfin.

„Die Mutterschaft!" Charlotte bekommt einen bitteren Zug um den Mund.

„Wie bitte?" Die Gräfin versteht kein Wort.

„Dieses Kunstwerk heißt die Mutterschaft", erklärt Charlotte unwillig. „Der Erzherzog schenkte sie mir anläßlich unserer Verlobung."

„Ja, so..." Die Gräfin ist betreten, da sie mit ihrer Frage scheinbar ins Fettnäpfchen getreten ist.

„Wir sind bereits fünf Jahre verheiratet", fährt die 21jährige Charlotte leise fort. „Und noch immer stellt sich kein Nachwuchs ein. Sehr zum Verdruß der gestrengen Schwiegermutter in Wien!"

„War es nicht bei ihr dasselbe?"

„Aber nach den Bädern in Bad Ischl bekam sie vier gesunde Söhne."

„Auch erst nach einiger Wartezeit!" versucht die Gräfin zu trösten.

Schloß Miramare in Triest

„Immerhin... Fünf Jahre Ehe und kein Nachwuchs! Sie wissen, Gräfin, welche Sorgen das der kinderreichen Dynastie der Habsburger bereitet!"

„Da... die Kanonen am Schloßwall", versucht die Gräfin abzulenken. „Ein Geschenk des belgischen Königs für seinen Schwiegersohn!"

„Ja, Papa denkt eben immer an uns... Hier die große Sphinx, aus der ägyptischen Sammlung meines Gatten."

„Seine kaiserliche Hoheit ist ein großzügiger Kunstmäzen."

„Was sollte er sonst tun", erwidert Charlotte bitter, „seit er nicht mehr Generalgouverneur von Lombardo-Venetien ist?"

„O, dieser böse Napoleon III., der den Italienern geholfen hat, Österreich dieses schöne Königreich zu entreißen!"

„Es ist für einen 29jährigen Fürsten bitter, ohne eigenen Wirkungsbereich in seinem Schloß zu sitzen und untätig aufs Meer hinauszustarren."

„Dabei hat er so große Fähigkeiten, mehr als sein um zwei Jahre älterer Bruder, der Kaiser Franz Joseph! In Wien flüstert man, es wäre besser gewesen, Erzherzog Maximilian wäre Kaiser von Österreich geworden, statt des Bruders..." Die Gräfin verstummt.

„Warum ließ mein Gemahl bloß eine Statue Napoleons I. aufstellen?" lenkt Charlotte ab.

Die Gräfin antwortet nicht, erinnert sich jedoch, was ihr Schwiegersohn, Don José Guiterrez, ihr hierüber berichtete. Demnach geht in Wien bei Hofe das Gerücht um, Maximilians Vater wäre in Wahrheit der Herzog von Reichstadt, der Sohn Napoleons I. aus seiner zweiten Ehe mit der österreichischen Kaisertochter Marie Luise. Und das hätte sich nämlich so abgespielt:

Am Kaiserhof in Wien lebte im Jahre 1831 die 26jährige Erzherzogin Sophie, eine bayrische Königstochter, die mit 19 Jahren an den geistig wenig bemittelten 22jährigen Erzherzog Franz Karl gegen ihren Willen natürlich verheiratet worden war. Nur ein paar Zimmer von ihrem Appartement entfernt saß als Gefangener des eigenen Großvaters Franz II. der einsame, 20jährige sogenannte Herzog von Reichstadt, ein schöner Jüngling. Sein Vater Napoleon I. war schon längst in der Verbannung auf St. Helena gestorben, die liebestolle

Mutter, die nunmehrige Herzogin Luise von Parma, lebt fern vom gefangenen Sohn und kümmert sich kaum mehr um ihn!

Der einsame Jüngling wird vom allmächtigen Staatskanzler Metternich gehaßt und am Kaiserhof völlig isoliert. Er darf keine echte Bezugsperson haben, keine Freunde, keine Freundinnen. Die einzige Person, an die er die Möglichkeit hat sich anzuschließen, ist die junge Frau seines Onkels Franz Karl. Bald sind die 26Jährige und der 20Jährige einander sehr zugetan. Sooft es der militärische Dienst des Offiziers zuläßt, verkehrt er bei ihr in ihrem Appartement. Schon munkeln die Hofbediensteten hinter vorgehaltener Hand über diese beiden, zumal die hübsche, geistvolle Sophie alles andere als ein Kind von Traurigkeit ist, und der ‚schöne Herzog' von den Damen sehr angehimmelt wird. Auch er ist voll Geist und Witz, wie berichtet wird, und sehr temperamentvoll. Sie wiederum fühlt sich von den Schranken des Hoflebens zu sehr eingeengt. Das Naturkind aus den Bergen hat in Wien an der Seite des völlig interesselosen Gatten alle ihre Illusionen eingebüßt.

Als dann am 6. Juli 1832 Erzherzog Maximilian als zweiter Sohn von Sophie in Wien geboren wird, entsteht sofort das Gerücht, die Beziehung des Herzogs zu Sophie sei eben nicht ohne Folgen geblieben. Noch dazu, wo dieses Kind weder seinen übrigen Geschwistern später gleichen wird, noch die geringste Ähnlichkeit mit anderen Familienmitgliedern aufweise, von seinem offiziellen Vater, dem passiven, geistig unterdurchschnittlich begabten Erzherzog Franz Karl, ganz zu schweigen. Auffallend ist ferner, daß Maximilian der größte seiner Brüder wird, und daß der Herzog, im Gegensatz zu Franz Karl, ebenfalls von sehr hohem Wuchs war.

Der schöne, geistreiche Herzog schreibt ein Jahr vor der Geburt Maximilians seiner 26jährigen ‚Tante' Sophie: „Ich liebe Sie, weil Sie aus freiem Willen gut zu mir gewesen sind. Sie haben zu sich selbst gesagt: Siehe, er ist unglücklich – es wird ihm nicht viel Freude vergönnt sein! – Ja, meine Liebe entsprang zuerst meiner Dankbarkeit für Sie – Sie dürfen nie über meine Eifersucht lachen!"

Kurz vor der Entbindung Sophies von ihrem zweiten Kind Maximilian überredet sie den mittlerweile an Lungenschwindsucht erkrankten Herzog, mit ihr gemeinsam das Altarssakrament zu empfangen, obwohl er kirchlichen Vorschriften sonst abgeneigt ist.

Am 6. Juli 1832 gebiert also Sophie ihren Sohn, worüber der nunmehr totkranke Herzog überglücklich ist. Zwei Wochen später, am 21. Juli, stirbt der schöne Prinz. Sophie greift die Nachricht von seinem Tod derart an, daß sie ‚mehrere Tage zwischen Leben und Tod schwebt', wie die Augenzeugen berichten. Als Metternich davon erfährt, äußert er sich bezeichnenderweise derart: „Das ist mehr als verständlich!"

Gräfin Lützow läßt natürlich gegenüber Charlotte nicht verlauten, was sie von ihrem Schwiegersohn Guiterrez über die geheimnisumwitterte Vaterschaft Maximilians gehört hat.

„Dieses Schloß heißt Miramar. Warum dieser Name?" hebt die Gräfin jetzt wieder zu sprechen an.

„Mein Gatte wollte es so. Das ist spanisch und lautet übersetzt: Blicke auf das Meer! – Mein Gemahl liebt das Meer, er ist dem Namen nach ja Oberbefehlshaber der österreichischen Marine, die allerdings mehr unter dem Kommando des Admirals Tegetthof steht. Im Saal drei des Schlosses, das leider bis jetzt erst im Erdgeschoß vollendet ist, ließ sich der Erzherzog eine Admiralskabine wie seinerzeit auf seiner Fregatte Novara einbauen. Er ist eben ein Romantiker." Charlotte lächelt vor sich hin.

„Das sieht man an seinem wunderschönen Traumschloß, das seine Welt ist!" schmeichelt die Gräfin.

„Es könnte einen wirklich zum Träumen verleiten."

„Ist das nicht herrlich?"

„Vielleicht... wenn man über siebzig ist, liebe Gräfin. Aber der Erzherzog und ich sind zu jung zum Schwelgen in Erinnerungen. Wir haben uns bisher noch nicht so richtig entfalten können. Als wir im Gouverneurspalast in Mailand saßen, ja da... Das ist aber leider vorbei. Nur der erste Bruder des Kaisers zu sein, kann das auf Dauer meinen Gatten befriedigen? Und mich? Kaiserin Elisabeth ist die Erste Dame des Reiches. Sie ist eine geborene Herzogin. Ich jedoch bin die belgische Königstochter. Welche Rolle habe ich heute hier zu spielen? Und erst der arme Erzherzog! Solch ein hochbegabter, rastlos tätiger, dynamischer Prinz!" Charlotte ist unwillkürlich stehengeblieben.

„Es könnte sich bald alles, wie mit einem Schlage doch... ändern!" Die Gräfin lächelt vielsagend.

„Wie meinen Sie das, meine liebe Lützow?"

„Ich sage nichts als: Demnächst könnte ein bedeutungsvoller Besuch hier eintreffen."

„Ein Besuch? Ich verstehe kein Wort."

„Mexiko ist das drittgrößte Land der Welt. Dagegen sind selbst alle diese Monarchien in Europa..." Die Gräfin spricht nicht weiter.

„Wovon reden Sie, meine Teure?"

Ein Wagen fährt in den Schloßpark ein und hält vor dem Schloß.

„Wer kann das denn sein? Es ist kein Besuch angemeldet."

„Ein französisches Wappen am Wagenschlag", stellt die Gräfin scharfsinnig fest.

„Ein junger Mann steigt aus und verschwindet im Schloß. Wer mag das wohl sein?"

Charlotte und die Gräfin beschleunigen ihre Schritte.

8

Der geheimnisvolle Besucher

‚Es ist erschreckend.
Lauter Spiegelbilder.
Jeder spiegelt sich in den anderen.
Und niemand erkennt sich.
Das ist das Schlimmste.'
(Felix Mitterer, Sibirien).

Der Sekretär Maximilians, Sebastian Schertzenlechner, meldet den Besucher an. „Ein junger Herr will vorgelassen werden." Verblüfft fügt er an: „Kommt ohne Umwege aus Paris, sagt er."

Dieser Schertzenlechner ist ein eigenartiger Mensch. Als

ehemaliger ‚Leibkammerdiener' am Kaiserhof in Wien bezieht er bereits eine Pension als Hoflakai. Er gibt sich die größte Mühe, den Eindruck eines gebildeten Mannes von Welt zu machen, seitdem er durch die unerfindliche Gunst des Erzherzogs zu dessen Sekretär ernannt wurde. Noch erstaunlicher ist jedoch, daß der äußerst standesbewußte Prinz, der sich unerhört viel darauf zugute hält, ein direkter Nachkomme Karls V. zu sein, in dessen Reich die Sonne nicht unterging, daß also dieser mit jeder Faser seines Herzens eingefleischte Hocharistokrat, mit der größten Pedanterie hinsichtlich höfischen Zeremoniells, dem etwas primitiven Schertzenlechner unbegrenztes Vertrauen entgegenbringt, ja ihm sogar gestattet, per Du mit ihm zu sein.

„Ein Herr will mich sprechen?" Der Prinz greift sich an die Stirn. „Was will er von mir... einfach nur so... nicht vorangemeldet?"

„Ich weiß es nicht, Max... Wie soll ich das wissen?" Schertzenlechner zuckt bedauernd mit den Schultern.

„Sebastian, sag ihm, ich bin nicht zu sprechen, ich bin... nicht hier... Ich bin verreist."

„Gut. Ich werde es ihm bestellen."

„Was will man überhaupt von mir?" Maximilian macht ein verdrießliches Gesicht.

„Ja, was will man überhaupt von... uns?"

„Ich bin heute nicht in Stimmung, irgend jemanden zu empfangen, noch dazu jemanden, der es nicht einmal der Mühe wert fand, sich vorher anmelden zu lassen."

„Natürlich", gibt Sebastian hochtrabend von sich, „wir werden doch nicht jeden x-beliebigen so mir nichts, dir nichts empfangen. Wo kämen wir da hin? Schließlich bist du nicht irgendwer, sondern der durch einen dummen Zufall um nur zwei Jahre jüngere, eben leider nachgeborene Bruder des Kaisers von Österreich!"

„Laß das, Sebastian!" Maximilian wehrt mit der Hand weitere Worte seines Sekretärs ab. „Wenn mein kaiserlicher Bruder mir die Stellung eingeräumt hätte, die mir gebührt, nicht nur ein Statthalter-Amt, bei dem nicht ich das Sagen hatte, sondern die Militärs... Wenn ich als erster Bruder des Kaisers der erste Ratgeber nächst dem Thron hätte sein können, dann läge Österreich jetzt nicht so im Staube vor dem siegreichen

Frankreich und Piemont-Sardinien, das nach restloser Vereinigung aller Italiener in einem einzigen Staat lechzt!“

„Sehr richtig, Max, sehr zutreffend!“ Sebastian lächelt unterwürfig.

„Wenn mein kaiserlicher Herr Bruder auf meinen Rat gehört hätte, bräuchte er jetzt nicht schamrot zu werden, wenn er auf der Guldenmünze sein von dem Lorbeerkranz umrahmtes Haupt betrachtet.“

„Wie wahr, Max, nur allzu wahr!“

„Aber mein Herr Bruder war stets nur eifersüchtig auf mich und versuchte mich niederzuhalten, wo es nur ging. Er ist eifersüchtig, weil das Volk mich mehr liebt als ihn, er ist eifersüchtig, weil seine Gattin nur eine Herzogin war, meine jedoch eine echte Königstochter...“

„Wie klar du alles erkennst, Max! Ich bewundere dich, ehrlich, ich... bewundere dich!“

„Was ist aus mir kraft der lächerlichen Eifersucht meines Herrn Bruders geworden? Was bin ich nun? Ein Nichts, ein Niemand! Ein Statthalter ohne Statthalterei, ein Flottenchef ohne Flotte, eine kaiserliche Hoheit ohne kaiserliches Wohlwollen, ein Prinz ohne Wirkungsbereich, ein müder Pensionist mit neunundzwanzig Jahren... Mit neunundzwanzig Jahren! Es ist zum... Kotzen!“

„Max, ich verstehe dich gut... so gut verstehe ich dich...“

„Und jetzt kommt so ein Herr Unbekannt dahergelaufen und will mich einfach sprechen, als ob ich ein Herr Weiß oder Schwarz wäre... einfach nur so, ganz ohne jede Voranmeldung...“

„Das ist unerhört, wirklich unerhört!“

„Natürlich, mit mir kann man sich ja alles erlauben, ich bin ja nutzlos, bin wie ein ausgedientes Dressurpferd, ein abgewracktes Schiff, das nur noch zum Verschrotten taugt!“

„Nein, Max, das bist du nicht! Du bist noch immer, trotz allem, der Nachkomme der großen Kaiserin Maria Theresia!“

„Ja, der Nachkomme Karls V.! In seinem Reich ging die Sonne nicht unter. Und ich? Weißt du, Sebastian, mein Bruder und ich wurden als Kinder zusammen im Reitsport ausgebildet. Er war nicht begeistert darüber. Aber ich! Schon damals sagte ich mir: Schritt ist Tod, Trab ist Leben, gestreckter Galopp Seligkeit! Sebastian, Seligkeit, höchste Seligkeit!“

„So gefällst du mir, Max! Ja, zeige es ihnen allen, denen in Wien am Kaiserhof, zeige es deinem Bruder, daß man dich nicht beiseiteschieben kann, nicht in die zweite Reihe, nein, daß du geboren bist für Höheres, für das Höchste, was es überhaupt gibt!"

„Ich danke dir, Sebastian. Deine Worte geben mir wieder Auftrieb... Wie heißt der Mann, der in der Vorhalle noch immer wartet?"

„Ich vergaß seinen Namen, Max."

„Also... lasse ihn in Gottes Namen ein! Ich bin plötzlich wieder guter Dinge. Was denn? Ich bin doch erst neunundzwanzig. Vor mir liegt noch das ganze Leben, und das Leben ist wunderschön wie das Meer unter uns."

„So höre ich dich gern. Ich lasse ihn also eintreten, diesen Fremden!"

Schertzenlechner verläßt das Arbeitskabinett des Erzherzogs. Nach einer kleinen Weile kommt er wieder zurück, hinter ihm der hochgewachsene Besucher.

„Ein Herr... Conte Plindera bittet, Seiner kaiserlichen Hoheit die Aufwartung machen zu dürfen", meldet der Sekretär.

„Laß uns allein!" befiehlt Maximilian. Dann zu dem Riesen gewendet: „Marchese... Aber... Was denn? Was sehe ich? Das ist ja... Rodolfo! Alter Knabe, wie lange ist es her, seit wir uns zum letzten Mal gesehen haben?"

Er umarmt herzlich den Eingetretenen. Schertzenlechner geht leise hinaus.

Maximilian und der blonde Hüne sind gleich groß. Maximilians Äußeres wäre vollkommen, wenn da nicht das fliehende Kinn wäre – ein Habsburger Merkmal, das Maximilian durch einen üppigen Bart zu kaschieren versucht.

„Sieben Jahre, Maximilian. Im Jahre 1854 war es, ich durfte als Reisebegleiter mit dir nach Griechenland, Kleinasien, Süditalien und..."

„und Spanien!" Maximilians Augen glänzen. „Ich erinnere mich. Mein Gefolge riet mir, die geplante Reise nach Granada aufzugeben, doch ich wollte unbedingt die Gräber meiner spanischen Ahnen besuchen. Und du, Rodolfo, unterstütztest mich damals bei meinem Vorhaben, gegen den Widerstand der übrigen Begleitung."

„Es war herrlich, deine Begeisterung mitzuerleben, Max!

Wie du dann in der Kathedrale vor den Grabmälern Ferdinands und Isabellas, Philipps I. und Johanna der Wahnsinnigen standest..."

„Wie ich nach den Reichsinsignien Ferdinands des Katholischen griff..."

„Da beging ich... verzeihe es mir, bitte... einen Lausbubenstreich..."

„Was tatest du, Rodolfo?"

„Ich wollte unbedingt wissen, ob die Krone Ferdinands auf dein Haupt passen würde... und ich setzte dir diese auf..."

„Ja, Rodolfo, du spieltest meinen Königsmacher, gleichsam den Papstdelegaten, der mich feierlich krönte..."

„Nicht feierlich genug, Max. Ich mußte nämlich herzhaft... lachen!"

Maximilian überhört gekonnt den letzten Satz und richtet einen verträumten Blick auf das Meer hinaus. Alle Zimmer seines Schlosses sind so ausgerichtet, daß man von jedem Fenster aus das Meer erblicken kann. Eine kleine Pause entsteht.

„Sagtest du etwas?" Maximilian lehnt sich zerstreut zurück.

„Ich komme geradewegs aus Paris."

„Eine weite Reise..." Der Erzherzog hebt sein Haupt. „Lebst du nicht derzeit am Hofe Napoleons III.?"

„Ja. Das Kaiserpaar hat mich beauftragt, dir herzliche Grüße zu entbieten."

„Du bist also jetzt in Paris." Maximilians Gedanken schweifen ab. „Du bist eigentlich eine richtige Abenteurer-Natur. Zuerst warst du Fregattenkapitän bei meiner Marine, aber da hielt es dich nicht lange."

„Wegen einer Liebesgeschichte quittierte ich den Dienst."

„Richtig. Wie hieß die Dame bloß?"

„Es war eine Gräfin Appony."

„Und danach, Rodolfo?"

„Trat ich in die Dienste des Bayernkönigs Maximilian II."

„Meines Cousins. Dort bliebst du ebenfalls nicht lange. Wie hieß die Dame diesmal?"

„Es war keine Aristokratin. Eine Tänzerin."

„Und dann, Rodolfo?"

„Fuhr ich nach Paris."

„Jetzt also dienst du Napoleon III."

„Ich bin Sicherheitsoffizier der Kaiserin."
„Diesmal keine Liebesgeschichte?"
„Sie hieß Carmen und verließ mich treulos."
„Sonst verließest du immer deine Herzensdamen. Einmal also war es umgekehrt. Und jetzt? Wie heißt deine Gegenwärtige?"
„Ich weiß nicht, ob sie es wird. Ob sie es wird werden wollen."
„Ihr Name? Halt, laß mich raten! Hortense? Du schüttelst den Kopf. – Germaine? Auch nicht. – Antoinette?"
„Carmencita."
„Klingt spanisch! Eine Spanierin also..."
„Mexikanerin!"
„Fein, Rodolfo! Da müßten wir beide irgendwann einmal nach Mexiko reisen. Dort gibt es einen Kaiserpalast und vielleicht auch eine Krone, die du mir wieder einmal aufs Haupt setzen könntest..."
„Diesmal würde ich nicht lachen."
„Das will ich hoffen." Maximilian lächelt. Seine Gedanken schweifen wieder einmal träumend in die Ferne. „Mexiko... muß ein herrliches Land sein... Berge bis über viertausend Meter hoch... Was sage ich, viertausend? Ist nicht die höchste Erhebung, der Popocatepetl, über fünftausend Meter hoch? Dann wieder die weite Pazifikküste! Ich glaube, das Land ist hundertmal größer als das Kaisertum Österreich."
„Es ist das drittgrößte Reich der Welt."
„Die Obersthofmeisterin meiner Gemahlin liegt mir tagtäglich in den Ohren, wie herrlich es sein müßte, dort zu leben."
„Hm..." Rodolfo schnippt plötzlich mit den Fingern der rechten Hand. „Max..." Er bricht ab.
„Aber lassen wir doch dieses Schwelgen in unerreichbaren Träumen! Darum lieber zu dir! Erzähle mir von deiner Carmencita. Wie alt ist sie? Liebst du sie? Liebt sie dich?"
„Ich weiß nicht recht."
„So etwas weiß man doch!"
„Leider noch nicht. Das hängt von etwas Wichtigem ab."
„Was ist dieses Wichtige?"
„Ach, Max! Junge Damen stellen oft so komische Bedingungen."

„Welche zum Beispiel?“

„Es ist so lächerlich, daß ich es nicht aussprechen kann.“

„Wirst du sie wiedersehen?“

„Das hängt eben davon ab.“

„Ah, von dieser... wie du sagst, komischen Bedingung?“

„So ist es.“

„Du wirst diese Bedingung unter allen Umständen erfüllen?“

„Ich sollte es eigentlich, um ihre Liebe... vielleicht... erringen zu können.“

„Was hindert dich daran?“

„Ich stehe in französischen Diensten.“

„Und das... widerspräche dieser... Bedingung?“

„Im Augenblick zwar nicht, aber...“

„Aber?“

„Vielleicht meiner Loyalität zu einem jungen Prinzen...“

Dem Erzherzog scheint etwas aufzudämmern. „Sagtest du nicht, daß du mir Grüße übermitteln sollst von...?“

„Vom französischen Kaiserpaar!“

„Deswegen... nur wegen dieser Grüße... bist du ohne Umwege in aller Eile von Paris zu mir gereist?“

„Ja. Nur deswegen!“

„Ist das nicht seltsam, Rodolfo?“

„Das ist es in der Tat, Max!“

„Ich war vor... fünf Jahren beim französischen Kaiserpaar zu Besuch. Seither hörte ich nichts Gutes von diesen beiden. Sie sind schuld, daß Österreich die Lombardei verlor, und damit ich mein Amt als Generalgouverneur. Daher bin ich jetzt ein untätiger Pensionist. Also... was sollen diese komischen Grüße?“

„Die Kaiserin kennt seit ihrer Kindheit einen gewissen Don José Hidalgo y Esnaurriza. Er ist mit mir hierher gereist und bittet, von Dir empfangen zu werden.“

„Was will er?“

„Werben!“

„Werben? Verstehe ich recht?“

„Ja, werben... für die Errichtung einer Monarchie in Mexiko!“

„Und deine Carmencita will das auch, nehme ich an. Ich nehme ferner an, ihre eigenartige Bedingung besteht darin, daß du dich ihnen anschließen und für deren Sache ebenfalls werben sollst."

„So ist es, Max. Du analysierst nicht schlecht."

„Was aber soll ich dabei? Soll ich etwa meinen kaiserlichen Herrn Bruder für diesen Plan gewinnen?"

„Das auch."

„Auch? Was heißt hier: auch? Was sonst noch?"

„Man will dich fragen, ob du selbst nicht Lust hättest..."

„Was denn? Vielleicht... Kaiser zu werden? Kaiser von... Mexiko? Du nickst dazu? Ulkig, du nickst..."

„So ist es."

„Rodolfo, nicht nur die Bedingung deiner Carmencita ist komisch, auch dieser Vorschlag ist... Jetzt ist doch nicht Karnevalszeit, um derlei Späße zu machen."

„Es sind keine... Späße, Max!"

„Rodolfo... Bitte, geh!... Geh jetzt! Du kommst mir vor wie ein reicher Mann, der plötzlich zu einem armen Kind sagt: Kleiner, siehst du das große, weiße Schiff dort? Ja! Ich... schenke es dir."

„Max, lieber Kamerad Max... diese Leute meinen es ernst... todernst. Napoleon III. will mit England und Spanien eine Allianz bilden, unter deren Patronanz er nach Mexiko aufbrechen und dir dort so den Boden vorbereiten will, daß du danach... in einem neu gegründeten Kaiserreich..."

Maximilian springt erregt auf. „Hirngespinste, Rodolfo, Hirngespinste! Bitte geh! Ich will mit Charlotte darüber aus ganzem Herzen lachen, so laut lachen, daß man es bis hinüber nach Triest hören kann. Bitte, geh jetzt! Geh!"

9

Ein Liebespaar?

‚Wie schön der Abend war und zärtlich, wie weich der Wattebausch der Wolken, wie samtig die Nacht...‘
(Hugo Schanovsky, Mozart)

Nun macht Rodolfo ein paar Tage Urlaub in Grado, seiner Geburts- und Vaterstadt.

Er lehnt am Geländer der Spiaggia und blickt nachdenklich aufs Meer hinaus. Da tritt eine junge Dame zu ihm heran. Ganz leise kommt sie näher. „Pardon“, haucht sie mehr als sie spricht und verstummt sofort zitternd.

Er scheint sie nicht zu hören und nicht zu bemerken.

„Pardon“, wiederholt sie tonlos, und ihre Lippen beben. Jetzt hebt er ihr ruckartig den Kopf entgegen. „Da sind Sie endlich!“ strahlt er sie an, ihr völlig unverständlich.

„Aber... aber... sind Sie denn nicht überrascht, mich hier... ausgerechnet hier... zu sehen?“

„Ich wußte, daß Sie kommen würden... daß Sie einmal werden kommen... müssen.“

„Müssen? Ich höre wohl nicht recht.“

„Jawohl, müssen! Liebe und Geburt, Keimen und Reifen sind schicksalhaft. Wir können nicht anders, als ihnen nachzugeben.“

„Wie überheblich, mein Herr! Sie glauben vielleicht gar, ich müßte Sie lieben?“

„Natürlich! Genauso wie ich... Sie!“

„Unerhört!“ Sie stampft mit dem Fuß auf.

„Hören Sie genau zu, Carmencita! Genauso wie ich Sie lieben muß, lieben vom ersten Augenblick unserer Begegnung an... ebenso müssen auch Sie mich lieben, ob Sie es nun wollen oder nicht.“

„Ich muß Sie lieben? Daß ich nicht lache! Eitler Kerl! Sie meinen wohl, weil Sie ein blonder Hüne sind und allen

Mädchen scheinbar den Kopf verdrehn, daß Sie auch bei mir... auch bei mir dieses grausame Spiel ausführen könnten..." Ihr hoher Steckkamm mit dem zarten Schleier dahinter kommt ins Schwanken.

„Warum sollte dieses Spiel ein grausames sein?"

„Weil... weil... es ist grausam, Herzen zu pflücken wie rote Rosen vom Strauch und sie achtlos wegzuwerfen, wenn sie verblühen."

„Ja, ich muß unbedingt diese rote Rose... nicht abschneiden, sondern sie zart zwischen meine Hände nehmen und hüten, bis..."

„Bis Sie eine noch schönere Knospe finden und..."

„Keine könnte für mich jemals herrlicher sein als Sie!"

„Schmeichler! Schwätzer!" Ihre Lippen kräuseln sich verächtlich.

„Warum sind Sie dann zu mir gekommen?"

„Ich? Zu Ihnen? Wer sagt denn so etwas?"

„Sprachen Sie mich denn nicht abermals an wie seinerzeit in Biarritz?"

„Was sagte ich denn schon?"

„Das süßeste Wort!"

„Wenn man Pardon sagt, was bedeutet das schon? Nichts bedeutet es, rein gar nichts!"

„Es klang für mich so romantisch wie l'amour."

„Ach, Sie mit Ihrem ewigen l'amour! L'amour ist dasselbe wie eben für... für..."

„Carmencita und Rodolfo!"

„Für... die mexikanische Monarchie!"

„Lassen wir das! Da reisen Sie mir nach... hierher nach Grado, wo ich geboren und aufgewachsen bin, und dann... dann reden Sie über... Politik!"

„Also... hier wurden Sie geboren...", lenkt sie versöhnlich ab.

„Ja, in der Via Provveditori, Villa di Stella Maris."

„Stella Maris..." Ihre Augen blicken plötzlich verträumt.

„Der Stern des Meeres begleitete mich in meiner Jugend. Als ich in der Marine diente, als ich ein junger Kapitän wurde... Immer leuchtete er über mir... der Stern des Meeres. Als Sie in Biarritz plötzlich vor mir erschienen, wie dem Schaum des Meeres entstiegen, wie ein Stern des Meeres auf mich herniederfunkelnd, wie..."

„Ja, Rodolfo."

„Mit Ihnen, Carmencita, erstrahlt die Sonne am Morgen noch herrlicher und verglüht sie noch prächtiger abends..."

„Wie romantisch ein französischer Offizier doch sein kann!"

„Ich bin Gradese."

„Werden Sie Mexikaner!"

„Wenn die Fischer über das Meer fahren, singen sie ein besonderes Lied."

„Welches?"

„Mit dir, Madonna, ist das Herz in sicherer Obhut... Carmencita, geben Sie Ihr Herz in meine Obhut!" Er drückt sie fest an sich. „Verbinden Sie mein Leben mit dem Ihren!"

„Und wenn ich so unvorsichtig sein sollte, dies zu tun... Wir haben weite Ländereien in Mexiko. Wären Sie bereit, mit mir hinüberzufahren, einmal mit mir für immer in Mexiko zu bleiben?"

„Mit Ihnen bis ans Ende der Welt, Carmencita!"

„Mexiko ist groß, Mexiko ist weit."

„Es bräuchte nur so groß zu sein, um Platz für uns beide zu bieten."

„Sie waren beim Erzherzog. Wie reagierte er auf unseren Plan?"

„Er? Er hat... gelacht."

„Ist er willens, als Kaiser nach Mexiko zu gehen?"

„Ich glaube, er nimmt den Plan nicht ernst."

„Nicht ernst! Wo Frankreich, Spanien und England mitmachen werden?"

„Er hält das alles für einen unwirklichen Traum."

„Unwirklich? Ist die Not des mexikanischen Volkes unwirklich? Ist die grausame Diktatur des Juárez, der Miramon verjagt und sich zum Alleinherrscher Mexikos aufgeschwungen hat, unwirklich? Der unsere Güter und den reichen Kirchenbesitz enteignet hat?... Alles unwirklich?"

„Man wird sehen, was die Zukunft bringt."

„Die Zukunft wird das bringen, wofür wir unermüdlich arbeiten und kämpfen."

„Sie lieben mich also noch immer nicht, weil Sie nur von Politik reden. Von nichts anderem als von... Politik!"

„Die Liebe ist ein Einzelschicksal. Das Elend unseres

Volkes ist dagegen ein Massenschicksal. Erst müssen wir dieses beseitigen helfen, dann erst können wir Zeit finden für uns."

„Und unsere... Liebe?"

„Wenn unsere Herzen sich weit aufgetan haben werden für Mexiko und die Lösung seines Riesenproblems, erst dann... erst dann werden wir uns hingeben dürfen für..."

„Für Carmencita und Rodolfo!"

„Für eine Villa di Stella Maris in... Mexiko!" Ihre dunklen Augen strahlen wie Sterne am Abendhimmel.

„Dein Herz in sicherer Obhut bei... mir."

„Ja", flüstert sie und schmiegt sich eng an ihn.

Die Sterne scheinen mit einem Mal mächtig aufzuglühen.

10

Charlotte

‚Der Bart allein macht keinen Ziegenbock zum Propheten.'
(Armenisches Sprichwort)

Rodolfo erwirkt auf inständiges Bitten Carmencitas einen Urlaub bei Eugénie zu dem Zweck, abermals nach Miramar bei Triest aufzubrechen.

Hier soll er bei Maximilian für die ‚große Sache' weiter werben, um ihn ‚weichzuklopfen'. Dasselbe wollen Carmencita und Hidalgo im Verein mit Eugénie bei Napoleon III. unternehmen, damit kein unvorhergesehenes Hindernis auftauche, beziehungsweise, damit ein solches unverzüglich nach besten Kräften aus dem Weg geräumt werden könnte.

„Lieber Rodolfo", spricht jetzt Maximilian zu ihm, „ich lese dir auszugsweise einen Brief vor, den ich am 21. April 1860 meinem Schwiegervater, König Leopold, aus meinem Schloß Lacroma bei Ragusa geschrieben habe. Willst du hören...?"

„Ich bitte darum“, entgegnet er.

„Die Zustände unseres armen Landes (Österreich) fand ich, wie erwartet, wirr und dunkel. Die Fäulnis einerseits, die Gärung andererseits treten immer stärker und beängstigender hervor. Es herrscht wie zu Zeiten Ludwigs XVI. (von Frankreich) Rat- und Tatenlosigkeit; man begreift nicht die Situation und will sie nicht begreifen; von allen Seiten wird gedrängt, bestürmt und im Gegensatz hiezu schließen sich Augen und Ohren immer wieder... Vielleicht sehe ich zu schwarz, aber ich treffe in meinem Privatleben alle Vorbereitungen betreffs einer ‚Krise‘...“, liest Maximilian vor.

„Was meinst du denn damit?“ Rodolfo hebt ruckartig den Kopf.

„Ich schickte unverzüglich den österreichischen Diplomaten, Freiherrn de Pont, zu meinem Schwiegervater mit der Bitte, meine beiden Schlösser Miramar und Lacroma zum Schein zu kaufen wegen der Gefahr einer Invasion durch Italien.“

„Und...? Hat der König deiner Bitte entsprochen?“

„Mein Schwiegervater meint, das sei nicht nötig, da Miramar auf deutschem Bundesgebiet liege (!) und ein Angriff die sofortige Intervention des deutschen Bundes hervorrufen müßte. Bezüglich Lacromas jedoch geht er auf einen Scheinkauf ein.“

„Wenn es dich wirklich beruhigen sollte, Max...“

„Ja, das tut es. Du bist also zu mir zurückgekehrt... aus freien Stücken, oder... weil es deine Carmencita so für gut befindet?“

„Das letztere trifft zu. Man hat mich beurlaubt, um bei dir für eine mögliche... Kandidatur zu werben.“

„Also... was rätst du mir ernstlich?“

„In Paris wünscht man tatsächlich, daß du die Krone von Mexiko annimmst.“

„In Paris wünscht man, so... so... Ist das auch deine persönliche Meinung?“

„Max, bitte, mißverstehe mich nicht! Wenn es einen solchen Thron in Mexiko wirklich gäbe, wünschte ich nichts sehnlicher, als daß du, und nur du, diesen besteigen solltest!“

„Und... gibt es diesen Thron?“

„Ich weiß es nicht.“

„Am Wiener Hof diskutiert man bereits eifrig darüber. Was sagst du dazu? Unter Diplomaten bleibt eben bisweilen nichts verborgen. Unser Außenminister, Graf Johann Rechberg-Rothenlöwen, informierte mich in aller Form, daß unser Botschafter in Madrid, Graf Crivelli, mit dem spanischen Ministerpräsidenten Collantes bereits ein Gespräch über meine mögliche... Kandidatur geführt hat."

„Was ergab diese Unterredung, Max?"

„Collantes ist von der absoluten Unmöglichkeit, in Mexiko etwas Dauerndes zu schaffen, überzeugt. Auch Crivelli teilt diese Ansicht, und Rechberg meint daher, daß es Wien tief bedauern würde, wenn diese Idee in ernste Betrachtungen gezogen werden sollte."

„Weil man eifersüchtig ist!" ruft Charlotte aus, die bei ihrem unvorhergesehenen Eintreten den letzten Satz mitgehört hat.

„Nicht wahr, Marchese?" Charlotte wendet sich ohne Umschweife an Rodolfo, „in Paris ist man gänzlich anderer Meinung?"

„Kaiserin Eugénie", erwidert er vorsichtig, „würde es tatsächlich gerne sehen, wenn Erzherzog Maximilian eine Kandidatur annehmen wollte."

„Da hast du es!" Charlotte richtet auf ihren Gatten einen triumphierenden Blick. „Das französische Kaiserpaar trifft doch seine Entscheidungen nur aufgrund unumstößlicher Tatsachen. Unumstößlicher Tatsachen!" wiederholt sie mit entschlossener Stimme.

„Auch der mexikanische Bischof Labastida, der in Rom im Exil lebt..."

„Wird natürlich deine Kandidatur für den Thron Mexikos lebhaft begrüßen", ruft Charlotte aus.

„Er hätte zwar ein Interesse an einer konservativen Restauration in Mexiko", erwidert Maximilian kühl, „dennoch sagte er zum österreichischen Gesandten in Rom, daß es sehr schwierig, wenn nicht unmöglich sei, in Mexiko ein Kaiserreich zu errichten; daß es sehr viel Mut, Geschick, Stärke, Geduld und besonders viel Glück bräuchte, um in Mexiko eine Autorität auf Dauer zu etablieren."

„Mut, Geschick und Stärke...", Charlottes Gestalt strafft sich. „Warum sollten wir beide, du und ich, diese nicht aufbringen? Haben wir nicht bereits in Mailand bewiesen, daß wir regieren können?"

„Aber das Glück zum Erfolg fehlte uns", wirft Maximilian ein.

„Weil die Militärs mit ihren Gegenbefehlen aus Wien uns Hindernisse um Hindernisse in den Weg legten. Wenn wir jedoch uns entschließen, nach Mexiko zu gehen, werden diese Stellen uns keine Prügel mehr vor die Füße werfen können."

„Die österreichischen Militärs diesmal wohl nicht. Da hast du recht", meint Maximilian begütigend zu Charlotte. „Aber andere, viele andere würden an deren Stelle treten, glaube mir!"

„Mit neunundzwanzig Jahren darf ein dynamischer Erzherzog nicht in Pessimismus baden", wird Charlottes Stimme schneidend. „Wer nichts wagt, der gewinnt auch nichts!"

„Auch der österreichische Botschafter in Paris, Fürst Richard von Metternich", erwidert Maximilian ruhig, „schrieb diesbezüglich unserem Außenminister, daß er trotz aller guten Anzeichen... von der Wendung der Dinge keineswegs erbaut sei."

„Ist es denn wichtig, ob er persönlich davon erbaut ist oder nicht?" Charlotte bekommt hektische Flecken auf ihre Wangen. „Gemäß der Londoner Konvention vom 30. Oktober 1861 haben sich England, Frankreich und Spanien zu einer Intervention in Mexiko... verpflichtet!... Zu welchem Zweck, Max? Um... dich als Kaiser dort einzusetzen!"

„Das sehe ich nicht so", erwidert er kühl. „Wohl hat Spanien bereits seine auf Kuba stehenden Truppen nach Mexiko geworfen... der kommandierende General Rubalcaba ist bereits am 17. Dezember 1861 mit seinen Truppen in Veracruz gelandet..."

„Da haben wir es!" unterbricht ihn Charlotte triumphierend. „Warum also noch schwarz sehen? Als mein Papa von dem Plan hörte, dich als Kaiser in Mexiko einzusetzen, sprach er sehr begeistert davon... Jawohl... sehr begeistert!"

„Bitte, bitte..." Maximilian springt erregt auf und geht mit raschen Schritten in seinem Arbeitskabinett auf und ab. „Am 9. Januar 1862 landeten dort auch 2000 Mann französischer Marineinfanterie und 600 Zuaven... England hingegen, das sich von dieser Aktion nicht gänzlich ausschließen will, schickte jedoch lediglich 800 Mann Marinetruppen."

„Das reicht völlig aus!" erklärt Charlotte vorschnell. „Denn die monarchistische Partei in Mexiko wird sich unverzüglich mit dem Kommandanten der Invasionstruppen verständigen und kooperieren."

„Verständigen... worüber, Charlotte?"

„Na... dich zum Kaiser von Mexiko vorzuschlagen!"

„Rodolfo", darauf Maximilian zu diesem, „siehst du das auch so?"

Charlotte sendet einen flehentlichen Blick dem Conte zu. „Nun, Marchese, so sagen Sie doch meinem Gemahl, daß die Sache nicht günstiger sein könnte, als sie bereits ist!"

„Kaiserliche Hoheit", nun er zu ihr, „Kaiser Napoleon wünscht jedoch eigenartiger Weise nicht, daß über die Frage einer künftigen Regierungsform Mexikos diskutiert werde."

„Das sollte man aber!" Maximilian bleibt in seinem Rundgang ruckartig stehen.

„Wozu?" Charlotte hebt irritiert ihre Augenbrauen. „Die monarchistische Partei Mexikos wird aus ihren eigenen Repräsentanten eben eine Art Constituante ernennen, die den Alliierten ihren Wunsch nach einem Kaiser Maximilian von Mexiko dringend darlegen kann."

„Das könnte die Empfindlichkeiten Englands verletzen, welches das Prinzip der Nichteinmischung in dieAngelegenheiten der mexikanischen Regierung proklamiert hatte", meint Maximilian entschieden.

„Empfindlichkeiten Englands!" ereifert sich Charlotte. „Was bedeutet das denn schon? Schließlich könnte Papa mit seiner geliebten Nichte, Queen Victoria, diesbezüglich gewiß ins Reine kommen."

„Isabella II. von Spanien wünscht aber für den Fall des Falles einen bourbonischen Kandidaten für den Thron Mexikos", wirft Maximilian ein, „und sähe dafür am liebsten den jüngeren Bruder des abgedankten Königs Franz II. von Neapel und Sizilien."

„Franz II.!" ruft Charlotte verächtlich aus. „Der zählt doch nicht mehr. Niemand kann ohne Napoleon III. hierüber entscheiden, und dieser will dich auf Mexikos Thron sehen, dich und keinen anderen!"

„Rodolfo, ist das tatsächlich so? Du kennst ja Napoleon besser als wir beide!“ Maximilian wartet gespannt, wie sich der Freund dazu äußert.

„Napoleon“, erwidert Rodolfo ruhig und wendet sich dabei an Charlotte, „wird Verstärkungen über Verstärkungen nach Mexiko schicken, um Spanien zu bewegen, sich endgültig zurückzuziehen, da es dort nach Napoleons Meinung ja nichts zu gewinnen hat und auch nichts gewinnen sollte.“

„Und England bietet laisser faire, das heißt, es tritt gleichfalls beiseite, und das ist ja auch alles, was man von ihm begehrt.“ Charlotte setzt sich beruhigt nieder.

„Kaiserin Eugénie“, jetzt wieder Rodolfo, „ist sogar erbost über die Spanier und erklärt, daß Frankreich eben allein die Sache übernehmen werde.“

„Wie aber... wie aber sehen die Mexikaner selbst, nicht nur die dortigen Monarchisten, die Lage?“ Maximilian steht bei dieser Frage dicht vor Rodolfo.

„Die Bevölkerung?“ Der angesprochene Freund scheint aufs Meer zu blicken, das friedlich vor dem Schloß seine Wellen zieht. „Die Kommissäre der sogenannten Interventionsarmee in Mexiko versicherten den Menschen, sie kämen zu ihnen nicht als Feinde, sondern um der in Mexiko herrschenden Anarchie und dem Toben des Bürgerkrieges ein Ende zu bereiten. Mittlerweile ist aber unter den Truppen in Veracruz...“

„Warum brichst du ab? Sprich weiter, so sprich doch weiter!“

„... unter den Truppen in Veracruz das gelbe Fieber ausgebrochen und sie müssen sich rasch von der Küste an die Hänge der Andenkette absetzen. Dazu sind aber Wagen und Pferde vonnöten, deren Beschaffung man von der monarchistischen Partei Mexikos erhofft hatte. Das ist aber... nicht geschehen!“

„Unerhört!“ Charlotte stampft wütend mit dem Fuß auf.

„Der in Mexiko sehr angesehene Geistliche Franz Xaver Miranda“, setzt Rodolfo fort, „ist skeptisch. Er ist der Ansicht... wie wolle man mit 6000 bis 8000 Mann ein Land in die Knie zwingen, das fünfmal so groß ist wie Frankreich?“

„Die Monarchisten, die Konservativen in Mexiko sind eine Riesenmacht!“ ruft Charlotte flammend aus, da sie unbedingt das glaubt, was sie glauben will.

„Juárez, der jetzige Präsident Mexikos", nun wieder Rodolfo, „erließ kürzlich ein Gesetz, wonach jeder, der militärisch, politisch oder wirtschaftlich die Invasion unterstützt, mit dem Tode zu bestrafen ist."

„Dieser grausame Indianer!" zischt Charlotte wütend.

„Jedenfalls ist die Sache nicht so einfach, wie es die Emigranten in Paris dargestellt hatten", meint Rodolfo gelassen.

„Man muß eben Zeit gewinnen", erklärt Charlotte entschieden.

Da tritt Sebastian Schertzenlechner ein, der einen Brief aus Wien überbringt. „Vom österreichischen Außenminister!" meldet Sebastian wichtig.

„Was schreibt Graf Rechberg?" Charlotte springt erregt auf.

Maximilian überfliegt hastig das Schreiben. „Rechberg", sagt er erfreut, „meldet uns, daß unser Gesandter in Paris, Fürst Metternich, mit dem Kaiserpaar eine entscheidende Aussprache hatte. Napoleon erscheint die Frage der bewaffneten Macht, welche das neue Kaiserreich stützen soll, äußerst wichtig. Er meint, eine Garde von lediglich 500 Mann wird für uns genügen, denn die Generäle in Mexiko würden der Regierung eine ausreichende bewaffnete Macht zuführen, um uns über den ersten Anfang hinwegzuhelfen."

„Großartig!" Charlotte klatscht begeistert in die Hände.

„Rechberg schreibt zum Schluß", berichtet Maximilian mit geröteten Wangen, „er sehe, daß die mexikanische Angelegenheit immer rascher einem erfreulichen Abschluß entgegengeht."

„Max!" Charlotte umarmt ihn stürmisch. „Max! Wir sind am Ziel. Wir sind am Ziel!"

„Rodolfo!" Maximilian entwindet sich behutsam der zärtlichen Umklammerung durch Charlotte. „Was, mein Lieber, sagst du nun dazu?"

„Kaiserliche Hoheit!" Rodolfo wird förmlich und schlägt militärisch die Hacken zusammen. „Dann wird vielleicht doch noch wahr, wovon die bekanntesten Sagen Mexikos berichten."

„Wovon?" fragt Maximilian neugierig. Charlotte zieht eine gelangweilte Miene.

„Schon die alten Mexikaner kannten den Mythos von einem sogenannten ‚Heiland', einem Mann von heller Hautfarbe und einem blonden Bart, den sie Quetzalkoatl nannten. Dieser hatte hervorragende staatliche und wirtschaftliche Einrichtungen geschaffen. Er war gegen die herrschenden, grausigen Menschenopfer der Geistlichkeit aufgetreten und hatte menschenliebende, religiöse Gebräuche eingeführt. Aber... er wurde durch einen herrschsüchtigen Volksverführer vertrieben."

„Das ist Juárez!" ruft Charlotte dazwischen.

„Die Volkssagen berichten nun", erzählt Rodolfo weiter, „Quetzalkoatl werde dereinst wiederkehren und ein neues, glückliches Zeitalter erstehen lassen."

„Das bist du, Max, das bist du!" Charlottes Augen blitzen triumphierend. „Auch du trägst einen blonden Bart und hast eine helle Hautfarbe... und heute verlangt die Geistlichkeit keine Menschenopfer mehr."

„Nein, doch sie besitzt fast die Hälfte aller Liegenschaften in Mexiko und sie zieht von der Bevölkerung sehr, sehr hohe Abgaben dafür ein", erklärt Rodolfo mit gehobener Stimme.

„Das gehört nicht hierher... vor allem jetzt nicht, in dieser großen Stunde!" Charlotte funkelt den blonden Hünen vorwurfsvoll an.

Da tritt mit raschen Schritten Charlottes Obersthofmeisterin, Gräfin Maria Ignazia Lützow, ein. Sie eilt auf ihre Herrin zu und macht einen tiefen Hofknicks vor ihr.

„Was tun Sie, Gräfin?" fragt Charlotte ein wenig erstaunt.

„Mein Schwiegersohn hat mir eben ein Telegramm geschickt. Ein wunderbares Telegramm! Darf ich als erste zu meiner Herrin Majestät sagen?"

„Dazu ist es noch zu früh!" Maximilian tritt energisch entgegen.

„Aber, mein Gemahl", verweist es ihm Charlotte, „lasse doch der Gräfin diese kleine unschuldige Freude!"

„Majestät", haucht die Gräfin und drückt einen zarten Kuß auf Charlottes Hand. „Majestät..."

11

Die Bedingung

‚Es widerstrebt der Vernunft, den Krieg als das geeignetste Mittel zur Wiederherstellung verletzter Rechte zu betrachten.‘
(Papst Johannes XXIII.)

In Paris trifft nun die grundsätzliche Zusage Maximilians ein, unter gewissen Bedingungen die mexikanische ‚Kaiserwürde‘ anzunehmen. Sein Schwiegervater, König Leopold I. der Belgier, meint dazu, „man hätte doppelte Veranlassung, die Sache zu unterstützen, erstens, um Mexiko wieder produktiv werden zu sehen; zweitens, um einen Damm gegen die Vereinigten Staaten zu ziehen und den monarchischen Prinzipien in den südlichen Staaten (sic!) eine Stütze zu geben.“

Sebastian Schertzenlechner, Maximilians Privatsekretär – später von ihm sogar zum Staatsrat erhoben – ist in dieser Zeit ein eifriger Befürworter der mexikanischen Angelegenheit – er, ein Mann höchst ‚dürftiger Bildung‘, der kaum weiß, wo Mexiko überhaupt liegt, der jedoch die zweifelhafte Begabung besitzt, genau zu wissen, was sein Herr im Grunde hören will.

Maximilian schickt Sebastian Schertzenlechner schließlich sogar zum Papst mit einem Handschreiben, in dem er diesen bittet, ihm an diesem „... höchst wichtigen, ja vielleicht entscheidendsten Augenblick meines Lebens Ihren für unfehlbar gehaltenen Rat zu erteilen und mir Ihren apostolischen Segen und autoritativen Schutz für die kommende Zeit zu gewähren.“

Pius IX. wünscht hierauf dem Erzherzog Glück zu seinem Entschluß, diese Aufgabe in Mexiko zu übernehmen, sieht er doch damit die Chance, daß die Kirche in Mexiko die riesigen geistlichen Besitztümer wieder zurückbekommt. Pius IX. erklärt ferner, „... in der Errichtung des neuen Kaisertums das Aufgehen der Morgenröte friedlicher und glücklicher Tage zu erwarten" ... und gibt seiner Freude darüber Ausdruck, ... „daß zu dieser Krone ein Prinz von einer katholischen Familie berufen ist, welche so viele glänzende Beispiele religiöser Frömmigkeit gegeben hat" und er sich persönlich „... der Segnung Jesu Christi, des Fürsten der Kirche und ihrer Bischöfe würdig machen wird".

Der inzwischen 62 Jahre alte Guiterrez, seit Jahrzehnten bereits großer Drahtzieher der mexikanischen Sache, gewinnt ab nun in einem immer größerem Maß Einfluß auf Maximilian, stellvertretend für den nach wie vor bei Eugénie weilenden Hidalgo.

Guiterrez empfiehlt sich in einem devoten Brief der Erzherzogin Charlotte, „... deren königliche Füße er küßt".

Charlotte, eine Enkelin des im Jahre 1848 gestürzten „Bürgerkönigs" Louis Philippe von Orléans, dankt in einem enthusiastischen Brief Eugénie für deren engagierte Teilnahme an der „heiligen Sache", zu deren Einleitung die französische Kaiserin „... sichtbar von der Vorsehung bestimmt" worden sei, „... um auch der katholischen Religion bei einem durch Bürgerkrieg zerrissenen Volk neuen Aufschwung zu geben..."

Natürlich kosten derlei hochgestochene Pläne Geld, enorm viel Geld.

Bereits der mittlerweile geflüchtete konservative Präsident Miramon von Mexiko hatte jene berüchtigte Anleihe über 3 und 3/4 Millionen Francs seinerzeit aufgenommen, und zwar gegen Rückzahlung von nicht weniger als sage und schreibe 75 Millionen (!). Nun will auch Maximilian sich eine Anleihe von diesmal 25 Millionen Dollar (!) über Vermittlung des Bankiers Rothschild, des Hausbankiers der Habsburger, verschaffen. Diese Absicht mißfällt allerdings sofort Pius IX., der statt dessen vorschlägt, einstweilen eine Hypothek auf die riesigen Kirchengüter in Mexiko aufzunehmen, wohl wissend, daß damit in Zukunft Maximilian die Hände gebunden sind, weil er diese Güter niemals auch nur ansatzweise antasten beziehungsweise teilweise der Bevölkerung zur eigenen Nutzung überlassen könnte.

Daher muß sich Maximilian jetzt schon gegenüber Pius IX. verpflichten, sämtliche von Juárez verstaatlichten Kirchengüter der Kirche zur Gänze zurückzuerstatten sowie alle bereits entstandenen oder noch entstehenden Verluste der Kirche zu ersetzen.

Die mexikanischen Bischöfe sollten jedoch ihre Tätigkeit erst dann wieder aufnehmen, wenn die Lage im Land gesichert ist.

Der in Rom im Exil lebende, inzwischen jedoch bereits zum Erzbischof erhobene Monsignore Labastida beschließt, erst dann nach Mexiko zurückzukehren, wenn die Franzosen die Festung von Puebla, sein Bistum, besetzt haben.

Um jetzt nicht ganz in die Hände Napoleons III. zu geraten, wendet sich Maximilian mehr und mehr Pius IX. zu. Der Erzherzog ist nämlich der Ansicht, daß es „... nichts Erhabeneres gibt als das göttliche Recht", was immer er darunter auch verstehen mag.

Demnach hält er sich, in Anlehnung an das „Gottesgnadentum" der Habsburger-Kaiser, bereits für einen „Auserwählten". Hierin... und hierin ganz besonders liegt der Schlüssel zur Triebfeder seines mexikanischen Abenteuers.

Napoleon III. kommt daher jetzt die wachsende und betont päpstliche Mitwirkung bei der Errichtung eines mexikanischen Kaisertums aus innen- und außenpolitischen Gründen äußerst ungelegen.

Viele Franzosen fragen sich nämlich immer öfter, ob es wirklich gerechtfertigt ist, für dieses mexikanische Unternehmen das Leben Tausender französischer Soldaten zu opfern.

Selbst die bigotte Eugénie ist plötzlich besorgt über die klerikale Einmischung durch den Papst. Sie äußert sich sogar erregt, man gewinne aus dem Wirken des Guiterrez, auf das Hidalgo in Paris bereits eifersüchtig ist, den Eindruck, in Mexiko solle die Inquisition abermals eingeführt werden.

Da inzwischen die englischen und spanischen Truppen Mexiko verlassen haben, was ja vorauszusehen war, fordert der französische Gesandte in Mexiko, Graf Saligny, den Abbruch der diplomatischen Beziehungen Frankreichs zu Juárez, die Besetzung des ganzen Landes und die Bildung einer ‚anständigen' Regierung in Mexiko, durch die Franzosen natürlich.

Dies geschieht umgehend. Um der von Saligny gebildeten Regierung einen national-mexikanischen Anstrich zu geben, wird der seit 1853 in Paris im Exil weilende konservative General Almonte unter französischem Schutz nach Mexiko entsandt.

Almonte ist der uneheliche Sohn des seinerzeitigen mexikanischen Unabhängigkeitskämpfers und katholischen Priesters Morelos und einer Indianerin aus den Bergen (das ist = al Monte). Daher auch sein Name: Almonte!

Doch ist nunmehr bereits zu erkennen, daß die Stimmung im Land in bezug auf die Errichtung einer Monarchie in Mexiko durchaus nicht so günstig ist, wie es Hidalgo und der hinter seinem Rücken wirkende Guiterrez einstimmig dargestellt hatten.

Schon klagt Hidalgo in der französischen Presse pathetisch über die... „verletzte französische Waffenehre", um in Frankreich Stimmung für einen unvermeidlichen Krieg in Mexiko zu machen und damit dort wirksamere Maßnahmen als bisher herbeiführen zu können.

Im Juli 1862 schifft sich der französische General und spätere Marschall Bazaine mit erheblichen Truppenverstärkungen nach Mexiko ein.

Doch das Ausbleiben militärischer Erfolge in Mexiko erzeugt in Paris starke Gefühle wachsender Beklemmungen. Denn das Prestige der Grande Armée steht auf dem Spiel.

Die Besitzer der mexikanischen Anleihe, das sind hauptsächlich französische Anleihebesitzer, fürchten bereits um ihre Millionen, ebenso wie die katholische Kirche um ihre riesigen Ländereien in Mexiko.

Mittlerweile wird Maximilian mit Warnungen aller Art überhäuft. Liberale Kreise aus England versuchen deshalb, den bisher als liberal bekannten Erzherzog für den vakanten Thron Griechenlands zu gewinnen, der im Oktober 1862 durch eine Revolution und die darauf folgende Flucht des dortigen Königs Otto I. aus dem Hause Wittelsbach verwaist ist. Denn Maximilian ist nicht nur mit Otto I. blutsverwandt, sondern er genießt auch trotz seiner Bindungen an den Papst eigenartiger Weise noch immer den Ruf eines liberal Gesinnten, der vielleicht infolge seiner bisherigen Opposition gegen seinen erzkonservativen Bruder, Kaiser Franz Joseph, in mancher Hinsicht ein wenig gerechtfertigt sein mag.

Doch nach Otto I. wird von der griechischen Nationalversammlung nicht Maximilian, sondern der dänische Prinz

Wilhelm Georg, Sohn Christians IX. von Dänemerk, als Georg I. zum neuen König gewählt.

Inzwischen jedoch wird in Mexiko Puebla am 19. Mai 1863 eingenommen. Da bald darauf, am 7. Juni, die französische Armee in die unverteidigte Hauptstadt Mexikos einziehen kann, sieht plötzlich wie mit einem Schlag... alles anders aus.

Jetzt erhält Napoleon III. auf einmal Glückwünsche von allen europäischen Höfen. Selbst der ansonsten überhaupt nicht franzosenfreundliche König Wilhelm I. von Preußen gratuliert dem französischen Kaiser.

Fürst Richard Metternich berichtet, Napoleon III. habe bei diesem Anlaß vor Freude geweint!

Bereits acht Tage später, nämlich am 15. Juni, schreibt Eugénie an Charlotte und spricht in diesem Handschreiben den Wunsch aus, die mexikanischen Bischöfe sollten sofort in ihr Vaterland zurückkehren, da ja nun keine persönliche Gefahr mehr für sie bestünde.

Hidalgo, der auf Eugénie nach wie vor großen Einfluß hat, fördert die Ernennung Bazaines zum Marschall, dem allein die militärischen Erfolge in Mexiko zu danken seien. Er werde von den Franzosen ebenso geliebt wie von den Mexikanern! Seine Fähigkeiten als Soldat und sogar als Politiker seien enorm.

Während der hinter den Kulissen arbeitende Hidalgo die französischen Generäle auf- und abtreten läßt, wie es ihm eben beliebt, lügen inzwischen Guiterrez mündlich und Almonte von Paris aus schriftlich dem Erzherzog Maximilian vor, die Stimmung für eine Monarchie in Mexiko sei zunehmend im Wachsen.

Doch Maximilian erklärt Guiterrez zum Verdruß Charlottes klipp und klar, daß er die mexikanische Krone nur dann annehmen könne, wenn dies tatsächlich der Wunsch der überwiegenden Mehrheit der dortigen Bevölkerung sei.

Nun weiß zwar Napoleon III. aufgrund seiner eigenen umstrittenen „Wahl" zum Kaiser, wie man das Plebiszit in die gewünschte Richtung manipulieren kann, aber in Mexiko scheinen die Verhältnisse doch wohl ganz anders zu liegen.

Was ist also zu tun?

Weiß der schlaue Napoleon III. eine Antwort auf diese heikle Frage? Oder Eugénie? Oder am Ende gar... Hidalgo?

12

Der Wahlschwindel

‚Der Mann ist nicht ganz bei Trost, könnten Uneingeweihte über die seltsame Vorgangsweise sagen...‘
(Hugo Schanovsky,
Diesen Tag Sarajevo)

Wie sehr bereits Eugénie und Napoleon III. an der mexikanischen ‚Sache‘ gelegen ist, beweist ein Brief des Kaisers vom 3. Juli 1863 an seinen General Louis Forey nach Mexiko:

„Es fehlt nicht an Leuten, die Sie fragen werden, warum wir Menschen und Geld aufwenden, um eine ordentliche (sic!) Regierung in Mexiko einzurichten. Bei dem augenblicklichen Stand der Zivilisation ist das Gedeihen Amerikas nicht gleichgültig für Europa; denn jenes nährt unsere Fabriken und läßt unseren Handel gedeihen. Wir haben daher ein Interesse, daß die Vereinigten Staaten mächtig und blühend sind. Wir haben überhaupt keines daran, daß sie sich des Golfs von Mexiko bemächtigen, und daß von ihnen allein die Verteilung der Rohstoffe der Welt abhängt. Wenn Mexiko unabhängig und unangetastet (sic!) bleibt, wenn eine stabile Regierung sich dort mit Hilfe Frankreichs bildet, werden wir der lateinischen Rasse jenseits des Ozeans wieder ihre Kraft und ihr Ansehen, werden wir unseren Kolonien auf den Antillen und denen Spaniens wieder ihre Sicherheit verschafft, werden wir unseren wohltuenden Einfluß (sic!) in der Mitte von Amerika wiederhergestellt haben, und dieser *Einfluß wird uns unendliche Hilfsquellen für unseren Handel eröffnen und uns mit den unentbehrlichen Rohstoffen für unsere Industrie versehen.*“

Noch hofft Napoleon III. auch auf Englands Mithilfe, das nach seiner Ansicht dabei seine alten nordamerikanischen Kolonien zurückgewinnen könnte.

Aus solchen seltsamen Träumen entsteht bei Eugénie und Napoleon die Illusion eines überseeischen lateinischen Kaiserreiches, und... daß die *Vorsehung* ihnen beiden die Mission übertragen habe, ein solches zu schaffen. Die Kaiserin als bigotte Spanierin sieht in der mexikanischen Republik des Benito Juárez einen Abtrünnigen ihres Vaterlandes Spanien.

Den übelsten Einfluß auf das französische Kaiserpaar hat neben den Mexikanern Hidalgo und Almonte nun auch bereits der französische Gesandte in Mexiko, Graf Saligny, der in Napoleons III. Seele die Fata morgana nährt, es gäbe drüben eine starke monarchistische Partei!

Allein die Opposition in der Abgeordnetenkammer in Paris bohrt ständig mit folgenden Anträgen nach:

„Warum läßt man Juárez, der überall in Mexiko als Präsident anerkannt ist, nicht in Ruhe? Warum läßt man ihm nicht Zeit, seine Auslandsschulden, natürlich vornehmlich jene an Frankreich, zu bezahlen? – Aber unsere Regierung will sich eben nicht nur schadlos halten, denn dazu würde ja die Besetzung der mexikanischen Zollämter von Veracruz und Tampico genügen, wenn es durchaus eilen sollte... Aber nein, unsere Regierung will eine Eroberung machen... nun, unsere Regierung wird in Mexiko in dieselbe Lage kommen wie mit der Besetzung in Rom: Sie wird nie und nimmer aufhören!"

Juárez, der schlaue Indianer, beeilt sich sofort, die Führer der Opposition in Frankreich, allen voran Jules Favre und Ernest Picard, mit Spazierstöcken und Knöpfen aus purem Gold sowie mit goldenen Uhren zu ‚bezahlen', weil sie so tapfere Reden gegen ihre ‚ehrlosen' Landsleute gehalten und so mitgeholfen hätten, daß Napoleon III. nur unzureichende Summen zur Weiterführung des Krieges mit Mexiko bewilligt würden.

Juárez bezahlt aber auch sehr, sehr gut entsprechende Zeitungsartikel Favres. In Mexiko allerdings herrscht Juárez mit beispielloser Grausamkeit. Gefangene Franzosen läßt er gleich dreimal aufhängen, wieder abnehmen, mit raffinierten Mitteln wieder zu Bewußtsein bringen und solange erneut aufhängen, bis sie schließlich dabei doch sterben.

Selbst mexikanische Damen reiten Seite an Seite mit ihren Liebhabern in die Schlachten, und es ist dabei althergebrachte Sitte, daß der mexikanische Kavallerist seiner Herzensdame den blutenden Sporn seines abgeschlachteten Gegners als Liebesbeweis überbringt...

Bald treibt es selbst viele junge Französinnen zu ihren Geliebten über das Meer. Ein wahres Hochzeitsfieber breitet sich nun aus. Viele französische Soldaten und Offiziere heiraten junge Mexikanerinnen, und umgekehrt. In Mexiko-Stadt wird es bald nach der Besetzung durch die Grande Armée wie in Paris zugehen: Bälle, Maskeraden, Liebhaber-Theater, Varietés, Revuen wechseln in bunter Reihenfolge ab.

Jedoch eine der größten Schwierigkeiten besteht für Napoleon III. in dem Umstand, daß die Nachrichtenübermittlung zwischen Paris und Mexiko äußerst umständlich und zeitraubend ist.

Bis nämlich die Nachrichten nach Paris kommen, sind sie oft nicht mehr aktuell, und bis die entsprechenden dienstlichen Weisungen aus Paris endlich Mexiko erreichen, sind die meisten leider bereits von den Ereignissen überholt.

Nun aber stehen die Zeichen der Zeit für Napoleon III. nicht mehr auf Sturm, sondern auf... Schönwetter!

Veracruz, Puebla, Mexiko-Stadt sind von den Franzosen bereits erobert, Marschall Bazaine hat in Mexiko das Kaiserreich feierlich und unüberhörbar für die Welt proklamiert!

Die Grande Armée steht bereits an den beiden Ozeanen und... Juárez ist in den Norden geflohen!

Aber, aber... Da will doch auf einmal, wie aus heiterem Himmel, dieser blauäugige Erzherzog Maximilian die Krone nur dann annehmen, wenn sie ihm in einer allgemeinen Volksabstimmung (!) angeboten wird. Erkennt denn der weltfremde Träumer nicht, daß dieser an sich so redliche Wunsch eben gar nicht... zu erfüllen ist?

Doch der französische Gesandte in Mexiko, ein gewiegter Diplomat, weiß Rat.

Mit General Louis Forey läßt er aus Mitgliedern der konservativ-klerikalen Partei in Mexiko eine 35-köpfige Regierungs-Junta zusammensetzen, die wiederum eine provisorische Regentschaft bildet, die aus Almonte, dem Bischof Ormaechea und dem greisen General Mariano Salas besteht.

Diese „Regentschaft" erklärt sich umgehend für die Monarchie und beschließt, Erzherzog Maximilian die Krone von Mexiko anzutragen. Auf gleiche Weise wird eine aus 215 ähnlich gesinnten Vertretern bestehende „Nationalversammlung“ installiert und ihr die von oben dekretierte Weihe des „Volkswillens“ zuerkannt.

Jedoch... wie peinlich!... dem bisweilen etwas störrischen Maximilian (oder durchschaut er gar dieses „politische Spektakel“?) genügt dieser „Beschluß“ auf einmal nicht.

Er verlangt mehr, er verlangt plötzlich eine ordnungsgemäße Volksabstimmung.

Was fällt ihm eigentlich ein, diesem romantischen, träumerischen Jung-Pensionisten, der auf einmal so tut, als ginge es nicht ohne ihn, als hinge die Grande Nation Napoleons, als hinge ganz Mexiko, ja selbst Lateinamerika von ihm ab, nur von ihm, diesem nachgeborenen Bruder Kaiser Franz Josephs, diesem Ex-Statthalter Lombardo-Venetiens, diesem Ex-Marinechef, dessen zweifelhafter politischer Marktwert vom Ehrgeiz Eugénies, vom Größenwahn Hidalgos sowie von den speichelleckenden Einflüsterungen des Guiterrez gegenwärtig am Leben erhalten wird! Was fällt ihm eigentlich ein?

Ist denn Erzherzog Maximilian übergeschnappt, daß er so etwas fordert? Napoleon III. schäumt vor Zorn, Eugénie verfällt darüber von einer Migräne in die andere, Hidalgo rauft sich deswegen die letzten Haare, und Guiterrez... ja, Guiterrez rast vor ohnmächtiger Wut. Charlotte jedoch, die arme, von königlichem Überehrgeiz gepeinigte Charlotte muß von ihrer Obersthofmeisterin, der Gräfin Lützow ‚gekonnt‘ getröstet werden. Was ist denn nur in den schwärmerischen Maximilian hineingefahren, welcher unselige Dämon hat sein Denken verwirrt?

Doch Napoleon III. und Eugénie wissen schließlich auch hierfür Rat. Eine Volksabstimmung will er, dieser übergeschnappte Narr? Nun, er kann sie haben! Die französische Armee, die Grande Armée Napoleons vermag alles, sie ‚organisiert‘ auch dies, sie ‚organisiert‘ selbst eine Volksabstimmung! Wie?

Das beschreibt der nunmehr bereits ‚kaiserlich-mexikanische‘ Generalstabsmajor Wilhelm von Montlong, ein Österreicher, folgendermaßen:

„Der französische General Jeanningros läßt beispielsweise die Notabeln von Monterrey in Mexiko mit folgenden Worten zu sich rufen: ‚Der Kaiser der Franzosen, stets um die Wohlfahrt aller unglücklichen Völker besorgt (sic!), hat im

Interesse eures Glücks beschlossen, die mexikanische Republik in ein reiches und blühendes Kaiserreich umzugestalten, und für euch den liberalsten und aufgeklärtesten Fürsten Europas, Erzherzog Maximilian von Österreich, zu eurem Kaiser bestimmt. Napoleon III. aber will (!), daß Maximilian durch eine allgemeine Abstimmung der Nation erwählt wird. Ich habe euch somit berufen, um eure Zustimmung hierfür zu erhalten!"

Diese Rede wird fast wortgleich in allen mexikanischen Städten und Gemeinden gehalten.

Die solcherart Befragten, eingeschüchtert durch die hinter dem General postierten Soldaten, stimmen ängstlich mit ‚Ja'. Das ist wiederum ein kleines Beispiel hierfür, wie zu allen Zeiten in der Geschichte die Völker gelegentlich manipuliert werden.

Lediglich im liberalen Städtchen San Luis Potosi verweigern die Bürger einen derartigen Abstimmungsmodus, worauf sie samt ihrem Pfarrer ins Gefängnis geworfen werden. Nach 36 Stunden Haft ohne Speise und Trank weigern sich die Inhaftierten letztlich nicht mehr.

Prinz Felix von Salm zu Salm sowie Wilhelm von Montlong berichten übereinstimmend, daß Maximilian „an die Aufrichtigkeit und Ehrlichkeit der Wahl" glaube, da eben Wahlkunststücke in deutschsprachigen Ländern nicht so geläufig waren wie in manchen anderen Staaten. Der Erzherzog ahnt demnach nicht, daß bei der sogenannten ‚Volksabstimmung' in Mexiko ähnliche Kunstgriffe in Anwendung gebracht wurden wie jene, durch welche Napoleon III. Kaiser der Franzosen wurde.

Dieser schlaue Mann ist nämlich stets bestrebt, selbst Gewalttaten mit einem demokratisch-liberalen Mäntelchen zu verhüllen. Er ist der Ansicht, wie Bismarck feststellt, „... daß die öffentliche Meinung eine jede Regierung nach der Gesamtheit ihrer Richtung beurteile; wenn diese der Nation sympathisch sei, so werde die Nützlichkeit und Gerechtigkeit einzelner Maßnahmen nicht so genau auf die Waagschale gelegt, und selbst eine beträchtliche Einbuße an politischer Freiheit werde verschmerzt" (Sh. Bericht Bismarcks an König Wilhelm I. von Preußen vom 7. Juni 1862).

Aber... Allmählich fürchtet Napoleon III. doch, Maximilian könnte von dem Wahlschwindel erfahren. So verbietet er beispielsweise dem aus Mexiko nach Frankreich zurückberufenen General Luis Forey, einer Einladung Maximilians nach Miramar Folge zu leisten.

Auch der amerikanische Gesandte in Paris warnt bereits offen das Kaiserpaar wegen der französischen Invasion in Mexiko.

„Monsieur", entgegnet ihm daraufhin Eugénie scharf, „die Vereinigten Staaten handeln kurzsichtig, wenn sie gegen das Projekt eines mexikanischen Kaiserreiches Stellung beziehen."

„Madame", erwidert der Gesandte, „der Norden wird in Amerika siegen. Frankreich wird sein Projekt aufgeben müssen, und das wird für den Österreicher (Maximilian) sehr schlecht enden."

„Ich versichere Ihnen", jetzt Eugénie leidenschaftlich, „daß... wenn Mexiko nicht so weit und mein Sohn kein Kind mehr wäre, ich sehnlichst wünschen würde, daß er sich selbst an die Spitze der französischen Armee stellte, um mit dem Schwert eine der schönsten Seiten der Geschichte dieses Jahrhunderts zu schreiben!"

„Madame", darauf er lakonisch, „danken Sie Gott, daß Mexiko weit und Ihr Sohn noch ein Kind ist!"

Nach diesem Gespräch wird der Gesandte nicht mehr an den Kaiserhof eingeladen.

Selbst Hidalgo, nach wie vor Eugénies dauerhafter Schatten in der mexikanischen Angelegenheit, leidet, im Gegensatz zu Guiterrez, mitunter an Gewissensbissen, wenn Frankreich in Mexiko wieder einmal nicht weiterkommt. So schreibt er am 24. Februar 1863 dem österreichischen Diplomaten und Verbindungsmann zu Maximilian, Freiherrn Alfons de Pont:

„Seien wir freimütig, nichts von dem, was ich angekündigt habe, ist eingetroffen, und das ist für einen Mann von Ehre eine wahre moralische Marter."

In Paris weiß man bei Hofe natürlich nur zu genau, daß Hidalgo Eugénie in dieser „tollen Unternehmung", wie man allgemein hinter vorgehaltener Hand flüstert, äußerst maßgeblich beeinflußt.

Als sich nun eines Tages Hidalgo bei einer Soirée mit dem italienischen Gesandten in Paris, Constantino Nigra unterhält, nähert sich den beiden der mit einer Prinzessin Bonaparte verheiratete Monsieur Primoli, zeigt auf Hidalgo und ruft aufreizend lachend aus:

„Ecco, la rovina della Francia!“ (Dieser ist der Ruin Frankreichs!)

Jetzt tritt eine Dame auf Hidalgo zu und schleudert ihm folgende Worte ins Gesicht: „Mein Herr, ich bin die Nichte des Oberst Mancel, der kürzlich in Mexiko gefallen ist!“

Doch Eugénie hält weiter unbeirrt zu Hidalgo. Dieser und Guiterrez berichten Maximilian fortdauernd, daß er in Mexiko täglich mehr und mehr Anhänger gewinne, und man bereits jetzt sagen könne, daß er in Mexiko damit anfange, geliebt zu werden. Ein soeben aus Mexiko eingetroffener General namens Roëlas erzählt überall, er habe in der Gesellschaft von Mexiko „in den höchsten Lobsprüchen vom Erzherzog reden gehört und sei selbst beim Anblick seines Bildes in einem der mexikanischen Häuser ganz... enthusiasmiert gewesen“ (Sh. Brief von Guiterrez an Sebastian Schertzenlechner vom 20. Juni 1863).

Auch Hidalgo schreibt am 20. Juli 1863 dem österreichischen Diplomaten Freiherrn de Pont, „... Kaiserin Eugénies Bild ist in der Hauptstadt Mexikos überall zu sehen... Sie ist darüber sehr geschmeichelt gewesen...“

Vier Tage darauf kann schon Hidalgo an de Pont folgendes berichten: „Früher hat man mich verhöhnt und verachtet, jetzt erhalte ich überall Händedrücke und Glückwünsche, und jene, die mich noch vor kurzem getadelt hatten, sagen mir nun offen, daß die Ereignisse mir recht geben. Früher hat es in Paris einen gewissen Mut gekostet, meinen Namen auszusprechen. Jetzt ist das mit einem Schlag anders geworden...“

Zwei Monate später reist Charlotte zu ihrem Vater nach Brüssel, wo sie am 11. September 1863 eintrifft.

„Mein Kind“, sagt König Leopold ohne Umschweife zu ihr, „es ist für euch eine unbedingte Lebensnotwendigkeit, eine Anleihe aufzunehmen, wenn ihr nach Mexiko geht.“

„Es ist die Rede von einer Anleihe von 500 Millionen Piaster für die ersten Staatsausgaben, und um nach und nach die Kosten der französischen Expedition zu ersetzen.“

„Das ist gut, da es Frankreich... bindet.“

„Max“, fährt Charlotte fort, „hat in Miramar mit den Mexikanern eine Verfassung ausgearbeitet.“

„Schön. Aber... man muß sehr vorsichtig darangehn.“ König Leopold lächelt ein wenig.

„Der erste Paragraph dieser Verfassung wird lauten: Die mexikanische Nation ist frei, souverän und unabhängig.“

„Sehr gut.“ Leopold nickt zustimmend.

„Paragraph zwei: Jeder Staatsbürger ist vor dem Gesetz gleich.“

„Das ist selbstverständlich.“

„Paragraph drei: Die Presse ist frei.“

„Ja, ja...“, stimmt Leopold zu, „aber... mit einschränkenden Bestimmungen. Das ist kein Widerspruch, denn man anerkennt nur die Freiheit des Guten, aber nicht jene des Schlechten.“

„Was gut ist, bestimmt...“, zögert Charlotte weiterzusprechen.

Darauf schweigt Leopold. „Ich bin grundsätzlich einverstanden“, fährt er nach einer Pause fort, „daß sich Max zum konstitutionellen Kaiser erklärt. Es wird einen guten Eindruck machen, daß man sich ein wenig den Wünschen der Mexikaner anpaßt, und daß man sie... ein wenig auch fragt.“

„Die katholische Kirche wird Staatsreligion wie in Brasilien.“

„Ihr müßt jedoch sehen, was sich auch für die Duldung der anderen religiösen Kulte machen läßt“, überlegt Leopold weiter. „Ich empfehle ferner die Schaffung von Provinzial- und Gemeindebehörden sowie eines ständigen Rechnungshofes. Dieser übt eine wichtige Kontrolle der Minister aus. Denn die Tendenz der Minister ist es ja immer, sich vom Souverän freizuspielen. Wenn man darauf nicht achtet, wird es mit der Zeit gefährlich. Das ist selbst im liberalen England nicht anders.“

„Unsere mexikanische Kandidatur“, klagt jetzt Charlotte, „erweckt nicht immer und überall günstige Beurteilungen.“

„Ach... das war immer so!“ Leopold macht eine energische Handbewegung. „Als man mir einstens den Thron Griechenlands und später jenen von Belgien anbot, da rief alle Welt, weil ich eine finanziell unabhängige Stellung in England besaß (als ehemaliger Gatte der jung verstorbenen britischen

Thronfolgerin Charlotte), daß man mich opfere. Natürlich ist aller Anfang schwer. Die Gefühle für Anstand und Moral waren damals schwach entwickelt, man mußte den nationalen Geist erst organisieren. Das alles konnte nur bewirkt werden, weil die Verfassung buchstäblich nach ihrem genauen Wortlaut eingehalten wurde."

„Die Verfassung... natürlich die Verfassung!" Charlotte wirkt auf einmal etwas bleich.

„Ihr habt insofern Glück, weil die Indianer in Mexiko sehr arbeitsam sind, was man nicht unbedingt von allen Völkern sagen kann."

„Maxens Bruder, Kaiser Franz Joseph, gestattet die Bildung eines österreichischen Freiwilligenkorps zu unserem Schutz."

„Max soll erst später nachkommen", wirft Leopold ein, „die französischen Truppen genügen, um eure Ankunft in Mexiko zu schützen. Frankreich muß euer zukünftiges Land eine gewisse Zeit besetzt halten und die Anleihe für euch garantieren. Damit kann man diese Sache ruhig unternehmen. Je unabhängiger Max in Zukunft sein wird, desto nützlicher wird ihm dies in Mexiko sein. Die Mexikaner müssen nämlich davon überzeugt sein, daß sie seiner bedürfen, und das Ganze als ein Opfer von seiner Seite betrachten."

„Ist es ein Unglück für uns", fragt Charlotte ihren Vater, „Österreich zu verlassen?"

„Das wäre ganz und gar kein Unglück. Nehmt jedoch nur wenige Diener mit, drei bis vier! Napoleon III. hat eine viel zu große Anzahl davon. Er sah sich dazu allerdings genötigt, um jene belohnen zu können, die ihm einst wesentlich geholfen hatten."

„Eine wichtige Frage noch, Papa: Widerspricht die Gründung einer Monarchie in Mexiko nicht der Monroe-Doktrin, die proklamiert wurde unter dem Motto: Amerika nur den Amerikanern?"

„Keineswegs, wenn man diese Doktrin nicht nur in einem rein republikanischen Sinn auffaßt. Denn... wie vertrüge sich sonst die Doktrin mit dem Kaiserreich in Brasilien?"

„Soll ich selbst in Miramar bleiben oder mit Max nach Mexiko gehen?" fragt Charlotte etwas beklommen.

„Das ist unbedingt deine Pflicht, mit ihm hinüberzugehen.

Die Franzosen bilden sich viel ein auf ihre ritterlichen Gefühle, wenn es gilt, Frauen zu beschützen."

„Mir fällt ein Stein vom Herzen."

„Ich empfehle euch vor allem eine gute, nicht allzu bürokratische Verwaltung und Gerechtigkeit, weil dies mit Sicherheit jene Dinge sind, an welche die Mexikaner am wenigsten gewöhnt sind und die sie am meisten schätzen werden."

„Papa, du bestärkst mich in meinen Vorstellungen!" ruft Charlotte aus und wirft sich gefühlvoll dem Vater an die Brust.

Begeistert telegraphiert sie ihrem Gatten am 14. September 1863 aus Brüssel nach Miramar:

„Entzückt! Alles vortrefflich!"

Wenige Tage darauf, nämlich am 2. Oktober 1863, schreibt Napoleon III. dem Erzherzog Maximilian folgendes:

„Mein Herr Bruder (diese Anrede gebraucht ein Monarch nur gegenüber einem anderen), ich war sehr glücklich über die guten Nachrichten, die Eure kaiserliche Hoheit mir zu geben beliebten (daß nämlich Charlottes Vater in London seiner Nichte, Queen Victoria, die mexikanische Angelegenheit aufs wärmste empfehlen werde)... Die große Frage ist nun jene, die sich auf die Kirchengüter bezieht. Die Worte, die Eure kaiserliche Hoheit den mexikanischen Delegierten antworten werden (betreffend die Kronannahme), sind erfüllt von Größe sowie Zweckmäßigkeit, und ich zweifle nicht am guten Eindruck, den sie in Europa machen werden. Aber gestatten Sie mir, daß ich auf einen Punkt nachdrücklich verweise: Nicht mit parlamentarischer Freiheit ist ein der Anarchie verfallenes Land zu regieren! Was man in Mexiko braucht, ist eine *liberale Diktatur* (!). Das heißt, eine starke Macht, welche die großen Grundsätze der modernen Zivilisation verkündet, wie: die Gleichheit aller vor dem Gesetz, die bürgerliche und religiöse Freiheit, die Ehrlichkeit der Verwaltung, die Gerechtigkeit der Justiz. Was die Verfassung betrifft, muß sie das Werk der Zeit sein, und ich glaube, daß sie, wenn auch versprochen und ausgearbeitet, erst in mehreren Jahren angewandt werden sollte, wenn das Land befriedet und die Regierung gut eingerichtet ist..."

Am selben Tag, an dem Napoleon III. diesen Brief schreibt, trifft die mexikanische Delegation zur Annahme der Krone in Triest ein.

Nun wünscht jedoch Kaiser Franz Joseph auf einmal, daß sein Bruder Maximilian dem Empfang der Deputation in Miramar keinen feierlichen offiziellen Charakter verleihe, sondern einen rein privaten, um so darzulegen, daß Österreich in bezug auf die Errichtung des mexikanischen Kaiserreiches seine bisher abwartende, nur beobachtende Haltung beibehält.

Natürlich hat Maximilian noch immer nicht die leiseste Ahnung von dem perfiden Wahlschwindel, mit dem man ihm vortäuscht, daß die mexikanische Nation eine Monarchie und ihn, ausgerechnet ihn, als künftigen Kaiser von Mexiko wünsche.

Da wird nun dem dermaßen getäuschten Maximilian gemeldet, daß die bereits vorher angekündigte mexikanische Abordnung unter Führung der großen Drahtzieher Guiterrez und Hidalgo in Triest angekommen ist und bittet, von ihm in Miramar empfangen zu werden. Zu welchem Zweck?

Das allerdings... weiß Maximilian bereits zur Genüge, und es ist dies dem deprimierten Jung-Pensionisten im Grunde auch gar nicht unangenehm. Und seiner überaus ehrgeizigen Charlotte erst recht nicht!

13

Des Kaisers neue Kleider

‚Keine Adlerspur zieht der Mensch, aber gleich ihm liebt er die Freiheit... Noch den Schorf der Wunden am Leib, hebt sie ihr Haupt unversehrt über den blutroten Kamm der Erde...‘
(Hugo Schanovsky)

An der Spitze dieser honorigen Delegation, die im Namen des „gesamten mexikanischen Volkes“
dem nur ungenügend informierten, in Träumen von einem Weltreich seines Ahnherrn Karls V. befangenen, vom Ehrgeiz seiner Gattin getriebenen Maximilian die aus der seltsamen Legierung verschiedener Illusionen gegossene, imaginäre Krone von Mexiko anbietet – ... an der Spitze dieser Deputation steht der 63jährige Guiterrez, der seit dem Jahre 1848 an der Erfüllung dieser Aufgabe unermüdlich gearbeitet hat.

Hinter diesem... nicht minder rührig der nunmehr 45jährige Hidalgo, der unter dem Deckmantel der Befreiung Mexikos aus gottloser Ketzerei und willkürlicher Güterenteignung der katholischen Kirche sowie der vielen Großgrundbesitzer die französische Kaiserin Eugénie, die er seit ihrer Jugend kennt, und in ihrem Sog damit auch Napoleon III. in eines der makabersten Abenteuer der Weltgeschichte hineingetrieben hat.

Da das Schloß Miramar bisher erst in seinem Parterregeschoß vollendet ist und dieses Traumschloß noch über keinen repräsentativen Empfangssaal verfügt, hat man kurzerhand das Schlafzimmer Charlottes und Maximilians ausräumen und zu einem Repräsentationsraum umfunktionieren lassen, um diese so ehrenwerte Deputation auf würdige Weise empfangen zu können. Doch welche Symbolkraft liegt in diesem eigenartigen Umstand!

Denn: ab nun wird nämlich die eheliche Zweisamkeit

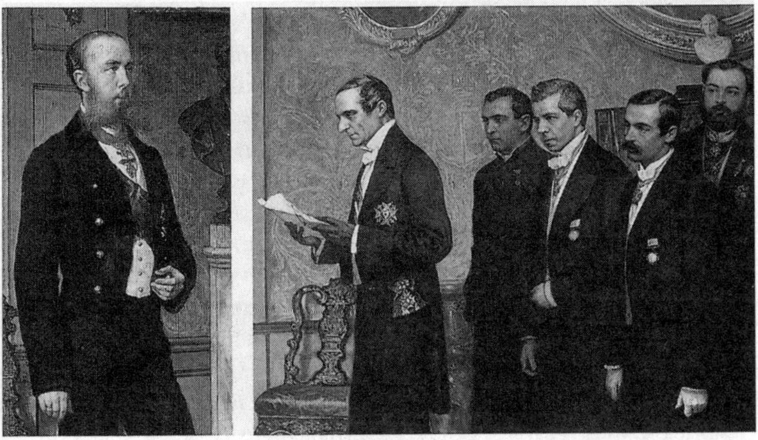

Ernennung Maximilians zum Kaiser von Mexiko
(Ganz links: Maximilian, dann Guiterrez, ganz rechts: Hidalgo)
Gemälde von C. dell'Acqua

Charlottes und Maximilians ihres trauten Heimes, ihrer ungestörten Intimität weitgehend beraubt sein.

Jetzt setzt Guiterrez, der Anführer dieser historischen Delegation, zu einer Rede an, die – wie von ihm nicht anders zu erwarten ist – in endloser Weise von Schmeicheleien und Phrasen nur so überquillt.

Ein unbefangener, objektiver Beobachter dieser einmaligen, fast gespenstisch wirkenden Zeremonie bräuchte eigentlich nicht viel Menschenkenntnis oder etwa gar psychologisches Einfühlungsvermögen mitzubringen, um augenblicklich empfinden zu können, was von diesem Menschen zu halten ist.

Allein die Anwesenden dieser Stunde sind nicht unbefangen. Angefangen von Sebastian Schertzenlechner etwa, diesem primitiven Emporkömmling, der sich selber durch widerliches Speichellecken bei Maximilian so hoch hinaufdienen konnte... weiter nun zur Gräfin Lützow, Charlottes Obersthofmeisterin, die schon gar nicht unbefangene Schwiegermutter dieses allzu honorigen Delegationsleiters, bis hin zu Guiterrez und Hidalgo, die in allererster Linie eine überreiche finanzielle Abgeltung ihrer fragwürdigen Verdienste und eine Überbewertung ihrer mexikanischen Güter sowie deren raschen Verkauf von diesem neuen Retorten-Kaiser erwarten... sind also diese Anwesenden hauptsächlich von ihren rein persönlichen Egoismen wie besessen, so auch beziehungsvoll im Falle Charlottes und Maximilians, von ehrgeizigen Illusionen und althergebrachten Träumen eines dynastischen Gottesgnadentums unentrinnbar eingesponnen.

Guiterrez schildert nun in reichlich pathetischer Form Mexikos Unglück wegen seiner republikanischen Staatsform. Er schildert, gekonnt auf die Tränendrüsen drückend, Mexikos Sehnsucht nach einem Monarchen von der persönlichen Vollkommenheit des Erzherzogs und erbittet rührend und mit zitternder Stimme die Annahme der dargebotenen (und nur im Geiste existierenden) Krone Mexikos.

Maximilian antwortet – gemäß den Weisungen aus Wien – kurz und erwähnt nur ganz allgemein und wie beiläufig... „die unumgänglich nötigen Garantien“ für Mexikos Freiheit und Unabhängigkeit, was immer auch diese völlig inhaltsarme Verallgemeinerung an Aussagekraft in sich bergen könnte.

Danach ernennt diese mexikanische Deputation Maximilian „offiziell“ zum Kaiser von Mexiko. Man schreibt den 3. Oktober 1863.

Kaum jemals in der Weltgeschichte hat eine sogenannte ‚offizielle Abordnung‘ ein Volk weniger offiziell vertreten als diese. Aber noch können sich die neugebackenen ‚Majestäten‘ Maximilian und Charlotte ihres Sieges nicht so sicher sein, denn das Schicksal legt abermals neue Hindernisse in den Weg, als ob es die beiden noch ein allerletztes Mal warnen will.

Denn bereits zwei Tage später telegrafiert Kaiser Franz Joseph seinem Bruder Maximilian:

„Aus Deiner Antwort an die Deputation und aus dem Brief Napoleons (der sehr unverbindlich gehalten war!) ersehe ich, daß Du nicht bestimmt an den Garantien der drei Mächte, besonders Englands, festhältst. Ich muß Dir auf das bestimmteste diese ursprünglich ausgesprochene Bedingung in Erinnerung bringen. *Du kannst Dich doch nicht in die alleinige Abhängigkeit von Frankreich begeben.*“

König Leopold jedoch, der seine Tochter allzugern schon auf dem Thron sehen möchte, schreibt am 26. Oktober aus Como an Charlotte, daß er Maximilians Rede „extrêmement bien“, also außerordentlich gut findet...

Auch Leopold ist also kein Unbefangener dieser mexikanischen Szene mehr, auch er ist bereits zu sehr vernarrt in die „kaiserlichen Illusionen“ von Tochter und Schwiegersohn.

Enthusiasmiert durch diesen Brief, ist jetzt Maximilian bereits so sehr in den Kokon seiner Kaiserträume eingesponnen, daß seine Phantasie bald keine Grenzen mehr zu kennen scheint.

So verfolgt er sofort gemeinsam mit dem österreichischen Außenminister, Graf Johann Rechberg, den Plan, seinen jüngsten Bruder, den erst 21-jährigen, noch etwas unterentwickelten Ludwig Viktor, mit einer der beiden Töchter des Kaisers Don Pedro II. von Brasilien „verheiraten zu lassen“. Dieser Monarch hat nämlich keinen männlichen Erben.

Zu diesem Zweck reist Maximilian zu seinem Bruder nach Salzburg, wobei er vom österreichischen Außenminister eine ausdrückliche Zustimmung auf diese Fahrt mitbekommt, natürlich in Absprache mit Kaiser Franz Joseph.

Doch der 21jährige Ludwig Viktor, für sein Alter noch ziemlich unreif, greift zu Ausflüchten. Er kann sich von einer Existenz jenseits des Ozeans noch keine rechte Vorstellung machen. Er würde gewiß an Heimweh leiden, klagt er, und würde sich einem Befehl des Kaisers, seines Bruders, nur als „Märtyrer" beugen.

Am 27. Oktober 1863 berichtet Maximilian hierüber Franz Joseph nach Wien.

„Gerade bei Ludwigs Naturell", so schreibt er, „dürfte ein kaiserlicher Befehl am Platz sein. Daß er sich nämlich aus eigenem Willen von dem für ihn so schädlichen Wiener Terrain (!) losreißt, läßt sich nicht erwarten. Es gehört... eine Autorität, wie sie nur Eure Majestät besitzen, dazu, ihn zu einem Entschluß zu bestimmen, dessen Vorteil er wohl instinktmäßig fühlt, den er aber nicht die Kraft hat, selbst zu fassen. Ich kenne den Kaiser von Brasilien und glaube, daß er derjenige ist, der durch seine von Verstand geleitete Energie es dahin bringen kann, Ludwig eine solide, tüchtige und tätige Richtung zu geben. Was er auch gewiß sich wird angelegen sein lassen, wenn es sich um seinen Schwiegersohn handelt.

Eure Majestät werden in Ihrer Weisung dasjenige tun, was Sie für das Beste Ludwigs und für die Familie als das Zuträglichste erkennen..."

Am gleichen Tag noch schreibt Maximilian, um seinem Brief an den Kaiser politischen Nachdruck zu verleihen, auch an den Außenminister, Graf Rechberg:

„... Ein solcher direkter Befehl, wie er unter ähnlichen Verhältnissen schon öfter vorgekommen ist (zum Beispiel betreffend die Vermählung der Erzherzogin Leopoldine mit Don Pedro I. de Alcántara, Kaiser von Brasilien, oder der Erzherzogin Marie Luise mit Napoleon I.), schiene mir gerade in diesem Fall... sehr angezeigt. Alle, die meinen Bruder (Ludwig Viktor) näher kennen, müssen wünschen, daß er seinem bisherigen ziellosen Dahinleben in der für ihn wenig günstigen Atmosphäre entzogen und zum Manne gemacht werde (sic!). Ich bin überzeugt, daß unter der kräftigen, verständigen, wenn auch kalten (sic!) und vielleicht egoistischen Leitung des Kaisers von Brasilien seinem Charakter eine heilsame Richtung gegeben und... sein reger Geist nutzbringend gemacht werden könnte..."

Franz Joseph hält sich schließlich auf die Vorstellungen seiner höchst energischen Mutter hin, die ihren Jüngsten besonders liebt, aus der Sache heraus und gibt Ludwig Viktor keinen Befehl zu einer von diesem abgelehnten Heirat. Er bleibt übrigens zeit seines Lebens unverheiratet. Später verbannt ihn Kaiser Franz Joseph wegen einer Sittlichkeitsaffäre für immer nach Salzburg.

Man sieht jedoch, Maximilian befaßt sich jetzt gedanklich bereits mit einer Ausdehnung des habsburgischen Einflusses auf dem amerikanischen Kontinent... außer nach Mexiko auch auf den Süden hin, und ist felsenfest überzeugt, die zwischen Mexiko und Brasilien liegenden kleinen südamerikanischen Republiken mit der Zeit... „aufsaugen zu können".

Aber nun drängt Napoleon III., um das in Frankreich unpopuläre mexikanische Unternehmen, das den Kaiser politisch bloßzustellen droht, so schnell wie möglich zu einem Abschluß zu bringen, und zwar zu einem pomphaften Abschluß, wie es für die Hauptakteure dieses gespenstischen Szenario eben angemessen ist.

Napoleon III. lädt also höchst offiziell Charlotte und Maximilian zu einem Besuch nach Paris ein, da Hidalgo und Guiterrez bereits unerbittlich zur Abreise des neu gebackenen Kaiserpaares nach Mexiko drängen.

Vor allem in der indianischen Bevölkerung Mexikos ist noch immer die alte Sage vom weißgesichtigen, blonden ‚Messias' und ‚Heiland' Quetzalkoatl lebendig und erhält von den Volksmassen einen gewissen Mythos, verschafft also dem mexikanischen Unternehmen einen unwägbaren Nimbus und wohl auch ein wenig Popularität. Damit dies alles nicht schnell wieder verblasse, müsse nach Meinung Hidalgos und natürlich auch von Guiterrez jetzt sehr rasch gehandelt werden.

Wie reagiert nun Maximilian auf diese Einladung aus Paris?

Am 17. Februar 1864 schreibt er zur Information dem österreichischen Botschafter in Paris, Fürst Richard Metternich, er wünsche sich in Frankreich keine kaiserlichen Ehrenbezeugungen und ziehe es vor, im „morning dress" (d.i.im Morgenanzug) in Paris anzukommen, so wie er es im Buckingham Palace in London gehalten hat. Napoleon III.

solle verfügen, inwiefern sein Empfang in den Tuilerien mit Maximilians Inkognito zu vereinbaren sein werde. Er selbst werde umso mehr gerührt sein, je mehr der Empfang einen freundschaftlichen Charakter in sich tragen werde.

Was für ein Träumer ist doch dieser Maximilian! Kennt er noch immer nicht das wahre Wesen dieses Napoleons III., der doch vor aller Welt endlich... endlich demonstrieren will, daß er es geschafft hat, einen Popanz-Kaiser, einen Alibi-Monarchen für dieses mexikanische Abenteuer gewonnen zu haben, der ihm, Napoleon, die Kastanien aus dem Feuer holen soll, die in diesem Fall für den Franzosenkaiser ein großes Geschäft, eine unheimliche Machterweiterung werden sollen.

Wie schrieb doch Napoleon III. seinem General Luis Forey am 3. Juli 1863 nach Mexiko?

„... werden wir unseren wohltätigen Einfluß (sic!) in der Mitte von Amerika wiederhergestellt haben, und *dieser Einfluß wird uns unendliche Hilfsquellen für unseren Handel eröffnen und uns mit den unentbehrlichen Rohstoffen für unsere Industrie versehen...*"

Damit also sind des Kaisers neue Kleider bereits genäht. Sind sie schön geworden? Gibt es sie überhaupt? Kann man sie sehen? Wie wirken sie auf die Hauptakteure, auf die abwartende Welt, sie... des Kaisers neue Kleider... gemäß dem berühmten Märchen Andersens, da... der Kaiser nackt vor die Menge tritt, die sich jedoch einbildet, er hätte eben neue, hauchdünne, noch nie gesehene Kleider...

Ja, Hans Christian Andersen könnte an Maximilian gedacht haben, als er dieses Märchen aufschrieb... an Maximilians neue Kleider...

14

Rendezvous in Paris

‚Ich kritisiere die Forderung, daß niemand Eigentum haben solle, durch die Gegenforderung, daß es alle *haben sollen.‘*
(Anton Wildgans, Brief an Arthur Trebitsch, 1905)

Paris, 5. März 1864, abends in den Tuilerien

Das weitläufige französische Königsschloß nahe dem Louvre wurde für Katharina von Medici erbaut und vom Gartengeneral André Le Nôtre mit dem Jardin des Tuileries versehen, dessen Bäume durch Zuschnitt wie Zinnsoldaten in Reih und Glied stehen.

Aus diesem Schloß floh vor nicht allzu langer Zeit Ludwig XVI. fast direkt in die Arme der Guillotine. Hier tagte jahrelang der Konvent, der eifrig Nachschub für die damals unersättliche Hinrichtungsmaschine der Französischen Revolution lieferte. Aus diesem Schloß brach bald danach Napoleon I. zu seinen unzähligen Feldzügen auf, um eigentlich die Welt zu erobern, die ihn aber schlußendlich auf St. Helena verbannte und dort elend zugrunde gehen ließ.

Diese schicksalsträchtigen Tuilerien sind nun das Szenario für den Besuch Charlottes und Maximilians beim französischen Kaiserpaar.

Im großen Salon Eugénies sind bereits ihre Hofdamen und Kammerherren sowie Don José Hidalgo mit Carmencita am Arm versammelt. Sie trägt ein schwarz glitzerndes Abendkleid mit hohem Steckkamm, von dem der weiße Spitzenschleier berückend herabfließt.

Kaiserin Eugénie befindet sich noch in ihrem kleinen Salon. Sie trägt eine zartgrüne, große Tüll-Abendtoilette und herrlichen Schmuck: ein aus Hunderten Brillanten funkelndes Diadem auf dem Haupt und um den Hals ein strahlendes Kollier aus nicht weniger kostbaren Steinen. Selbst ihr unvermeidlicher Fächer ist über und über mit lupenreinen, großen Brillanten besetzt.

Ihr Ordonanz- und Sicherheitsoffizier, Rodolfo Conte Plindera, tritt jetzt ein, um Eugénie abzuholen.

„Majestät, es ist soweit“, meldet er in tadelloser, strammer Haltung.

„Sie sehen blaß aus!“ Eugénies prüfender Blick fällt auf den blonden Conte in der hellblauen Uniform mit der Silberverbrämung. „Fühlen Sie sich nicht wohl?“

„Sie steht im großen Salon“, stammelt er verwirrt, „am Arm von Don José Hidalgo!“

„Marchese, wovon sprechen Sie?“

„Von... ihr... von... am Arm von... ihm!“

„Ich verstehe kein Wort“, erwidert Eugénie leicht zerstreut.

„Aber sie... Carmencita... am Arm von Don José!“

„Ach so...“ Eugénie studiert prüfend ihr kostbares Brillantarmband am linken Handgelenk. „Und... was regt Sie dabei so auf?“

„Sie... sie“, keucht Rodolfo, „ist also doch seine Frau... oder seine Geliebte!“

„Unsinn!“ Eugénie fächelt sich mit ihrem auffallenden Fächer Kühlung zu. „Warm ist es“, lächelt sie milde.

„Sie ist seine... Frau!“ Rodolfo läuft purpurrot an.

„Unsinn, Marchese!“ Eugénie gibt ihrem Sicherheitsoffizier mit ihrem Fächer einen Klaps auf die Schulter. „Sie ist... seine... Schwester!“

„Seine... Schwester?“ Rodolfo vergißt, den offenen Mund wieder zu schließen.

„Ja, Marchese, seine Schwester! Und nun, keine Eifersuchtsgefühle mehr gegen Don José!“

„Nein, keine mehr... Ich verspreche es feierlich!“ Er hebt die Finger der rechten Hand wie zum Schwur.

„Keine Schwüre, bitte!“ wehrt Eugénie lächelnd ab. „Wenn Männer schwören... Ich kenne das... Schwüre von Männern sind wie diebische Elstern, nur machen sie sich falsche Wahrheiten statt funkelnder Steine zu eigen.“

„Ja, ich bin allmählich mißtrauisch gegen sie geworden!“ bricht es aus Rodolfo hervor.

„Gegen mich?“ Eugénie hebt wie abwehrend ihre beringten Hände.

„Gegen Señorita Carmencita! Ist es denn verwunderlich? Sie hält mich seit Jahren hin... bald ist sie leidenschaftlich Liebende, bald wieder gestrenge Vestalin!“

„Das hängt mit der Politik zusammen.“

„Das ist mir zu hoch!“ Dem blonden Conte wird wieder einmal der Uniformkragen zu eng.

„Marchese, Don José ist Diplomat, Politiker. Und seine Schwester...“

„Die Liebe“, ruft Rodolfo flammend aus, „muß sieghaft über allem stehen: über Tagespolitik, über Bruderliebe, über...“

„Ich verstehe Sie gut“, unterbricht ihn Eugénie. „Die Liebe hat ein weites Reich und sie herrscht souverän darüber. Doch, mein Lieber, vor Kaiserschlössern muß selbst sie Halt machen... Glauben Sie mir, ich spreche da aus Erfahrung.“

„Aber“, begehrt er auf, „Carmencita gehen doch die Tuilerien eigentlich nichts an.“

„Marchese“, spricht Eugénie begütigend, „haben Sie ein wenig Geduld! Die mexikanische Angelegenheit nähert sich bereits dem glücklichen Ende. In wenigen Augenblicken steht der neue Kaiser Mexikos mit seiner Gemahlin vor uns, und dann...“

„Was dann? Was hat das alles mit meiner Liebe zu Carmencita zu tun?“

„Das fragen Sie sie am besten selbst!“ Die Kaiserin öffnet die Tür zum großen Salon. „Condesa Carmencita!“ Sie gibt ihr einen Wink, zu ihr zu kommen.

„Condesa“, gibt sie der verwundert Eingetretenen zu verstehen, „der Marchese möchte etwas mit Ihnen besprechen. Mich entschuldigen Sie bitte, ich habe noch eine Sekunde beim Kaiser zu tun.“

Eugénie geht durch die unsichtbare Tapetentür in das Arbeitskabinett Napoleons III.

„Nein!“ Carmencita schlägt empört die Hände zusammen, nachdem Eugénie entschwunden ist.

„Beruhige dich, bitte!“ kommt es von seinen Lippen.

„Ich mich beruhigen? Du ziehst die Kaiserin einfach in unsere Privatangelegenheit hinein, und ich soll mich beruhigen?“

„Was ist dabei? Sie hat Verständnis für uns... für unsere Probleme...“

„Wo gibt es schon wieder Probleme?" braust sie erregt auf.

„Ich dachte eben... du... am Arm... von Don José!"

„Na und?"

„Jetzt weiß ich endlich, daß er nicht dein Gatte, nicht dein Liebhaber, sondern schlicht und einfach dein... Bruder ist!"

„Was geht das dich an?" faucht sie wie eine wilde Katze.

„Versteh' doch, du... mein... Ein und Alles..."

„Nein, ich verstehe nichts. Ich will nichts verstehen."

„Carmencita!" Er versucht ihre Hand zu fassen.

„Du bist so schrecklich... besitzergreifend. Das will ich nicht. Ich hasse diese Eigenschaft an dir." Der hohe Steckkamm schwankt bedrohlich über ihrer glatt gebürsteten Frisur.

„Will man nicht auch besitzen, was man liebt?"

„Oh... du, du... Du kannst nicht ruhig warten, du verdirbst immer sofort alles mit deiner abscheulichen Ungeduld!"

„Hättest du mir nicht selbst eröffnen können, daß er nur... dein Bruder ist?"

„Er ist nicht nur mein Bruder. Er ist fast zwanzig Jahre älter als ich, er vertritt einfach Vaterstelle an mir."

„Ist das alles?"

„Er verwaltet außerdem für mich unsere Güter in Spanien und Mexiko. Ich muß auf ihn Rücksicht nehmen und mich in vielem nach ihm richten."

„Schön und gut. Aber folgt denn daraus, daß du dich nicht zu deiner Liebe bekennen darfst? Ist er denn mehr als Bruder, ist er am Ende gar dein Herr und Gebieter?"

„Er ist tatsächlich mehr als bloß Bruder, er ist unter anderem mein politisches Leitbild. Du weißt, wofür wir beide kämpfen."

„Ihr habt jetzt erreicht, was ihr wolltet. Euer neuer Kaiser steht bereits vor der Tür. Ihr könnt in wenigen Tagen mit ihm und Guiterrez nach Mexiko abreisen, und ich werde mich euch anschließen, wenn du mich wirklich heiraten willst."

„Mein Bruder und Guiterrez denken nicht daran, nach Mexiko zu gehen, und ich auch nicht."

„Sagtest du mir nicht einmal, wir würden uns in Mexiko ein Heim gründen und dort zusammen glücklich sein? Eine Casa di Stella Maris in Mexiko?"

„Du denkst nur an dein persönliches Glück."

„Das auch deines werden könnte. Oder nicht? Oder am Ende nicht?" Er versucht, sie an sich zu ziehen.

Sie stößt ihn leicht von sich.

„Du zerstörst meine Frisur. Rodolfo... Rodolfo! Wann wirst du endlich vernünftig werden? Ja, ich sagte einmal... ich sprach einmal von Mexiko und uns beiden... Das ist lange her. Die Umstände haben sich eben mittlerweile geändert. Guiterrez kehrt wieder in sein Palais nach Rom zurück, bald... José wird zum neuen mexikanischen Gesandten in Paris ernannt werden. Und ich, ich bleibe bei ihm und werde weiter seinen Haushalt führen. José ist noch immer unverheiratet. Ich werde die Erste Dame in seiner Residenz sein, solange er keine eigene Frau hat."

„Und ich?" Rodolfo läuft wieder einmal purpurrot an. „An mich denkst du überhaupt nicht?"

Sie stampft wütend mit dem hochhackigen linken Schuh auf.

„Ich denke leider zuviel an dich, mehr als gut ist."

„Carmencita!"

„Erinnerst du dich an unsere Abmachung, als ich in diesem Schloß die Habanera sang? Nach dem Text von Prosper Mérimée, dem einstigen Berater der Kaiserin Eugénie?"

„Welche Abmachung denn?" Er tritt nervös von einem Fuß auf den andern.

„Die Liebe erwählt nur den, der stumm sich zeigt."

„Mir aber hat Gott die Sprache gegeben", muckt er auf, „die Sprache, meine Liebe zu dir klar auszudrücken und die Rechte der Liebe auch einzufordern."

„Rechte der Liebe! Wie das klingt! Hat die Möwe ein Recht auf einen seßhaften Liebhaber, auf ein festes Nest?"

„Du und ich... wir beide sind keine Möwen, wir sind Menschen aus Fleisch und Blut."

„Jawohl, aus Blut! In mir fließt spanisches und zum Teil auch mexikanisches Blut. Doch davon verstehst du nichts. Du, ein simpler Gradese mit österreichischen Vorfahren!"

„Wir halten eben viel auf Treue und Familienglück."

„Ich aber bin kein Heimchen am Herd. Nimm das endlich zur Kenntnis!"

„Nein, das bist du wahrlich nicht."

„Ich bin, wie ich bin. Basta! Ja, die Liebe hat bunte Flügel. Solch ein Vogel zähmt sich schwer.“

„Dann werde eben“, wird er richtig zornig, „im Gesandtschaftshotel deines Bruders eine alte Jungfer, die vergessen hat, daß es auf Erden mehr gibt als Politik und Intrigen, als Majestäten und Großgrundbesitzer sowie...“

„Was ereiferst du dich so? Du als Conte müßtest eigentlich tiefes Verständnis aufbringen für Politik, Majestäten und Großgrundbesitzer, wie du dich auszudrücken beliebst...“

„Ich? Ich?“ Der blonde Hüne läuft erregt im kleinen Salon Eugénies auf und ab. „Weil ich ein Conte bin? Kann ich denn dafür, daß ich in eine solche Wiege gelegt wurde? Mir wäre lieber, ich wäre der Sohn eines kleinen Dorfschullehrers, und du die Tochter einer armen Witwe auf dem Lande... Oh, mir wäre das tausendmal lieber!“

„Aber mir nicht! Ich bin glücklich, daß ich die bin, die ich bin, und daß ich Güter in Spanien und Mexiko besitze! Daß der neue Kaiser Maximilian uns unseren Großgrundbesitz in Mexiko reichlich finanziell ablösen wird, desgleichen Josés Bemühungen um das Zustandekommen dieses Kaisertums.“

„Oho, höre ich recht? Euer reiner Kampf um die mexikanische Angelegenheit war also nichts anderes als ein... Riesengeschäft!“

„Das auch, mein Freund, das nebenbei auch!“

„Ha... und ich Narr bewunderte euren sogenannten Idealismus! Ich ließ mich aus Liebe zu dir sogar von euch einfangen und einspannen. Ich benützte meine Jugendfreundschaft zu Maximilian, um in eurem Sinn auf ihn einzuwirken; ihm vorzuschwärmen von Mexiko; bei ihm Juárez, den rechtmäßigen Präsidenten, anzuschwärzen...“

„Diesen wilden Demagogen!“ Sie stampft erregt auf.

„Und ihr? Was seid ihr? Etwa keine Demagogen? Wegen eures Kampfes um die sogenannte mexikanische Freiheit sind dort bereits Tausende französische und auch mexikanische Soldaten gefallen. Unzähliges Leid ist über abertausende Familien gebracht worden. Wozu, frage ich? Wozu? Kein Kaiser, kein Machthaber ist es wert, daß seinetwegen soviel Blut fließt!“

„Nein, das höre ich mir nicht länger an!“ ruft sie wütend aus.

„Ich… ich…“ Er fuchtelt wild mit den Händen herum. „Euch zuliebe habe ich Maximilian erzählt… von der alten mexikanischen Sage… von einem blonden Herrscher mit Bart und hellem Teint, von diesem edlen Messias, von diesem weißgesichtigen Quetzalkoatl, und daß die Mexikaner glauben, er werde eines Tages wiederkehren…“

„Na, und?“ Sie stellt sich aufreizend dicht vor ihn hin.

„Euch zuliebe…“, brüllt er jetzt doch tatsächlich, „euch zuliebe habe ich ihm eingeredet, *er* könnte dieser… dieser Messias sein, und er würde von den Mexikanern gewiß als solcher anerkannt und geliebt werden.“

„So war es recht, wie du gesprochen hast!“ Sie macht eine gleichgültige Miene.

„Ach ihr!“ schneidet er ihr jedes weitere Wort ab. „Ihr Heuchler und Betrüger! Mich habt ihr gleichermaßen betrogen wie ihn, dieses ahnungslose Opferlamm! Ihm habt ihr vorgegaukelt, daß er in Mexiko das reinste Paradies vorfinden werde, während ihr selbst es schamlos vorzieht, im sicheren Europa zu bleiben, Guiterrez im Palais in Rom, dein feiner Herr Bruder als gutbezahlter Gesandter im mondänen Paris, und du… du…“ Er geht drohend auf sie zu.

„Nein, das ist zuviel!“ stößt sie hervor. Sie stürzt hinaus aus dem kleinen Salon Eugénies, hinein in den großen Salon, in dem ihr Bruder Don José bereits ungeduldig auf sie wartet.

Da kommt auch schon die Kaiserin aus dem Arbeitskabinett ihres Gatten zurück.

„Nun?“ fragt sie und blickt dem blonden Conte prüfend ins Gesicht. „Hat es etwa Streit gegeben?“

Und da er nicht antwortet, fährt sie ruhig fort:

„Ich lese von Ihrer Stirn ab, daß es Streit gegeben hat.“

„Ja. Jetzt ist es aus zwischen uns. Endgültig aus.“

„Was denn?“ erwidert Eugénie ruhig. „Die Condesa trägt spanisches Blut in sich. Wie ich. Wissen Sie, Marchese, wir Spanierinnen haben ein heißes Herz, und da kann es mitunter vorkommen, daß es unschöne Szenen gibt…“ Eugénie lächelt versöhnlich.

„Aber ich… ich bin Gradese. Wir sind da anders.“ Das Gesicht des blonden Rodolfo glüht vor Erregung.

„Das renkt sich wieder ein“, spricht Eugénie begütigend. „Geht die Sonne unter, so geht sie auch wieder auf. Doch… es ist Zeit, Marchese. Das neue Kaiserpaar Mexikos muß jeden Augenblick vor dem Schloß vorfahren."

Und da hört man auch schon von weit her Vivat-Rufe.

Entgegen dem Wunsch Maximilians, incognito wie ein alter Freund empfangen zu werden, hat man ihn in der goldüberladenen Karosse, in der einst Napoleon I. zu seiner Krönung nach Notre-Dame gefahren war, abgeholt.

Die Pariser stehen entlang der Wegstrecke neugierig Spalier. Schnell begeisterungsfähig, wie sie nun einmal sind, winken viele von ihnen dem von Napoleons III. Gnaden frisch gebackenen Kaiserpaar zu. Etliche rufen sogar „Vive l'archeduc d'Autriche" (Es lebe der Erzherzog von Österreich!), einige jedoch schreien spöttisch statt archeduc „archesot" (Dummkopf!). Aber das hört man nicht vor den Tuilerien, vor dessen Haupteingang bereits Napoleon III. und Eugénie wartend stehen.

Jetzt kommen die Vivat-Rufe rasch näher. Die von acht festlich geschmückten Schimmeln gezogene Prachtkarosse fährt vor. Lakaien springen herzu und helfen Charlotte, dem Wagen zu entsteigen: Sie in einem Silberkleid mit langer Schleppe, auf dem Haupt das Brillantendiadem ihrer verstorbenen Mutter, Königin Marie Luise von Belgien-Orléans. Nach ihr betritt Maximilian in der Uniform eines mexikanischen Generals den breiten roten Teppich vor dem Hauptportal des Schlosses.

Napoleon III. und Eugénie nähern sich langsam dem monarchisch herausgeputzten Paar.

„Majestät", spricht gerührt der französische Kaiser mit fast wimmernder Stimme zu seinem männlichen Gast aus Miramar.

„Majestät, meine geliebte kaiserliche Schwester!" Die zierliche Eugénie umarmt die etwas größere Charlotte, die ihren Triumph im Blick der funkelnden Augen nicht ganz verbergen kann.

„Welch eine erhabene Stunde!" Napoleon III. lächelt ein wenig hilflos in die eintretende Stille hinein.

„Wahrlich, ein großer Augenblick!" Maximilians Stimme zittert etwas vor Rührung, während Lakaien in feierlichen Livréen, mit lodernden Fackeln in den Händen, die beiden Kaiserpaare durch das breite Schloßtor in die festlich erleuchtete Vorhalle geleiten.

„Archesot!" hört man von weitem etliche Pariser spöttisch rufen.

„Was war das?" fragt Charlotte erschreckt die neben ihr die Feststiege emporschreitende Eugénie.

„Ach!" erwidert diese, blaß geworden, „einige riefen archeduc statt vive l'empereur! (Es lebe der Kaiser!) Man sieht", fährt sie geistesgegenwärtig fort, „es gibt auch in der Bevölkerung... zerstreute Leute, nicht nur unter den Professoren der Sorbonne... Übrigens, hatten Sie schönes Wetter während der Reise?"

„Zufriedenstellend... sehr zufriedenstellend!" Charlottes Augen hellen sich auf, da sie bemerkt, daß die Gastgeber alle nur erdenklichen kaiserlichen Ehren ihr und ihrem Gatten entgegenbringen.

„Morgen wird es noch schöner", erwidert Eugénie rasch. „Morgen und die nächsten Tage und überhaupt... ständiges Schönwetter für Mexiko, dieses sonnige Paradies... für die beiden Sonntagskinder des Glücks!"

„Madame!" Charlotte drückt gerührt Eugénies schmale Hand.

„Wir freuen uns!" ruft Eugénie begeistert aus, „wir freuen uns so sehr für Kaiser Maximilian und für Sie... ganz besonders für Sie, Majestät!"

Eine brennende Fackel entgleitet einem Lakaien und fällt klirrend auf den Marmorboden.

„Ein böses Omen...", flüstert die im Gefolge mitschreitende Prinzessin Eßling.

„Ein... sehr böses Omen..."

Die Prinzessin schüttelt den Kopf.

Aber das sieht hier niemand in dieser so beeindruckenden Stunde...

15

Das Hindernis

„Aber da war ein Feind und er kam über die Berge mit... Kanonen... die Straßen zu entblößen von ihrer blumigen Geschichte."
(Hugo Schanovsky, Diesen Tag Sarajevo)

Obwohl also Maximilian und Charlotte in Paris ein überwältigender Empfang zuteil wird, obwohl die Menschen in den Straßen Schlange stehen, um einen kurzen Blick auf das junge Paar aus dem fernen Österreich zu erhaschen, obwohl von den Schulkindern Fähnchen zu Ehren des noch so unerfahrenen neuen Kaiserpaares geschwenkt werden, obwohl sogar über den Tuilerien die mexikanische Flagge weht in den Farben grün-weiß-rot mit einem Adler in der Mitte, der eine Schlange im Schnabel hält...

Obwohl alle ausländischen Gesandten, außer dem nordamerikanischen, an den jeweiligen Empfängen, Soiréen, Diners sowie Galavorstellungen in der Grand-Opéra und anderen Theatern, an den Festlichkeiten in Saint Cloud westlich von Paris oder sonst wo... für Charlotte und Maximilian teilnehmen... obwohl diese Staatsvisite also, rein äußerlich besehen, ein berauschender Erfolg zu sein scheint... So erhält doch all dieses Gepränge bereits jetzt schon einen sehr, sehr bitteren Wermutstropfen: Denn... es wird hier in Paris sogleich ein Vertrag abgeschlossen zwischen Napoleon III. und Maximilian, der dem ahnungslosen Träumer harte, sehr harte Bedingungen auferlegt.

Maximilian muß sich nämlich verpflichten, Frankreich jene finanziellen Unkosten, die es sich wegen der mexikanischen Sache aufgebürdet hat, zu ersetzen. Alle bereits aufgelaufenen und zukünftigen Ausgaben für das französische Besatzungsheer, ferner die Entschädigungen von Verlusten französischer Staatsbürger in Mexiko sowie ferner die seinerzeitige Riesenanleihe des Bankiers Jecker über sage und schreibe fünfundsiebzig Millionen, natürlich auch noch samt Zinsen und Zinseszinsen, zusätzlich noch die überschwere Zentnerlast einer neuen Anleihe, damit Maximilian nach seiner Ankunft in Mexiko seine Begleiter, seine Minister, ja überhaupt den neu zu installierenden gewaltigen Staatsapparat in Schwung bringen kann, das alles wird sofort diesem frisch gebackenen Kaiser gleichsam zum Frühstück in einem fabelhaft ausgefeilten Vertrag serviert.

Als Gegenleistung erhält dieser realitätsferne Romantiker vage Versicherungen gewisser Hilfeleistungen... Oder vielleicht doch mehr? Er erhält wirklich mehr, viel mehr...

Denn: in diesem denkwürdigen Geheimvertrag zwischen Maximilian und Napoleon III. heißt es in der Zusammenfassung folgendermaßen:

„... daß, was für Ereignisse auch immer in Europa eintreten sollten, die Hilfe Frankreichs für das neue Kaiserreich Mexiko niemals ausbleiben wird.“

Beschleicht nicht jetzt Napoleon III. doch die Furcht, der schlecht informierte, der durch den Wahl-Schwindel, d.h. durch den Volksabstimmungs-Betrug übers Ohr gehauene Maximilian könnte vielleicht doch noch, im allerletzten Augenblick den üblen Braten riechen, den man ihm da serviert...?

Nun, Napoleon III. setzt sich hin und schreibt dreizehn Tage nach den rauschenden Tagen von Paris, die das neue Kaiserpaar berauschen sollten, jenen berühmt-berüchtigten Brief an Maximilian nach Miramar, in dem es unter anderem heißt:

„... Je vous prie de compter toujours sur mon amitié... Ich bitte Sie, immer auf meine Freundschaft zu zählen... *Sie können sicher sein, daß Ihnen meine Unterstützung bei der Erfüllung der Aufgabe, die Sie mit soviel Mut auf sich nehmen, niemals fehlen wird...*“

Aber... das Schicksal türmt wie zur Warnung ein neues Hindernis für Maximilian und Charlotte auf:

Denn inzwischen findet in der Wiener Hofburg eine ernste Aussprache zwischen Kaiser Franz Joseph und seinem Außenminister, dem Grafen Johann Rechberg, statt.

„Ich muß darauf bestehen!“ erklärt Franz Joseph klipp und klar.

„Darf ich dazu bemerken", erwidert der Graf, „daß es keinen günstigen Eindruck in Europa machen wird, daß wir erst jetzt mit diesem Hindernis aufkreuzen... jetzt, wo Erzherzog Maximilian in Paris als Kaiser von Mexiko der Welt präsentiert wurde... Ich muß wiederholen, also erst jetzt...?"

„Das ist nicht meine Schuld", darauf der Kaiser. „Man hätte mich eben früher darauf aufmerksam machen müssen. Wozu habe ich denn meine Minister?"

Der Graf beißt sich betreten auf die Unterlippe. „Erzherzog Maximilian wurde bereits zum Kaiser proklamiert. Jetzt ist es wohl zu spät... mit dieser Forderung."

„Nichts ist zu spät!" Franz Joseph steht energisch von seinem Schreibtisch auf. „Mein Herr Bruder muß unter diesen Umständen auf sein Thronfolgerecht in den österreichischen Erblanden verzichten. Er ist schließlich derzeit nach meinem kleinen Sohn Rudolf der nächste Anwärter auf den Thron."

„Das schon, natürlich... allerdings..."

„Meinen Sie etwa, wenn mir oder meinem Sohn, Gott behüte... etwas zustieße, daß ein Kaiser von Mexiko aus diese Monarchie hier regieren dürfte? Unmöglich, sage ich, ganz und gar unmöglich!"

„Aber... mit welcher Begründung kann man von... Erzherzog oder... Kaiser Maximilian jetzt noch verlangen...?"

„Begründung, Graf Rechberg, Begründung!" Franz Joseph schreitet unruhig auf und ab. „Wozu haben wir denn unsere Kronjuristen? Sie als mein Außenminister, zum Beispiel..."

„Wir werden Unstimmigkeiten in Frankreich, in der Welt hervorrufen..."

„Dazu sind Sie Außenminister, um diese auszuräumen, bevor sie überhaupt erst entstehen könnten." Franz Joseph geht zum Schreibtisch zurück und zündet sich eine schwere Zigarre an.

Der Außenminister sieht starr vor sich hin. „Frankreich hat sich bereits zu sehr in die mexikanische Sache eingelassen, als daß es jetzt noch einen Rückzieher machen könnte."

„Wer spricht davon?" Der Kaiser pafft eine dicke Rauchwolke in die Luft.

„Aber... wenn nun Erzherzog Maximilian statt den geforderten Verzicht zu leisten, sich weigert, nach Mexiko abzureisen?"

„Graf, vertreten Sie meine Regierung oder meinen Herrn Bruder? Ich erinnere mich an das Jahr 1848. Eine Revolte brach in Wien aus, und mein Onkel, Kaiser Ferdinand, flüchtete nach Olmütz und war genötigt, zu meinen Gunsten abzudanken."

„Ich verstehe leider nicht, Majestät..."

„So... Sie verstehen nicht! Hören Sie: Mein Herr Bruder ist bei der Bevölkerung sehr beliebt, er kann sich bei dieser bisweilen besser in Positur setzen als sogar ich, der Kaiser..."

„Aber, Majestät, ich bitte Sie!"

„Es ist so, wie ich sage. Sollen etwa meine Königreiche bangen müssen, daß eines Tages, vielleicht durch geschickte politische Agitationen von außen, Unruhe gestiftet werden könnte, um den Kaiser von Mexiko zu einem Herrscher auch bei uns zu erheben, in dessen Reich dann wie zu Zeiten Karls V. die Sonne ebenfalls nicht mehr untergeht?"

„Aber... wer könnte jemals solche Hirngespinste ernstlich ins Auge fassen?"

„Es gibt in der hohen Politik mehr Spinner, als man für möglich halten könnte!"

„Majestät meinen wirklich...?"

Franz Joseph schneidet seinem Außenminister mit einer herrischen Handbewegung jeden weiteren Einwand ab. „Ich bin als Kaiser für die innere Sicherheit und Ruhe meines Reiches zutiefst verantwortlich. Daher... meine unumstößliche Bedingung: Mein Herr Bruder Maximilian hat, bevor er nach Mexiko abreist, diese Verzichtserklärung abzugeben. Ich bin nämlich nach den Hausgesetzen auch sein familiäres Oberhaupt und kann ihm die Bewilligung zur endgültigen Annahme der Kaiserkrone von Mexiko nur unter dieser einen Bedingung erteilen."

Natürlich weigert sich Maximilian, der bereits überall als Kaiser angesehen wird, das von ihm geforderte Schriftstück zu unterzeichnen.

Franz Joseph, der erkennt, daß er in mündlichen Verhandlungen bei seinem Bruder nicht weiterkommt, schickt ihm daraufhin am 22. März 1864 folgenden förmlichen Brief, in dem er es ablehnt, ihn bereits mit Majestät anzusprechen:

„Lieber Herr Bruder, Erzherzog Ferdinand Max!

Da Euer Liebden Ihrer mir gemachten Mitteilung zufolge

gesonnen sind, den Ihnen angebotenen Thron von Mexiko anzunehmen und da selbst mit Gottes Beistand (!) ein Kaiserreich zu gründen, so sehe Ich Mich als Oberhaupt des Erzhauses und nach reiflichster und gewissenhaftester Erwägung der Mir obliegenden Regentenpflichten genötigt, Ihnen zu eröffnen, daß Ich zu diesem wichtigen und folgenschweren Staatsakte Meine Zustimmung nur unter der Bedingung zu erteilen vermag, daß Euer Liebden vorher die in Abschrift beiliegende auf Ihre und Ihrer Nachkommen Thronfolge und Erbansprüche in Österreich bezügliche Verzichtsurkunde ausstellen und feierlich bekräftigen. Sollten Euer Liebden sich hiezu nicht entschließen können *und es daher vorziehen, die angebotene mexikanische Krone auszuschlagen*, so würde ich es auf Mich nehmen, die Ablehnung dem Ausland und namentlich dem französischen Kaiserhofe gegenüber zu vertreten.

Franz Joseph.“

Noch am gleichen Tag nach Erhalt des Schreibens antwortet Maximilian dem Kaiser, seinem Bruder, schriftlich:

„... Da ich... am 3. Oktober (1863) mein ehrliches, in ganz Europa geachtetes Wort einer Völkerschaft von neun Millionen Menschen, die sich im Vertrauen auf eine bessere Zukunft (!) und in der Hoffnung, einem nun schon Generationen hindurch verheerenden Bürgerkrieg ein Ziel gesteckt zu sehen, an meine Person wendet, *auf einstiges Anraten Eurer Majestät verpfändete und diese damals, wo ich von einer Bedingung, wie sie mir jetzt gestellt wird, gar nicht wußte, und auch gar nicht wissen konnte,* somit im guten Glauben so handeln durfte, wie ich wirklich gehandelt habe, in die traurige Notwendigkeit kommen würde, den benannten Völkerschaften den Grund meines Rücktrittes klar, ehrlich und offen bekanntzugeben...“

Zwei Tage darauf... reist Maximilian mit Charlotte von Wien nach Miramar ab, ohne daß die für Franz Joseph so überaus wichtige Frage des Familienpaktes, das ist ebendie Verzichtsangelegenheit, erledigt wurde.

Als jetzt in Wien deutlich wird, daß Maximilian den von ihm geforderten Verzicht nicht unterzeichnen will, läßt Franz Joseph den französischen Botschafter, Herzog Antoine von Gramont, zu sich bitten.

„Durchlaucht", spricht Franz Joseph zu ihm, „ich muß Sie bitten, Seiner Majestät, Ihrem Souverän gütigst nahezulegen, bei meinem Herrn Bruder, Erzherzog Maximilian, dahingehend zu intervenieren, daß..."

„Was, bitte...?" stellt sich der Diplomat unwissend.

„... daß mein Herr Bruder die Krone von Mexiko nicht annehmen kann, falls er nicht die bewußte Verzichtserklärung unterfertigt."

„Darf ich fragen, was diese... diese Formalität mit der bereits in aller Welt bekannten Annahme der Krone zu tun hat?"

„Herzog, wie können Sie da noch fragen...?"

„Bedaure... bedaure... ich kann keinen wie immer gearteten Zusammenhang darin erblicken."

„Monsieur le Duc", Franz Joseph atmet tief durch, „ich muß gemäß den Habsburger Hausgesetzen darauf bestehen, daß diese Erklärung bezüglich der österreichischen Sukzessionsfrage unterzeichnet wird oder... der Staatsakt betreffend die *endgültige* Kronannahme für Mexiko... hat zu unterbleiben!"

„Ei bewahre!" Der Franzose hebt beschwörend beide Hände. „Mein erhabener Souverän, Kaiser Napoleon, wird sich nie und nimmer imstande fühlen, in dieser Angelegenheit plötzlich eine andere Haltung einzunehmen als die bisher gehandhabte."

Da erhebt sich Franz Joseph abrupt, um anzudeuten, daß die Unterredung hiermit zu Ende ist.

„Monseigneur", sagt er kalt, „ich habe meinen Worten nichts weiter hinzuzufügen."

Daraufhin telegraphiert der Franzose umgehend in diesem Sinn am 27. März 1864 nach Paris.

Napoleon III. erhält bestürzt die Depesche seines Botschafters in Wien. Sofort eilt er damit unangemeldet in den kleinen Salon Eugénies und reicht ihr wortlos das Telegramm. Nach einer Weile:

„Was sagen Sie dazu, Madame?" Nervös kaut er, wie immer in derlei Situationen, an den Spitzen seines Schnurrbartes.

Eugénie läßt erregt das Blatt sinken.

„Das ist doch nicht möglich!" stammelt sie ein um das andere Mal. „Das... das ist doch unmöglich... völlig unmöglich!"

„Ich bin außer mir!" Der Kaiser läßt sich entnervt auf ein Kanapee fallen.

Da erscheint in militärischer Haltung Conte Plindera, der stramm vor Napoleon III. salutiert und sich höflich vor Eugénie verneigt.

„Madame", spricht er zu ihr, „es ist Zeit. Die französischen und englischen Bankiers warten im Audienzsaal."

„Bestellen Sie ihnen, sie mögen sich gedulden. Wir haben derzeit eine äußerst wichtige Besprechung." Der Kaiser bekommt einen roten Kopf.

„Ja... ich kann nicht", haucht Eugénie, den Tränen nahe. Der Conte verläßt unverzüglich den kleinen Salon.

„Ich verstehe einfach nichts von dem, was da vorgeht", bricht es ungestüm aus Napoleon III. hervor.

„Es ist auch nicht zu verstehen." Eugénie springt erregt auf. „Da schließt man Verträge mit Maximilian ab, man empfängt ihn in Paris und überschüttet ihn bereits mit kaiserlichen Ehren, man stellt ihn Gott und der Welt als den neuen Kaiser von Mexiko vor, und dann urplötzlich das... das!"

Conte Plindera kommt zurück. „Es ist alles bestellt, wie Euer Majestät es wünschten."

„Ich danke Ihnen, Marchese!" Der Kaiser gibt ihm einen Wink sich zu entfernen.

„Halt! Bitte, bleiben Sie!" ruft ihm Eugénie zu. „Mein Gemahl!" redet sie auf den Kaiser ein, „finden Sie nicht auch, daß der Marchese wieder einmal nach Miramar reisen sollte, um dort auf seinen Jugendfreund einzuwirken, daß..."

„Glänzende Idee!" Napoleons Gesicht hellt sich auf. „Hören Sie, Marchese..."

„Ja, Majestät?" Der blonde Hüne senkt sein Haupt, als ob er so besser empfangen könnte, was man ihm jetzt sagen will.

„Marchese, stellen Sie sich vor: Ihr Freund macht plötzlich Schwierigkeiten, will ein Familiendokument des österreichischen Kaisers nicht unterzeichnen. Dieser wiederum will seinem Bruder daraufhin die Erlaubnis verweigern, nach Mexiko zu gehn. Was sagen Sie dazu?"

„Ist das die Möglichkeit?" Rodolfo tritt nervös von einem Fuß auf den andern.

„Nicht wahr, da staunen Sie!" Napoleon III. hebt sein Kinn energisch in die Höhe. „Hören Sie, mon ami! Sie reisen unverzüglich ab nach Miramar, um die Sache so rasch wie möglich ins rechte Lot zu rücken!"

„Hm..." Dem blonden Offizier wird wieder einmal der Uniformkragen zu eng.

„Haben Sie sich", fragt Eugénie mit fraulichem Instinkt, „ich meine... ich habe zwar nicht das Recht, mich in Ihre persönlichen Angelegenheiten einzumischen, aber... haben Sie sich mit Condesa Carmencita wieder ausgesöhnt?"

„Da ist nichts mehr zu machen!" erwidert er knapp und sieht an der Kaiserin starr vorbei.

„Was hat das denn damit zu tun?" fragt Napoleon III. ungeduldig, der von dieser Privatangelegenheit Rodolfos keine blasse Ahnung hat.

„Mein Herr Gemahl", gibt Eugénie dazu einen Kommentar ab, „Condesa Carmencita, die Schwester von Don José Hidalgo, ist mit dem Marchese so gut wie verlobt."

„Gewesen!" trompetet der Hüne. „Gewesen!"

„Ach so!" murmelt Napoleon III. und schaut etwas verdattert drein.

„Aber", unterbricht jetzt Eugénie scharf, „das können wir uns nun nicht leisten, daß Sie, Marchese, wegen eines Streites mit Ihrer... na sagen wir... Braut... uns jetzt einfach im Stich lassen wollen und..."

„Ich kann nicht mehr... in dieser Sache vermitteln, weil meine innere Überzeugung, mein Gewissen... ", stammelt Rodolfo unbeholfen.

„Was denn? Was denn?" Napoleon III. springt erregt auf. „Seit wann, mein Bester, können wir politische Unternehmungen, politische Entscheidungen abhängig machen von privaten Lappalien, von intimen Fisimatenten, von..." Der Kaiser überlegt, was er noch alles dazu aufzählen könnte.

„Schauen Sie...", jetzt Eugénie begütigend zu Rodolfo, „wenn Sie auch im Augenblick Carmencita vielleicht zürnen sollten..."

„Ich hasse sie", ruft er unbeherrscht aus, „ich hasse sie tatsächlich und wirklich und tief und..."

„... und lieben sie doch!“ ergänzt Eugénie lakonisch. „Glauben Sie mir, mein Freund, Liebe und Haß sind zwei Pole, die sich berühren und sofort wieder abstoßen. Liebe und Haß, abwechselnd empfunden, sind nicht schlimm. Schlimm ist nur die Gleichgültigkeit. Aber Haß und Liebe sind wie Zwillinge, die sich einmal balgen und dann wiederum zärtlich umarmen. Wir Spanier wissen davon viele Lieder zu singen.“

„Eh bien...“ Napoleon III. geht unruhig auf und ab. „Darf ich daran erinnern, daß wir diese vertrackte Depesche da...“ Er deutet auf das Telegramm.

„Ja, kommen wir darauf zurück!“ beeilt sich Eugénie einzulenken. „Es muß etwas geschehen, und zwar sofort! Die Sache duldet keinen Aufschub. Abermals ist die mexikanische Abordnung aufgebrochen und wartet bereits ungeduldig in Triest, um von Maximilian empfangen zu werden. Don José Hidalgo gehört ihr wiederum neben Guiterrez als Führer an, und Hidalgos Schwester... was würde diese denken, wenn Sie, Marchese sich weigern sollten, ihre hilfreiche Hand für die gute Sache von neuem auszustrecken.“

„Ich kann nicht“, murmelt er, „beim besten Willen, ich kann nicht...“

„Es ist doch unmöglich“, braust Napoleon III. erneut auf, „daß der junge Österreicher jetzt auf einmal vom mexikanischen Thron zurücktritt!“

„Ja, ausgeschlossen, völlig ausgeschlossen!“ Eugénie klappt ihren Fächer mit einem Schlag auf das Mahagonitischchen vor dem Kanapée zu.

„In welch gräßlicher Verlegenheit wäre ich Frankreich gegenüber“, jetzt der Kaiser, „nun, nach dem Abschluß der Anleihe! Die österreichische Nachfolgefrage hätte doch schon vor drei Jahren entschieden werden müssen. Ich kann einfach nicht begreifen, daß eine solche Schwierigkeit plötzlich überhaupt auftauchen kann.“

„Hm...“ Der Conte zuckt mit den Schultern.

„Ach!“ fährt ihn Eugénie an. „Spielen Sie doch nicht den Gleichgültigen!“

„Ich käme in eine prekäre Situation“, fährt Napoleon III. erregt fort, „auf einmal Frankreich ankündigen zu müssen, daß die ganze mexikanische Expedition ausschließlich zu Lasten unseres Reiches geht. Wenn wir solche Schwierigkeiten geahnt hätten... niemals hätten wir so viele Opfer an Menschen und Geld gebracht. Heute, da eine feierliche Konvention zwischen diesem Maximilian und uns unterschrieben und eine große Anleihe dank unserer moralischen Intervention verwirklicht wurde,... fühlt sich Frankreich im gewissen Sinne den französischen und englischen Bankiers gegenüber verantwortlich!"

„Ja, so ist es!" bekräftigt Eugénie und klappt ihren Fächer wieder auf.

„Mein Finanzminister Fould", Napoleon III. ist nicht zu stoppen, „hat soeben im Staatsrat erklärt, daß die Budgetkommission die demnächst erfolgende Zahlung von 54 Millionen Francs aus dem Erlös der begebenen mexikanischen Anleihe als erste Entschädigung für den bei uns so unpopulären Krieg in Mexiko gutschreiben kann."

„Ich beschwöre Sie, Marchese", die Kaiserin springt erregt auf, „tun Sie alles in Miramar bei Ihrem Jugendfreund, um die Schwierigkeit zu beseitigen."

Da tritt die diensttuende Hofdame Baronin Pierres ein.

„Madame", sagt sie zu Eugénie, „Condesa Carmencita ist im Vorzimmer und schluchzt herzzerreißend."

„Was will sie?" Napoleon III. hebt seine trägen Augenlider.

„Sie bittet untertänigst, vorgelassen zu werden. Es wäre höchst dringlich, sagt sie..."

„Das trifft sich gut!" Eugénie klatscht mit ihrem Fächer in die Luft. „Sie soll eintreten."

Carmencita wirbelt wie im Sturm herein und wirft sich weinend der Kaiserin zu Füßen.

„Kommen Sie, Marchese!" Napoleon III. zieht den Conte durch die unsichtbare Tapetentür mit sich fort in sein Arbeitskabinett.

„Was haben Sie, ma chère?" fragt Eugénie die am Boden Liegende.

„Ich", wimmert diese, „bin an allem schuld... ich... ich!"

„Aber, aber, Condesa!" versucht die Kaiserin die junge Spanierin, die gleichzeitig eine schwarzhaarige Mexikanerin ist, zu beruhigen.

„Der Marchese...", wimmert Carmencita zum Steinerweichen.

„Erheben Sie sich, meine Liebe, kommen Sie!" Eugénie hilft der Schwester Hidalgos vom Boden auf.

„Das verzeiht er mir nie!" schluchzt Carmencita.

„Was... verzeiht Ihnen... wer... nie?"

„Er... Conte Plindera... daß wir ihn getäuscht haben, wie er meint."

„Erzählen Sie mir ruhig alles der Reihe nach!" Eugénie tupft mit ihrem feinen Battisttüchlein die Tränen von den Wangen Carmencitas ab.

„Er... er argwöhnt, Guiterrez und mein Bruder hätten Erzherzog Maximilian wissentlich getäuscht und würden ihn jetzt in sein Unglück treiben und... und..." Carmencita beginnt erneut zu schluchzen.

„Unsinn!" Eugénie klappt energisch ihren Fächer wieder zu. „Warum sollte... irgendwer... irgendwen... denn täuschen? Politik ist nun einmal kein Kinderspiel in der Gartenlaube. Das wird übrigens der Marchese ebenso gut wissen wie wir beide. Nicht wahr?"

„Oh... wir beide hatten einen fürchterlichen Auftritt... einen gräßlichen Streit! Nun ist alles aus zwischen uns... alles... aus!" Carmencita schüttelt es nur so vom vielen Schluchzen.

„Ich kenne das." Eugénie setzt sich aufs Kanapee. „Kommen Sie, meine Liebe! Setzen Sie sich zu mir... so... ganz nahe neben mich!" Sie nimmt Carmencitas Linke in ihre beiden Hände. „Was meinen Sie, wie oft wir uns schon gestritten haben... der Kaiser und ich? Einstens, als Gräfin Castiglione meinem Gemahl von Cavour als Spionin in den Pelz gesetzt wurde... Ich vermeinte damals, sterben zu müssen vor... Wut und Schmerz... über die Demütigungen... angesichts des gesamten Hofes... Nun, lassen wir das! Sehen Sie, meine Kleine, wir leben alle im Dunstkreis der großen Politik, der Weltpolitik... Man vermeint, dabei Gottes Schritt durch die Weltgeschichte zu hören, man versucht, den Zipfel seines Mantels zu ergreifen, aber... es sind weit öfter die Spuren des Teufels, die man dabei entdecken kann."

„Und ich liebe ihn so sehr!" ruft Carmencita unter Tränen aus.

„Wen? Den Teufel?" Eugénie bekreuzigt sich entsetzt.

„Aber nein, ihn... ihn... den Marchese!"

„Ach so..." Die Kaiserin atmet erleichtert durch. „Wären

wir Menschen nicht derart schwierig, so wäre die Politik nicht die schwierigste aller Unternehmungen. Doch nun zu Ihnen, mein Kind!"

„Ja... was ist?" Carmencita schaut aus verweinten Augen die schöne Kaiserin fragend an.

„Sie müssen sich mit ihm aussöhnen. Unbedingt, und zwar rasch! So rasch wie nur möglich! Die mexikanische Angelegenheit erfordert es."

„Ich möchte ja... ich möchte ja so gerne...", wimmert Carmencita und badet weinerlich in Selbstmitleid.

„Gut. Ich gehe jetzt ins Arbeitskabinett des Kaisers und hole Ihren Marchese heraus... zu Ihnen!"

„Ich habe Angst vor ihm." Carmencita weicht unwillkürlich einen Schritt zurück.

„Was denn?" Eugénie klappt energisch ihren Fächer wieder auf. „Sie werden sich doch nicht fürchten vor einem... Mannsbild! Das wäre ja gelacht! Warten Sie! Ich schicke ihn herein zu Ihnen. Passen sie auf!"

Eugénie verschwindet durch die kleine, unsichtbare Tapetentür. Einen Herzschlag lang ist Carmencita allein. Dann tritt mit festem Schritt der blonde Hüne ein.

„Condesa... Sie ließen mich rufen? Sie wünschen?" fragt er sehr förmlich und sieht starr an Carmencita vorbei.

„Ich?" Stolz hebt sie augenblicklich ihren Kopf in die Höhe. Der große Steckkamm mit dem weißen Spitzenschleier daran wirkt bedrohlich.

„Sie ließen mich nicht rufen?" fragt er zurück. „Dann... Pardon... gehe ich wieder." Er macht Anstalten, den kleinen Salon der Kaiserin durch die andere Tür zu verlassen, die in den großen Salon führt.

„Wenn Sie schon einmal hier sind", erwidert sie trotzig, „können Sie ja bleiben. Mich stört es nicht." Sie macht ein paar Schritte von ihm fort, wobei sie kokett einen Fuß exakt vor den andern setzt, wie es Mannequins bei Modevorführungen zu tun pflegen.

„So! Es stört Sie nicht!" Seine Stimme klingt herrisch und ironisch. „Sehr aufschlußreich!"

„Aber bitte! Von mir aus könnten Sie hier bleiben bis zum Sankt Nimmerleinstag." Sie fährt mit ihren Fingern wie frisierend über ihr glatt gestrichenes Haar.

„So lange habe ich nicht Zeit“, gibt er kalt zurück. „Ich bin im Dienst. Au revoir!“

„Ja, gehen Sie nur, Marchese, gehen Sie nur! Ich liebe nämlich Ihren männlichen Schritt, wenn Sie fortgehen… Ihren schneidigen Schritt!“

„Wenn Sie leichte Konversation machen wollen… ich schicke Ihnen einen Lakaien… er wird es vielleicht als Ehre empfinden, mit Ihnen ein wenig parlieren zu dürfen.“

Sie überhört gekonnt seine Ironie. „Ja, lassen Sie sich meinetwegen nicht aufhalten… Was ich Sie noch fragen wollte…“

„Ich bin kein Auskunftsbüro.“ Sein Uniformkragen wird ihm wieder einmal zu eng.

„Dennoch…“ Sie nimmt die Ansteckblume von ihrem Dekolleté und schwenkt sie wie eine Fahne in der Hand. „Wie… hieß doch gleich jenes Lied, das die Fischer Ihrer Heimat singen, wenn sie aufs Meer hinausfahren?“

„I pescatori?“

„Ja, Sie berichteten mir einmal davon… damals in Grado, als wir auf der Spiaggia standen… das rauschende Meer vor uns… con Te questo cuore sicuro sarà…“, summt sie leise diese Melodie vor sich hin: „Mein Herz in sicherer Obhut bei dir“, flüstert sie fast unhörbar.

„Ja, so war es einmal, Condesa, genauso war es… zwischen uns… einmal… Aber heute… heute…“

„Wir Menschen sind eine schwierige Rasse, meinte vorhin die Kaiserin zu mir. Sind Sie etwa auch schwierig?“

Er brummt unhörbar etwas in sich hinein.

„Ich bin ein wenig schwierig“, flötet sie vor sich hin. „Ab und zu, aber nur, wenn man mich reizt. Ansonsten bin ich eher…“

„Launisch!“ knurrt er zwischen den Zähnen.

„… Zärtlich!“ verbessert sie ihn. „Genauso wie I pescatori di Grado… die Fischer Ihrer Heimat, wenn sie singen:

‚Vado lontano a vogare,
ma il mio dolce pensiero è per Te!‘
Ich rudere in die Ferne,
doch mein süßestes Sehnen gilt Dir!“

Er blickt starr vor sich hin und scheint ein Gemälde an der Wand zu studieren, das irgendeine barocke Prinzessin mit Diadem und weltfremdem Augenaufschlag darstellt.

„Rudern Sie auch manchmal in die Ferne?“ flötet sie zu ihm hin. „Dann... gilt Ihr süßestes Sehnen vielleicht... wem eigentlich?“

„Mein süßestes Sehnen haben mir zwei junge Damen ausgetrieben!“

„Wie hießen denn die beiden?“

„Die eine... Carmen...“

„Und die andere?“

„Dieses Biest heißt Carmencita!“

„Tanzte sie nicht in Biarritz in einem kleinen Bistro mit einem großen blonden Mann Wange an Wange?“

„Ich weiß es nicht mehr. Das muß ich doch glatt vergessen haben.“

„Oh... er war der schönste Offizier, den ich je gesehen habe. Und so temperamentvoll, so zärtlich! Ihm kann kein anderer Mann auch nur den kleinen Finger reichen.“

„Lassen wir das!“ sagt er mit gespielter Gleichgültigkeit.

„Ach... einen solchen Mann vergißt man nie. Diese Ansteckblume hier...“ Sie küßt sie lange und hingebungsvoll, wobei er fasziniert auf diese kleine Szene hinstarrt, „ja... wie gesagt, diese Blume hier, die ich in meinem Ausschnitt auf der bloßen Haut getragen habe... ich würde sie niemandem schenken außer einem... einem einzigen... und das wäre er!“

„Carmencita!“ Er tritt dicht an sie heran. Sein Atem geht mit einem Mal stoßweise.

Sie schiebt die Blume in ihren Ausschnitt zurück. Dann deklamiert sie mit singender Stimme, indem sie ihre schmale Taille wie tanzend hin- und herwiegt:

„Lieblich in der Bräute Locken
spielt der grüne Myrtenkranz.
Wenn die hellen Kirchenglocken
laden zu des Festes Glanz...“

„Carmencita!“ Seine Stimme klingt heiser. „Wenn wir beide versuchen könnten, noch einmal von vorn zu beginnen.“

Als ob sie ihn nicht gehört hätte, fährt sie in ihrem gehobenen Singsang fort:

„Der Mann muß hinaus
ins feindliche Leben...,
muß kämpfen und wagen,
das Glück zu erjagen.“

„Ich will es erjagen, das Glück mit dir, Carmencita!" Sein Uniformkragen wird im plötzlich wieder zu eng.

„Willst du das wirklich?" Sie sieht ihm tief in die Augen. „Willst du wirklich mit mir gehen... durchs ganze Leben... durch Himmel und Hölle?"

„Mit dir! Mit dir!" Er reißt sie leidenschaftlich an sich.

„So sprich mir nach: Mit dir durch Himmel und Hölle!"

„Mit dir, Carmencita, durch... Freud und Leid!"

„Nein, Rodolfo! Durch Himmel und Hölle!"

„Du bist wahrhaft eine Hexe. Eine wilde Hexe!" Er stößt sie leicht von sich.

„Verhext! Ja, ich habe dich verhext. Ich will dich allzeit verhexen. Mein Bruder José...", sie schmiegt sich dicht an ihn, „José weilt mit der mexikanischen Delegation seit Tagen in Triest. Maximilian darf nicht abspringen, er will sie jetzt nicht empfangen. Ich muß sofort zu José reisen, um ihm... frische Wäsche zum Wechseln zu bringen..." Sie lacht neckisch.

Rodolfo runzelt die Stirn. „Warum erzählst du mir das?"

„Kommst du mit mir?" lockt sie mit einschmeichelnder Stimme.

„Was soll ich dort?" brummt er verdrießlich.

„Mit mir in Miramar das Lied der Fischer von Grado singen:... ‚ma il mio dolce pensiero è per Te!' (Doch mein süßestes Sehnen gilt dir!)."

„Wenn du mir dafür die Blume aus deinem Ausschnitt schenkst!"

„Ich werde sie dir geben... alles werde ich dir schenken, Geliebter, in... Miramar!"

16

Liebe ohne Ende

‚Ein glänzender Traum wäre es für den Abkömmling der spanischen Habsburger, das Schwert zu schwingen, um eine Krone zu erringen.‘
(Erzherzog Maximilian)

Unterdessen schickt Napoleon III. folgenden Brief an Maximilian nach Miramar, und zwar sofort am 28. März 1864, das ist einen Tag nach Erhalt der Depesche des französischen Botschafters in Wien:

„... Par le traité que nous avons conclu... Durch den Vertrag, den wir (beide) abgeschlossen haben (in Paris), und der uns wechselseitig verpflichtet, durch die Mexiko gegebenen Versicherungen und die mit den Unterzeichnern der Anleihe getroffene Vereinbarung sind Eure kaiserliche Hoheit (sic!) Verpflichtungen eingegangen, die zu brechen Sie nicht mehr freie Hand haben. *Was würden Sie tatsächlich von mir denken, wollte ich, wenn Eure kaiserliche Hoheit schon in Mexiko sind, Ihnen auf einmal sagen, daß ich die Bedingungen nicht mehr erfüllen kann, die ich unterzeichnet habe?*

Nein, es ist unmöglich, daß Sie darauf verzichten, nach Mexiko zu gehen, und daß Sie vor der Welt sagen, daß Familieninteressen Sie zwingen, alle Hoffnungen, die Frankreich und Mexiko auf Sie gesetzt haben, zu enttäuschen. Im Interesse Ihrer Familie und in Ihrem eigenen müssen sich die Dinge regeln lassen, denn es handelt sich um die Ehre des Hauses Habsburg (!).

Ich bitte um Vergebung für diese ein wenig strenge Sprache, aber die Umstände sind zu ernst, als daß ich Ihnen nicht die ganze Wahrheit sagen sollte."

Napoleon III. erweist sich in diesem Schreiben als guter Menschenkenner, indem er in diesem Brief Maximilian nicht als Kaiser, sondern wiederum bloß als Erzherzog tituliert, und indem er ferner die ‚Ehre des Hauses Habsburg‘ geschickt ins Spiel bringt und so Maximilian bei dessen empfindlichster Stelle trifft.

Nach Erhalt dieses Schreibens telegraphiert Maximilian umgehend dem französischen Kaiser folgendes:

„... Der Empfang der (mexikanischen) Deputation ist aufgeschoben, die Verhandlungen (mit dem Vertreter Kaiser Franz Josephs, dem Erzherzog Leopold) sind im Zuge. Aus aufrichtiger Anhänglichkeit an Eure Majestät werde ich bis zu den äußersten Grenzen dessen gehen, was mir meine persönliche Ehre (!) gestatten wird. Man hat mir am Abend vor meiner Abreise (aus Wien) nach Miramar ein unannehmbares Dokument zur Unterschrift vorgelegt, ohne es mir jemals vorher gezeigt zu haben. Ich habe alle Beweise in Händen, die meine Loyalität feststellen..."

Am 8. April 1864 abends treffen Carmencita und Rodolfo in Triest ein. Sie, um ihrem Bruder José ‚frische Wäsche zu überbringen', ... Rodolfo, um am nächsten Morgen unverzüglich zu Maximilian zu eilen.

Es ist der 9. April 1864.

„Der Erzherzog hat sich ins obere Schlößchen zurückgezogen", teilt Schertzenlechner dem Conte Plindera mit. „Er empfängt niemanden und will niemanden sehen, nicht einmal die Frau Erzherzogin Charlotte."

Da eilt der Offizier durch den weiten Schloßpark hinauf zum abgelegenen, etwas verborgenen Schlößchen, das dem Erzherzogspaar vor Fertigstellung der im Erdgeschoß gelegenen Räumlichkeiten des Schlosses Miramar einst als vorläufige ‚Notunterkunft' gedient hatte.

Nach langem, langem Rufen läßt Maximilian, der derzeit nur mit seinem Kammerdiener im Schlößchen wohnt, endlich... endlich Rodolfo ein.

„Man hat dich zu mir geschickt", brummt Maximilian verdrießlich, „natürlich mit einer bewußten Mission!"

„Ja", nickt Rodolfo, der über Maximilians schlechtes, übernächtigtes Aussehen bestürzt ist.

„Napoleon und Eugénie sowie... deine Carmencita haben dich unter Druck gesetzt, auf mich kräftig einzuwirken..." Der Erzherzog macht einen ziemlich erschöpften Eindruck.

„So ist es, Max... Darf ich mich setzen?"

„Bitte!"

„Ich habe kein Recht, dir irgendeinen Rat in dieser heiklen Situation zu erteilen." Rodolfo schaut an Maximilian vorbei ins Leere. „Die Lage ist wirklich... sehr verworren. Ich kann nachempfinden, was jetzt in dir vorgehen muß."

„Du machst dir keine Vorstellungen, mein Freund, welche Aufregungen ich in den letzten Tagen durchzumachen hatte. Deswegen habe ich mich hierher zurückgezogen, um wieder zu mir selbst zu finden, verstehst du..."

„Ja, ich verstehe", nickt Rodolfo. „Man müßte wahrscheinlich eine Roßnatur haben, um bei all diesen Aktionen und Gegenaktionen stets kühlen Kopf zu bewahren. Wahrlich, ich könnte das nicht, ich nicht!"

„Kann ich es denn?" Maximilian erhebt sich ruckartig. „Mein Leibarzt Dr. Jilek behandelt mich, so gut es eben geht. Er spricht von einer schweren Erschütterung meines Nervensystems. Mein Magen, die Galle, mein Kreislauf..."

„Ich fühle mit dir." Rodolfo sieht voll Mitleid auf Maximilian, der trotz seiner erst 32 Lebensjahre bereits wesentlich älter wirkt.

„Wenn alle an dieser Angelegenheit Beteiligten nur ein wenig fair play spielen wollten, Rodolfo, dann... aber, ich sage dir... Das ist eine Intrigantenkomödie, eine Intrigantentragödie, alles nichts als... Falschheit, Doppelbödigkeit..."

„Ja", erwidert Rodolfo, „je kaiserlicher die Luft wird, umso intriganter die Akteure und Statisten, die darin atmen müssen. Das ist scheinbar wie ein Naturgesetz."

„Ich kann kaum noch ruhig schlafen, ich kann kaum noch arbeiten oder auch nur klar denken. Wem kann ich noch vertrauen? Sind nicht alle Menschen meiner Umgebung irgendwie schon zu sehr verstrickt in dieses alles umgarnende Netz von Zwängen und Notwendigkeiten? Wer vermag hier noch objektiv zu beurteilen, welche Informationen wirklich einwandfrei und welche bereits ziemlich beeinflußt sind von politischen Interessen, die jedoch meinem persönlichen Leben äußerst gefährlich werden könnten?"

„Du hast vollkommen recht, Max!"

„Wie kann ich erkennen, ob die derzeitige Lage in Mexiko tatsächlich so rosig ist, wie man sie mir schildert? Ob ich dort als Kaiser wirklich so willkommen sein werde, wie man es mir heute ausmalt? Ob die Südstaaten schließlich doch siegen werden, und die Nordstaaten von Amerika, die mir feindlich gestimmt sind, letztlich genötigt sein werden, mich auch als Kaiser von Mexiko anzuerkennen? Das sind alles Fragen, die für mich offen sind... sehr offen..."

„Die Wahrheit ist bisweilen die Lüge der *langen* Beine."

„Was meinst du damit?"

„Hält man nicht oft für wahr, was man wahrhaben will?"

„Ich sehe, du zweifelst ebenso wie ich, Rodolfo. Und trotzdem kommst du her zu mir, gleichsam als Sonderbeauftragter Napoleons III. und seiner Frau... und stehst auf deren Seite und damit eo ipso... nicht auf meiner!"

„Ich bin hier... in erster Linie als... dein Freund... und erst dann... erst dann..."

„Also... was ist die Meinung des Freundes Rodolfo?"

„Max... ich lese ausländische Zeitungen, ich spreche in Paris mit ausländischen Gesandten... Der Feldzug des französischen Marschalls Bazaine ins Innere Mexikos... Er sieht derzeit glänzend aus, und doch kann man nicht von einer völligen Niederlage von Juárez sprechen. Es herrscht dort ein Krieg ohne Ende, der schließlich und endlich selbst die tapfersten französischen Soldaten ermüden muß. Die einst geforderten Garantien Spaniens und Englands sind zu Floskeln einer ‚moralischen Unterstützung' geworden. Die Anhängerschaft der Nation für ein mexikanisches Kaisertum ist zu einer Mehrheit einiger Städte herabgesunken. Im Süden von Mexiko, in Oajaca befindet sich das Hauptquartier der Juaristen, die überall volle Unterstützung finden, wo der Arm der französischen Armee nicht mehr hinreicht. Die Staaten von Nordamerika unterstützen weiterhin sehr stark die Streitmacht der Juaristen, und der Wille von Juárez ist eisern und hart. ... Ständig sind die französischen Truppen schweren Überfällen ausgesetzt. Die Verkehrsverbindungen zwischen den mexikanischen Städten sind fast immer unterbrochen. Die Bevölkerung dort ist schwer demoralisiert..."

„Also doch! Ich habe es geahnt, ich habe es geahnt... Aber, meine Persönlichkeit kann ich nicht ändern. Man kann Gott zuliebe gewisse Fehler ablegen, aber seine ureigenste Individualität? Diese entspricht wohl nicht den Ansichten meines kaiserlichen Bruders, das ließ er mich stets in oft schonungslosester Weise fühlen. Er ist der Herr, er hat die Macht, ich habe mich zu fügen. Wenn man mich nur in Frieden gelassen und meine Handlungsweise toleriert hätte... Nein, man schob mich dahin und dorthin, man gab mir ein Amt... und zehn Aufseher dazu, mich zu kontrollieren und streng im Auge zu behalten... Und jetzt, und jetzt... will man mir das Letzte noch nehmen, das mir von Geburt an gesetzlich unbestreitbar zusteht... Was also ist nun die Meinung des Freundes Rodolfo? Was also soll ich tun? Was?"

„Noch in diesem Augenblick, obwohl es bereits später als fünf vor zwölf ist, alles hinzuschmeißen und vor der Weltöffentlichkeit klipp und klar zu erklären, daß die sogenannte Volksbefragung in Mexiko zu deinen Gunsten... nichts als ein plumper Wahlschwindel war, daß man dich gröblichst getäuscht hat, daß man dich schändlichst reingelegt hat, und daß man dich jetzt zu guter Letzt auch noch um dein Thronfolgerecht in Österreich bringen will, sowie um deine dir rechtlich zustehende Apanage als Enkel des Kaisers Franz..."

„Hm... Dabei war es gerade mein kaiserlicher Herr Bruder, der mir am 31. Dezember 1861 in Venedig..."

„Zu Silvester vor drei Jahren...?"

„Ja", erwidert Maximilian. „Da ließ er mir 200.000 Gulden Vorschuß zur Deckung der mit der mexikanischen Kandidatur notwendigen Auslagen anweisen..."

„Er will dich einfach loswerden."

„Und jetzt auf einmal benimmt er sich dermaßen und verlangt Verzichtserklärungen."

„Ich beschwöre dich, Max, laß dich nicht kaputtmachen!"

„Mich kann man nicht kaputtmachen. Mexiko sieht voll Zuversicht auf mich, Mexiko hofft auf mich, Mexiko baut auf mich!"

„Mexiko? Dieser Rest eines übertölpelten Häufchens konservativer Ewig-gestriger, diese geldgierige Clique, diese..."

„Rodolfo, jetzt siehst aber du zu schwarz! Nein, nein..."

Maximilian beendet abrupt seinen Rundgang durch das Balkonzimmer und läßt sich wieder auf seinen Stuhl fallen.

„So schlimm ist es auch wieder nicht, wie du meinst." Er lächelt plötzlich vor sich hin. „Napoleon III. hat mir schriftlich versichert, daß er mich niemals fallen lassen wird, was für politische Umstände auch immer eintreten sollten. Ich habe es schriftlich, sage ich dir, schriftlich! Und England, dessen Queen Victoria die Lieblingsnichte meines Schwiegervaters ist, und er, der an der Halbwaisen einst Vaterstelle vertreten hatte, er, ihr Lieblingsonkel... und mein Bruder, der Kaiser von Österreich, wird mich doch auch niemals im Stich lassen... Alle Monarchen Europas werden mich als Kaiser von Mexiko anerkennen, nicht nur familiär, auch rein politisch... rein politisch, versichere ich dir..."

„Nach Tische liest man es meist anders, heißt ein Sprichwort." Der blonde Hüne ist vor Erregung bleich geworden.

„Rodolfo, sei kein übertriebener Schwarzseher! Schau!" Maximilian steht auf und öffnet weit die Balkontür. „Ein herrlicher Tag! Die Sonne scheint, und das Meer schickt heute eine frische Brise herauf wie schon lange nicht. Wir wollen hoffnungsfroh in die Zukunft blicken!"

„Hoffnungsfroh ja, Max, aber nicht allzu blauäugig!"

„Und wenn ich alles hinschmeiße, wie du mir rätst, Rodolfo, jetzt noch alles hinwerfe... Was dann? Man würde über mich die Nase rümpfen. Man würde verächtlich urteilen: Er hat es doch nicht geschafft! Er ist vor einigen wenigen Schwierigkeiten feige davongelaufen. Er hat sich gedrückt vor der Verantwortung... Am Hofe in Wien bin ich jetzt schon nichts als eine große Verlegenheit. Mein Schwiegervater, König Leopold, wäre bitter über mich enttäuscht. Und erst meine Frau... Wie könnte ich ihr danach noch frei in die Augen schauen? Ich bin mit meinen erst 32 Jahren ein tatenloser, müder Pensionist, der nichts anderes mehr zuwegebringt, als hier, in Miramar, auf das Meer zu starren, immerzu nur melancholisch auf das Meer zu starren, tagaus, tagein..."

„Und wenn man dich drüben... in Mexiko... eines Tages... ermordet?" Rodolfo ist so heftig aufgesprungen, daß der Stuhl unter ihm krachend zu Boden stürzt.

„Jetzt redest du auch schon so wie... die Großmutter Charlottes mütterlicherseits... Als wir uns in London von ihr verabschiedeten, brach sie in Tränen aus und rief uns schluchzend nach: Sie werden euch ermorden... Sie werden euch ermorden!"

„Eine vernünftige Frau!"

„Eine alte Frau."

„Aber bedenke doch, Max: Selbst deine allergetreuesten

Kaiserin Elisabeth von Österreich verabschiedet Charlotte bei deren Abreise nach Mexiko Gemälde von C. dell'Acqua

Einflüsterer für die mexikanische Sache, Guiterrez und Hidalgo..."

„Was soll mit ihnen sein?"

„Selbst sie haben im Grund ihres Herzens kein rechtes Zutrauen zu dieser Angelegenheit..."

„Wieso? Warum?"

„Guiterrez denkt nämlich für seine Person nicht im Traum daran, mit dir nach Mexiko hinüberzugehn. Er zieht es vor, wieder nach Rom in sein Palais zu reisen und dort auch zu bleiben. Und Hidalgo? Glaubst du denn im Ernst, daß er dich nach Mexiko begleiten wird? Carmencita hat es mir verraten: Er wird in Paris bleiben, im sicheren Paris und so aus der Ferne beobachten, ob du dich im gefährlichen Mexiko überhaupt wirst an der Macht halten können oder..."

„Nein, was du dir da zusammenreimst, Rodolfo! Guiterrez geht wegen seines Altes nicht nach Mexiko, er würde das Klima dort nicht mehr vertragen. Aber sein Sohn geht mit mir hinüber, sein Sohn... Und Hidalgo? Der muß ja in Paris bleiben, dort brauche ich ihn unbedingt als meinen Gesandten für Frankreich, für Eugénie und Napoleon, damit sie bei der Stange bleiben und durch die Opposition nicht umgestimmt werden können. So ist das, mein Lieber, so und nicht anders!"

„Ich kann das alles nicht mehr so rosig sehen, Max..."

„Weißt du, Rodolfo, der Erbfolgestreit mit meinem Bruder brachte mir jetzt erst so recht zu Bewußtsein, welche jämmerliche Rolle ich doch als österreichischer Erzherzog spiele: Nichts als ein Befehlsempfänger meines zwei Jahre älteren Bruders zu sein! Diese gefährliche, schwere und dabei vielleicht undankbare Sisyphusarbeit, mir in Mexiko ein selbständiges Reich zu gründen, erscheint mir dennoch tausendmal besser und unvergleichlich tröstlicher, als im alten Europa als Nichtstuer zu verfaulen."

„Verfaulen?" ruft der Freund emphatisch aus. „Hier, in diesem einmaligen Miramar... verfaulen?"

„Es gibt Leute", fährt Maximilian in verächtlichem Ton fort, „die finden das Leben, das meine jüngeren Brüder führen, einfach... philosophisch. Philosophisch, haha! Daß ich nicht lache! Hie und da im Auftrag des Kaisers eine Volksschule eröffnen zu dürfen oder einen Kindergarten... Philosophisch... Das ist für mich der Tod bei lebendigem

Leib! Ein solches Leben ist eine einzige, riesengroße Lächerlichkeit! Eine infame Erbärmlichkeit ist es nämlich, ein nachgeborener Prinz zu sein, der eine sogenannte sorgenlose Existenz führt. Sorgenlos! Ich finde es einfach widerlich! Sorgenlos..."

„Aber allzu viele Sorgen zerstören die Gesundheit!"

„Rodolfo, ich kenne dich nicht wieder. Weißt du, was mir an dir stets so gut gefallen hat? Du strahlst soviel Kraft aus. Ja... widersprich mir bitte nicht! Erinnerst du dich noch? Es war im Sommer 1855. Wir beide, damals 23 Jahre jung, wurden während eines Schiffsausfluges im Golf von Triest von einem plötzlich auftretenden, heftigen Borasturm überrascht, vor dessen Böen wir im kleinen Hafen von Grignano Schutz fanden. In einer Fischerhütte gewährte man uns Aufnahme. Am darauf folgenden Morgen faszinierte uns die Landschaft dermaßen, daß ich beschloß, das Grundstück mit dem verkarsteten Vorgebirge zu kaufen und hier ein Schloß errichten zu lassen. Ich gab diesem den spanischen Namen Miramar im Gedenken der großen Vergangenheit unserer Familie Habsburg. Du weißt, ich bin ein überzeugter Bewunderer meines Ahnherren Karls V."

„... in dessen Reich nach seinen Worten die Sonne nicht unterging."

„So ist es... Du warst damals ein wesentlicher Mit-Verursacher, daß es zu diesem Schloßbau von Miramar gekommen ist. Du mit deiner kraftvollen Ausstrahlung! Ja, es ist symbolhaft, daß gerade du jetzt hier bist! Du überträgst soviel an Energie auf mich, daß ich mich wieder wie neugeboren fühle... Rodolfo, deine Auftraggeber können mit dir zufrieden sein! Morgen schon will ich die Abordnung aus Mexiko aufs neue empfangen, morgen schon, mein Freund, bereits morgen..."

„Ja, natürlich! Napoleon III. will noch einmal das Polit-Spektakel wiederholen lassen, daß du noch einmal bekräftigst, trotz der Hindernisse durch deinen kaiserlichen Bruder, daß du trotz allem entschlossen bist, nach Mexiko abzureisen als Kaiser dieses Landes, von Napoleons Gnaden..."

Doch nun gibt es für Maximilian kein Zurück mehr. Im Laufschritt eilt er ins Schloß zurück. Charlotte empfängt ihn glückstrahlend und telegraphiert sofort ihrem Vater nach Brüssel:

„Max hat angenommen, gibt uns Deinen Segen! Charlotte."

Sofort setzt sich Maximilian hin und schreibt einen besonders herzlichen Brief an Napoleon III. und teilt ihm darin seine ‚schwerwiegende Entscheidung' mit. Er versichert ihm, er werde bei seiner ‚bevorstehenden Ankunft in Mexiko genügend Gelegenheiten haben, Napoleon den besonderen Dank für all die Güte zu erweisen, mit der er von ihm unablässig überschüttet wurde...'

Aber nun... überstürzen sich die Ereignisse. Schon ist nämlich Kaiser Franz Joseph selbst in Miramar eingetroffen. Die beiden ungleichen Brüder schließen sich sofort in der Schloßbibliothek ein, um die sogenannte Verzichtserklärung endlich zu einem Abschluß zu bringen. Wie nicht anders zu erwarten, gibt Maximilian, wie vorher Napoleon III. in seinem Schreiben, so auch jetzt Franz Joseph nach. Zu verlockend ist bereits für Maximilian der ‚wunderschöne Kaisertraum von Mexiko', als daß er jetzt noch daran denken könnte, diesen aufzugeben.

Der romantische Träumer hat, wie bisher immer, auch diesmal nachgegeben. Der Familienpakt wird unterschrieben. Kaiser Franz Joseph hat gesiegt. Warum jetzt noch einen Augenblick länger hier bleiben als nötig? Er bricht auf, besteigt sofort seinen Wagen und verläßt mit Maximilian, der ihn ein Stück Weges begleitet, das Schloß Miramar.

In Triest steht der Hofzug Franz Josephs wartend in der Bahnhofshalle, die Lokomotive ist bereits angeheizt.

Der österreichische Kaiser besteigt den Salonwagen. Er hat auf allen Linien gewonnen. Der Bruder bekam für seinen Verzicht eine einzige Zusage: Ein österreichisches Freiwilligenkorps darf aufgestellt werden, eine Truppe von 6.000 Mann zum Schutz Maximilians in Mexiko, natürlich von diesem zur Gänze zu bezahlen, allerdings nach wie vor unter dem Oberbefehl nicht des neuen Kaisers von Mexiko, sondern des Kaisers von Österreich, auch wenn die kleine Truppe in Mexiko an mexikanischen Feldzügen teilnimmt, auch dann unter dem Oberbefehl Franz Josephs, diesem nach wie vor unterstellt, von diesem jederzeit nach Österreich rückrufbar. So ist das eben...

Aber eine Minute vor Abfahrt des Zuges erwacht im unerbittlichen Kaiser von Österreich für einen kurzen Augenblick das Gefühl, im übrigen auch... ein Bruder zu sein. Er steigt hastig noch einmal aus und umarmt in einer kurzen Aufwallung des Herzens seinen Bruder, der wartend auf dem Bahnsteig steht, um ihm nachzuwinken.

„Max!" ruft Franz Joseph und... küßt den Bruder. Beiden rinnen die Tränen über die Wangen. Ahnen sie vielleicht, daß sie sich in diesem Leben niemals mehr wiedersehen werden?

Tags darauf. Es ist der 10. April 1864:
Die mexikanische Delegation, die zweite übrigens, abermals unter Leitung des Guiterrez und Hidalgos, wird von Triest in Prachtkarossen abgeholt und feierlich nach Miramar gebracht.

Napoleon III. hatte es nämlich für gut befunden, diese Deputation noch einmal nach Miramar reisen zu lassen.

Wohl hatte diese Abordnung bereits vor einem halben Jahr, und zwar am 3. Oktober 1863, offiziell Maximilian zum Kaiser von Mexiko ernannt, und dieser hatte damals die Ernennung auch offiziell angenommen. Allein... inzwischen war doch einiges geschehen:

Beträchtliche Zweifel waren in vielen europäischen und auch außereuropäischen Regierungskanzleien aufgekommen, ob diese Kaiserernennung nicht doch allzu illusorisch und zu wenig realistisch gewesen sei, ob am Ende nicht doch die nordamerikanischen Staaten über die Südstaaten siegen würden und dann dieses künftige mexikanische Kaiserreich, das auf gläsernen Beinen stand, sehr leicht zerschlagen könnten.

Begründete Zweifel, nachdem England und Spanien aus der mexikanischen Invasion ausgeschieden waren, ob das bereits dadurch tief verschuldete Frankreich es allein überhaupt schaffen könnte, einen den Mexikanern völlig fremden und unbekannten sogenannten Kaiser lange an der Macht zu halten.

Wahrlich, Napoleon III. hat allen Grund, diese fragwürdige mexikanische Deputation noch einmal auf die Beine zu stellen und nach Miramar zu entsenden, um vor der Welt und damit nicht zuletzt auch vor der immer mächtiger werdenden Opposition in Frankreich darzulegen, daß damit die mexikanische Angelegenheit schlußendlich doch noch zu einem für Napoleon III. scheinbar positiven Abschluß gebracht wird.

Nun sind jedoch Glück und Ruhm schon ganz allgemein äußerst zweifelhafte Gestalten. Das Glück in der Politik ist aber nicht weniger zerbrechlich als ein rein privates Glück, und... Ruhm?

Der Ruhm wird allzu leicht und allzu schnell zur schillernden Seifenblase, die früher zerplatzen kann, als man gern annehmen möchte.

Das Glück ist im allgemeinen ein Talent, das dem Schicksal nur selten zu gelingen scheint. Der Ruhm jedoch ist ein Schatten, dessen dahinterstehende Sonne stets allzu früh im Abendrot verglüht.

Allein... derlei trübe Gedanken hegen die Akteure dieses 10. April 1864 ganz und gar nicht in Miramar, in diesem Traumschloß, in diesem abermals ausgeräumten Schlafzimmer des Ehepaares Charlotte und Maximilian, da ein würdiger Repräsentationsraum in dem halbfertigen Schloßbau noch immer nicht zur Verfügung steht.

Nun also empfängt der von den inneren Kämpfen der vergangenen Wochen gezeichnete Maximilian in Admiralsuniform abermals diese ach so ehrenwerte Delegation... äußerst feierlich!

Auf dem Tisch... nein, es ist eigentlich bloß ein Tischchen mit kunstvoller Einlegearbeit, ein Geschenk des Papstes Pius IX. an den weltfremden Träumer, auf diesem Tischchen also liegen jetzt die Akten über die erschwindelte ‚Volksabstimmung'. Dieser unrealistische Jung-Pensionist kann doch davon keine Ahnung haben, ist doch Mexiko Gott sei Dank weit, unendlich weit...

Guiterrez, der vorzeitig gealterte Sechziger, der das Klima in seiner ehemaligen Heimat nicht mehr verträgt, in der er seit einem Vierteljahrhundert nicht mehr gewesen ist und deren politische und wirtschaftliche Umstände er nur noch vom Hörensagen her kennt und der somit nicht weniger weltfremd ist als Maximilian, dieser Mann hält nun abermals, wie vor einem halben Jahr, eine phrasenreiche Ansprache, in der die monarchischen und erzkonservativen, katholischen Tendenzen bei der Errichtung dieses nicht existierenden ‚Kaisertums' betont werden, und lügt wie vor einem halben Jahr mit frecher Stirn, „... die ganze mexikanische Nation bittet den Erzherzog, diese Krone anzunehmen..."

Guiterrez ist zum Abschluß seiner Rede so vermessen, dem schwer getäuschten Erzherzog, dem über die wahren Verhältnisse in Mexiko furchtbar irregeleiteten Erzherzog... „Liebe ohne Ende und unerschütterliche Treue" zu versprechen.

„Der Finger Gottes zeigt sich sichtbar bei diesem Ereignis", fügt der eitle Schwätzer abschließend noch heuchlerisch hinzu.

Guiterrez hat diese schleimige Rede in französischer Sprache gehalten. Ist er vielleicht der mexikanischen, das heißt der spanischen Sprache nicht mehr mächtig?

Doch Maximilian hat seit fast drei Jahren eisern die spanische Sprache gebüffelt, seit sich eben am politischen Horizont die ersten Konturen abzuzeichnen begonnen haben, daß er vielleicht in Mexiko gewisse Chancen haben könnte,... Maximilian also hält seine Erwiderungs-Ansprache bereits in der für einen zukünftigen Kaiser von Mexiko allein angepaßten Sprache... nämlich... in spanischer Sprache!

Der theatralische, bombastische Funke aus der Rede des Guiterrez ist schnell auf Maximilian übergesprungen. Denn ebenso bombastisch und theatralisch erwidert jetzt Maximilian:

„...Meine Herren, ich nehme hiermit die mir dargebotene Krone an, weil ich mich fortan mit vollem Recht als den Erwählten des mexikanischen Volkes betrachten kann..."

Jetzt wird auf dem romantischen, ein wenig klobigen Turm des Schlosses, wie vor einem Monat auf den Tuilerien in Paris, hier in Miramar die mexikanische Flagge gehißt, diese Fahne in den Farben grün-weiß-rot mit dem Adler, der eine Schlange im Schnabel hält...

Wie symbolträchtig: der Adler, der die Schlange im Schnabel hält! Wer ist wohl in dieser Polittragödie der Adler und wer die Schlange?

Der feierliche Staatsakt mit Maximilian und dieser mexikanischen Abordnung ist zu Ende. Nun muß natürlich ausgiebig der Abschluß dieses ‚Staatsaktes' gefeiert werden.

Charlotte, Pardon, nun heißt sie offiziell ja Kaiserin Carlotta, präsidiert abends an der reichlich dekorierten Festtafel dieses Banketts für die Delegation und die Ehrengäste. Stolz präsidiert sie in prachtvoller Abendrobe, in kaiserlichem Schmuck, das Brillantendiadem auf dem kunstvoll frisierten Haupt.

Aber wo ist ihr Gemahl? Wo ist der neu gebackene Kaiser dieses frisch gebackenen Kaiserreiches?

Maximilian läßt sich nicht sehen. In seiner Admiralskabine im Saal drei des Schlosses, in seiner Kajüte liegt der erschöpfte Mann auf seinem Feldbett mit zitterndem Körper, dessen Seele, dessen Nerven mit ungestümer Kraft, mit schweren neuro-vegetativen Störungen, das ist mit Herzflattern, Magenverstimmung und Kreislaufbeschwerden... revoltieren gegen die ungeheuren Anspannungen der letzten Tage, gegen die erlittenen Falschheiten und Doppelbödigkeiten, gegen all dieses Neue, das ihn nunmehr nötigt, die Heimat zu verlassen, die Eltern, Geschwister, Freunde, um übers weite Meer hinweg ein ihm fremdes, unbekanntes Land zu betreten, in dem vielleicht doch nicht alles so rosig sein wird, wie man es ihm vorgegaukelt hat...

Denn immer ist es noch um vieles leichter, selbst einen sehr schweren Entschluß zu fassen, als diesen schlußendlich auch durchzuführen, und zwar mit allen Konsequenzen, die dieser Entschluß schließlich mit sich bringt, ihn wirklich... wirklich... auszuführen.

Charlotte, die ab nun Carlotta heißen wird, hat es da wesentlich leichter. Sie, deren Ehe kinderlos blieb und wahrscheinlich auch für immer bleiben wird, die davon überzeugt ist, daß Maximilian allein daran ‚Schuld' trägt, seit er sich eine bösartige Krankheit zugezogen hat, damals... als er in Brasilien weilte... noch als Junggeselle weilte... seit also Charlotte dieser Umstand bewußt war, wie sie meinte, wandte sie sich mehr und mehr politischen Hoffnungen, politischen Wunschträumen zu: eine ähnliche Reaktionsweise, wie sie bei Eugénie auftrat, als sie von Napoleons III. dauernder Untreue ihr gegenüber überzeugt war.

Tatsache jedenfalls ist, und die Bediensteten von Miramar tuscheln hinter vorgehaltener Hand seit langem darüber, daß der 32jährige Maximilian und die 24jährige Charlotte getrennte Schlafzimmer haben, wahrlich seltsam für ein so junges Paar...

Auch weiß man, daß Charlotte nicht Maximilians große

Liebe war. Diese war nämlich Prinzessin Maria, die Tochter Pedros I. von Brasilien, die mit 22 Jahren an einer Lungenkrankheit starb und mit der er bereits verlobt war.

Nun, Charlotte ist ganz und gar nicht traurig, daß sie Miramar verlassen muß. Aber Maximilian...

Am Tag nach diesem alles entscheidenden Staatsakt, also am 11. April 1864, soll die Abreise des neuen Kaiserpaares nach Mexiko stattfinden. Doch Maximilians Nerven versagen ihm wieder einmal den Dienst. Drei Tage lang betreuen Leibarzt Dr. Jelinek medizinisch, und Rodolfo psychisch den nervenschwachen, frisch gebackenen Kaiser von Mexiko.

Endlich, am 14. April, ist es soweit: Die Abreise kann erfolgen. Noch einmal durchwandert Maximilian die Zimmer seines Schlosses, die Anlagen seines von ihm so großzügig angelegten Parkes. Mit Tränen in den Augen nimmt er von allen, die ihm lieb geworden sind, Abschied.

Dem zu seiner Abreise erschienenen Bürgermeister von Triest kann er kaum ein freundliches Wort erwidern. Tränen ersticken seine Stimme.

Die Bevölkerung von Triest und Umgebung hat diesen sympathischen, leutseligen Prinzen gern gehabt. Dies zeigt sich jetzt. Ganz Triest steht auf der Mole und dem kilometerlangen Kai, der von der Stadt zum Schloß führt.

Glückwunschtelegramme aus aller Welt treffen noch im letzten Augenblick ein. Das rührendste ist jenes der Eltern Maximilians:

„Lebe wohl, unser Segen... unsere Gebete und Tränen begleiten Dich. Gott schütze und geleite Euch! Zum letzten Mal, lebe wohl auf heimatlicher Erde, wo wir Dich leider nicht mehr sehen sollten! Wir segnen Dich wiederholt aus tiefbetrübtem Herzen."

Diese Depesche trägt eindeutig den Stil und die Handschrift der Erzherzogin Sophie, der Mutter Maximilians.

Unter den Klängen der neu geschaffenen mexikanischen Kaiserhymne und begeisterten Hochrufen besteigt das junge Kaiserpaar von Mexiko in dem kleinen Hafen des Schlosses Miramar die bereitgestellte Barkasse.

Maximilian ist in dieser Stunde von schmerzlichen Gefühlen überwältigt.

Voll Teilnahme blickt Charlotte auf ihren Mann. Dann wendet sie sich zu der neben ihr sitzenden Hofdame, der Gräfin Melanie Zichy-Metternich, mit folgenden Worten:

„Regardez donc le pauvre Max! Comme il pleure! (Sehen Sie sich den armen Max an, wie er weint!)“

Das Wetter ist zu diesem Abschied wie bestellt: ein richtiges Kaiserwetter! Das Meer glitzert im gleißenden Sonnenlicht. Die Natur will scheinbar absichtlich das Herz des jungen Kaisers beruhigen. Und in seinem Geist klingen heftig die Worte des Don José Guiterrez nach, die er bei seiner Ansprache vor vier Tagen gesagt hatte:

„Das mexikanische Volk verspricht seinem Kaiser Liebe ohne Ende.“

Wie eine alte Volksweise summt es in Maximilians Ohren fort und fort:

„Liebe ohne Ende... Liebe ohne Ende...!“

17

Eine gewisse Madame Weller

„Dann kommen Stürme, man weiß nicht mehr, was tun und hat das Gefühl, man werde jeden Augenblick auf eine Klippe stoßen.“
(Vincent van Gogh)

Paris, ein paar Monate später:
Don José Hidalgo y Esnaurriza ist auf eigenen Wunsch von Maximilian zum mexikanischen Gesandten in Paris ernannt worden, nachdem er sich vorher noch vom Kaiser das Gehalt seines Vorgängers von bisher 60.000 auf nunmehr 90.000 Francs hat aufbessern lassen. Guiterrez jedoch hat den ihm angebotenen Posten eines mexikanischen Gesandten in Wien abgelehnt und statt dessen seinen Sohn Fernando als Sekretär

Abreise des Kaiserpaares nach Mexiko

bei Hidalgo untergebracht, um diesen ausspionieren zu lassen und solcher Art stets auf dem laufenden zu bleiben.

Diese beiden Ehrenmänner par excellence, Hidalgo und Guiterrez, haben inzwischen unter allerlei möglichen Vorwänden so lange bei Maximilian Geldforderungen und immer wieder nichts als erneute Geldforderungen gestellt, bis dem blauäugigen Romantiker auf dem allzu rasch errichteten, sehr wackeligen Kaiserthron von Mexiko schließlich doch die Augen aufgehen über die wahren Intentionen dieser beiden, die im Verein mit Eugénie und über diese mit Napoleon III. die tatsächlichen Königsmacher Maximilians gewesen sind.

Aber dennoch... dennoch... da Hidalgo und Guiterrez nicht nachlassen, Maximilian, der Angenehmes nicht ungern hört, stets nur dergleichen zu berichten, so zum Beispiel, daß man in Europa „... alles Mexikanische color de rosa (rosig) sieht und den felsenfesten Glauben hat, daß Kaiser Maximilian, dessen ritterlichen Geist und hohe Intelligenz man überall rühmt, alles, was seine erhabene Hand berührt, auch sofort zum Erfolg führen wird...“, ... da also Hidalgo und Guiterrez derart trefflich schmeicheln können, bleiben sie weiterhin in Maximilians Gunst.

„... In unserer Zeit“, schreibt Hidalgo mit Brief vom 29. Juli 1865 an Maximilian, „haben die Frauen (gemeint ist vor allem Eugénie) Votum und Einfluß in politischen Dingen, und wenn jene eine Sache unter ihre Fittiche nehmen, ist der günstige Ausgang selten versagt, weshalb ich es niemals vernachlässige, dieses Kompliment in meine Geschäfte einfließen zu lassen, besonders bei solchen Frauen, die durch ihre hohe Stellung und ihr Talent sich meinen Vorschlägen nützlich erweisen können... Ich kann nicht verhehlen, daß ich meine Karriere zur Gänze meinen guten Manieren (!) verdanke...“

Wenn bei einem solchen Brief nicht die Alarmglocken in Seele und Geist eines redlichen Menschen klingeln...? Aber bislang klingeln sie eben leider noch nicht bei Maximilian, und schon gar nicht bei Charlotte, die jetzt Carlotta genannt werden will... Kaiserin Carlotta...

Wieder einmal arrangiert Eugénie einen Maskenball in den Tuilerien.

Es ist Faschingsbeginn. Maskenbälle lieben die Pariser über alles, die oberen Zehntausend aber ganz besonders.

Alles, was Rang und Namen hat, ist wiederum gekommen.

Auch diesmal rätselt man, welche Verkleidung Eugénie und Napoleon III. wählen werden.

Die geladenen Damen und Herren sind wie immer teils in kostbaren, teils in kuriosen Kostümen erschienen.

Der Führer der Opposition in der französischen Kammer, Jules Favre, als Domino in schwarzen Samt gehüllt, mit einer ebensolchen Maske vor dem Gesicht, tritt an einen feuerroten Domino heran:

„Mein Freund", spricht er ihn an, „wissen Sie, welches Kostüm der Kaiser heute trägt?"

„Er sollte als Teufel mit langem, buschigem Schwanz auftreten!" erwidert sein Mitstreiter in der Opposition, Ernest Picard.

„Als Belzebub, das ist gut! Schade, daß die sogenannte mexikanische Kaiserin Carlotta nicht hier ist! Da könnte man ihr gleich die Meinung sagen."

„Welche zum Beispiel?" fragt Ernest und sieht sich prüfend in der Runde um.

„Welche..." Jules holt tief Atem und überzeugt sich, ob ihn auch niemand belauschen könnte. „Weil jene doch in einem Brief an Eugénie gefordert hat, wir Franzosen dürften absolut keine Truppen aus Mexiko abziehen, sondern müßten im Gegenteil zusätzlich noch 40.000 hinsenden."

„Natürlich. Mexiko ist ja fünfmal so groß wie Frankreich."

„Eben." Jules schnalzt ein wenig mit der Zunge. „Mexiko ist ein militärisches Faß ohne Boden. Was glaubt denn eigentlich diese Carlotta oder Charlotte, wer das alles auf Dauer bezahlen soll? Der französische Steuerzahler etwa? Der französische Bauer vielleicht? Am Ende gar der französische Arbeiter?"

„Sie muß toll sein, daß sie so etwas überhaupt erwägen kann!"

„Heute 40.000 Soldaten mehr, morgen eine Million und übermorgen ganz Frankreich für das Mexiko dieser Frau, damit sie weiterhin fröhlich Kaiserin spielen kann. Ach, man sollte sie eine Habanera tanzen lassen, sage ich Ihnen, Monsieur Picard, eine Habanera... auf... Bajonettspitzen...!"

„Ja, daß ihr Hören und Sehen vergeht!“
„Still! Da kommt er! Als Sonnenkönig, als Ludwig XIV.“
„Wer?“
„Na, wer schon? Er... unser Diktator... unser Imperator!“
„Und an seiner Seite... sie... als Königin des 17. Jahrhunderts... Eugénie, die uns diese mexikanische Suppe eingebrockt hat.“
„Dort drüben... dieser winselnde Köter... der neue mexikanische Gesandte Hidalgo, der böse Geist, der ihr die Stichworte einflüstert für diese unselige mexikanische Schmierentragödie! Gehen wir dort hinüber! Der Sonnenkönig, nein... der Unwetterkönig kommt näher.“
Im Weitergehen flüstert Favre dem Gesinnungsgenossen zu:
„Man müßte diesem Hidalgo derart am Zeug flicken, daß er in der Gunst der Kaiserin abstürzt.“
„Daß er bei ihr einfach unmöglich wird! Ich habe über ihn gehört, er sollte kürzlich...“
Die beiden tuscheln mitsammen.
„Sie werden sehen, mein Freund“, jetzt Picard zu Favre, „sehr schnell könnte diese ganze mexikanische Sache daraufhin wie eine Seifenblase zerplatzen...“
Beide tauchen rasch im Menschengewühl unter.

„Monsieur l’ambassadeur!“ spricht der mit Allongeperücke und Gesichtsmaske kostümierte Napoleon III. mit müder Stimme zu Hidalgo an seiner Seite, „Ihr Kaiser Maximilian schreibt uns zwar rosarote Briefe, jedoch unser Marschall Bazaine sowie unser Gesandter in Mexiko... diese beiden sehen die Dinge ganz anders...“
„Aber... aber...“, nun Hidalgo mit einschmeichelnder Stimme, „die Dinge in Mexiko entwickeln sich bestens... wahrlich... bestens!“
„Ich kann diese Meinung nicht teilen.“ Der als Sonnenkönig verkleidete Kaiser läßt seine trägen Blicke umherschweifen. Napoleon III. ist mit seinen nunmehr 57 Jahren sichtlich gealtert. Seine zahlreichen Frauenaffären und die vielen Winkelzüge seiner Außen- sowie Innenpolitik haben diesen Mann vorzeitig verbraucht. Er hat in seinem Leben Schonung nie gekannt, weder sich gegenüber, noch seiner Frau, noch sei-

nem Volk gegenüber. Er hat bisher immer die höchsten Ziele der Weltpolitik sehr aggressiv verfolgt.

Er hatte die Grande Armée Kriege führen lassen in Italien, in China, Syrien und Hinderindien... und jetzt stehen seine Truppen in Mexiko, in diesem unermeßlich großen Reich, in dem ein paar Tausend französische Soldaten zur Befriedung dieses Landriesen nicht mehr als ein Tropfen auf dem heißen Stein sind.

Napoleon III., dessen für das Ausland propagierter Wahlspruch lautet: ‚L'empire c'est la paix' (Mein Kaiserreich ist ein Hort des Friedens!), dieser selbsternannte ‚Friedenskaiser' muß allerdings immer und immer wieder Kriege führen, um sich selber beweisen zu können, daß er ein würdiger ‚Neffe', ‚Stiefenkel' und Nachfolger des ‚großen Napoleon I.' ist.

Aber nun ist Napoleon III. krank, ja... eigentlich krank. Ein müder, kein kraftvoller Mann mehr. Doch... das würde er nie und nimmer weder vor sich, noch vor andern zugeben.

Er leidet zwar nicht ständig, aber dafür immer öfter an furchtbaren Krämpfen im Unterleib, die mit schweren Depressionen einherzugehen pflegen.

Die Ärzte kennen sich mit dieser seltsamen Krankheit nicht recht aus und verordnen dem Patienten Pillen und Tinkturen, die das Übel aber nicht beseitigen können. Überdies schicken die Mediziner den Kaiser Jahr für Jahr in das bekannte Heilbad Vichy nördlich von Clermont-Ferrand, berühmt wegen seiner warmen Quellen, die bei Leber- und Darmleiden angewendet werden.

Napoleon III. lernt es rasch, mit diesen Leibkrämpfen zu leben und wischt den Gedanken fort, wirklich krank zu sein. Dennoch ändern diese Beschwerden nach und nach seine bisherige Lebensweise. Er reitet zu keinen Jagden mehr wie früher und steigt überhaupt nur noch höchst selten zu Pferde, so zum Beispiel bei besonderen militärischen Anlässen.

Sein Verlangen, überall und in jedem Teil der Welt, in dem sich etwas von politischer Bedeutung ereignet, ein entscheidendes Wort mitzureden, seine von ihm für Fortschritt gehaltene Illusion, daß jene überseeischen Länder wie China, Syrien, Hinterindien oder Mexiko zu neuen Schauplätzen europäischer Geschichte würden... dies alles wird jetzt durch diese scheinbar nicht greifbare, unergründliche Krankheit wesentlich herabgesetzt.

Diese völlig ‚überflüssigen, dummen Leibschmerzen', wie Napoleon III. sie für sich bezeichnet, sie reichen doch glatt dazu aus, daß die Weltmeinung, Napoleons III. Macht erstrecke sich bis zu den fernsten Ländern der Erde, nun ernstlich erschüttert wird.

„Darf ich um nähere Ausführungen bitten?" säuselt Hidalgo in die trüben Gedanken des als Sonnenkönig kostümierten Napoleon III. hinein.

„Man hat mich bezüglich Mexikos nicht immer richtig informiert", quengelt der Kaiser und meint mit ‚man' in erster Linie Hidalgo und Guiterrez. „Man hat die Dinge eben anders dargestellt, als sie tatsächlich sind."

„Aber... wie das?" Hidalgo spielt das Unschuldslamm.

„Nun, zum Beispiel... die Truppen des Benito Juárez wären sehr leicht zu schlagen."

„Sind sie es denn nicht? Mexiko-Stadt ist erobert, Veracruz, Puebla und... und..."

„Mein Herr", entgegnet der Kaiser kalt. „Meine Grande Armée kann nicht in allen Städten Mexikos gleichzeitig sein. Haben wir dort drüben einen Landstrich befriedet und ziehen wir weiter... prompt erscheinen die Banden dieses Juárez aus dem Hinterhalt und bestrafen auf das grausamste die ahnungslose Bevölkerung, weil sie die Körperschaften und Funktionäre Ihres Kaisers nicht bekämpft hatte."

„Das sind unbedeutende Übergangsschwierigkeiten. Kaiser Maximilian genießt bereits großes Ansehn in der Welt."

„Eh bien... Ich habe Ihrem Kaiser geraten, ausschließlich Franzosen zu seinen Ministern zu machen. Statt dessen ernannte er die mexikanische Führer der dortigen liberalen und konservativen Partei zu Ministern und auf Anraten des Belgierkönigs, seines Schwiegervaters, den belgischen Staatsrat Eloin zu seinem Regierungschef."

„Ein tüchtiger Mann!" beeilt sich Hidalgo hinzuzufügen.

„Mein Herr, was nützt lediglich ein tüchtiger Mann in dieser heiklen Situation? Hätte Ihr Kaiser nur Liberale in sein Kabinett genommen, hätte er sich zwar die Klerikalen und Konservativen zu Feinden gemacht... Aber... so hat er beide Parteien erwählt, und beide sind sie zu seinen Feinden geworden, weil jede Partei nun böse ist, daß sie nicht allein herrschen kann."

„Er will als Kaiser eben unparteiisch über den Parteien stehen. Ich glaube, Majestät sehen die Dinge ein wenig... zu schwarz."

„Zu schwarz... nein, Exzellenz... man wünscht also, wenn ich Sie recht verstehe, daß wir alles durch eine rosarote Brille sehen sollten. Unser Marschall Bazaine kämpft in Mexiko wie Don Quichote gegen Windmühlen, während Ihr Kaiser seine Gedanken darauf verschwendet, ein Buch mit 600 Seiten zur Aufzählung von Etikettefragen zu verfassen... oder um seine Kaiserschlösser in Mexiko-Stadt und Chapultepec prächtig restaurieren zu lassen, um..." Napoleon III. holt tief Luft.

„Aber, aber...", flötet jetzt Hidalgo, „es war ja überhaupt nichts vorbereitet zum Empfang des Kaiserpaares in seiner Hauptstadt. Kaiser Maximilian mußte die erste Nacht sogar auf einem Billardtisch schlafen, weil die Betten des Schlafzimmers von Ungeziefer nur so strotzten."

Napoleon III. streicht nervös über seine Allongeperücke. „Und der Kampf Ihres Kaiserpaares mit der hohen Geistlichkeit des Landes? Es wurde ein freisinniges Kirchendekret erlassen, das Rom nicht gleichgültig hinnehmen kann. Es wurde... allgemeine Religionsfreiheit verkündet. Man stelle sich das einmal vor! Völlige Gleichberechtigung für eine jede Konfession! Ich habe zwar über unseren Nuntius in Paris, Fürst Flavio Chigi, den Papst bitten lassen, er möge Ihrem Kaiser keine Verlegenheiten bereiten, aber... was soll ich machen?" Napoleon schüttelt aufgebracht den Kopf.

„Monsignore Meglia, der neue Nuntius in Mexiko...", Hidalgo hebt beschwörend beide Hände, „bereitet aber Verlegenheiten. Ich selbst bin, bei Gott, klerikal bis in die Knochen, versteht sich, als Spanier..."

„Ich denke, Sie sind... Mexikaner?"

„Das auch, natürlich, das auch..."

„Versteht sich von selbst, als mexikanischer Gesandter, was sonst?"

„Eben. Das heißt, das Kaiserpaar hoffte inständig, Monsignore Meglia wolle nur anfangs so schwarz wie ein Rabe erscheinen, um dann allmählich und schließlich weiß zu werden wie eine Taube."

„Das soll bedeuten, entgegenkommender zu werden", erläutert Napoleon III. und nestelt an seiner langen Allongeperücke. „Aber die Frage der zahllosen Kirchengüter in Mexiko hätte Ihr Kaiser noch vor seiner Ankunft in seinem neuen Reich durch die provisorische Regierung regeln lassen sollen. Das wäre zweifellos besser gewesen, als jetzt, in dieser schwierigen Situation, die mächtige Geistlichkeit des Landes gegen sich aufzubringen und damit die Kurie in Rom."

„Kaiser Maximilian hat eine dreigliedrige Kommission an den päpstlichen Hof entsandt."

„Aber, mein Lieber", nun Napoleon III., der sich von einem Lakaien ein Glas Champagner reichen läßt, „Sie wissen wohl nicht, daß nach Meinung der römischen Kurie die Kirche weder auf einen eigenen Kirchenstaat verzichten könne noch auf die der Kirche gespendeten Kirchengüter. Und Ihre Spanier, mein Herr, eroberten einst viele Ländereien in der Neuen Welt und schenkten einen Gutteil davon der Kirche... vielleicht, um ein schlechtes Gewissen nicht erst aufkommen zu lassen."

„Aber... andere eroberten auch Länder... und schenkten nichts von ihrem sogenannten Raub der Kirche."

„Eh bien..." Napoleon läßt sich von einem Lakaien eine schwere Zigarette anzünden. „Jeder geht eben mit seinem Gewissen anders um." Der als Sonnenkönig Maskierte lächelt. „Um auf Ihren Kaiser zurückzukommen..."

„Ich werde ihm von diesem Gespräch berichten."

„Tun Sie das, Monsieur! In Ihrem eigenen Interesse rate ich Ihnen, schreiben Sie Ihrem Kaiser, er solle unbedingt..."

„Ja, was...?"

„Unbedingt mit meinem Marschall Bazaine noch enger zusammenarbeiten!"

„Soll das bedeuten, seine Truppen am Ende gar ihm zu... unterstellen?"

„Das auch. Vor allem aber, jede Maßnahme zuerst, zu allererst mit meinem Gesandten abzusprechen!"

„Untergräbt das alles nicht...?" Hidalgo würgt an den weiteren Worten, „das alles nicht... die Autorität des Kaisers Maximilian?"

„Autorität? Wir haben schließlich Ihren Kaiser nicht auf den Thron Mexikos gehoben, nur um ihm beifällig zu applaudieren und um auf unsere Kosten dort drüben lediglich die Statisten in diesem Drama abzugeben."

„Sagten Sie: Drama, Majestät?"

„Eh bien... Drama, was ist Drama? Alles Geschehen ist Drama. Aber Ihr Kaiser könnte daraus unschwer ein köstliches Lustspiel machen."

„Wie das, wenn ich fragen darf?"

„Sie dürfen, Wertester, Sie dürfen! Das Schicksal mischt die Karten, spielen jedoch müssen wir selbst. Wenn Ihr Kaiser etwas mehr Vernunft walten läßt und sich weniger seinen romantischen Träumen hingibt..."

„...weil er als Kaiser über den Parteien stehen will und daher um eine haltbare Koalition zwischen Klerikalen, Konservativen und Liberalen bemüht ist...?"

„Mein Herr, vergeuden wir keine Zeit! Frankreich hat Ihren Erzherzog zum Kaiser gemacht. Frankreich hat ein Recht darauf, daß Ihr Kaiser so regiert, wie es vor allem den Interessen Frankreichs entspricht!"

„Nicht den Interessen Mexikos, dessen Kaiser er ist?"

„Mexiko versinkt im Chaos, wenn es nicht eine starke Hand da herauszieht."

„Majestät meinen wohl, eine starke... Faust!"

„Eine Hand ist, auf die Politik bezogen, nicht nur zum Geben und Streicheln da. Ihr Fürst will ein liberaler Monarch sein. Schön und gut! Das wollte ich seinerzeit auch, mein Herr. Alle Herrscher wollen eigentlich liberal regieren, anfangs... Aber dann bricht die rauhe Wirklichkeit über sie herein, und sie müssen rasch lernen, daß man nur mit diktatorischen Maßnahmen aus einem Chaos ein gut funktionierendes Staatsgebilde formen kann. Natürlich könnte man sich bei einem solchen Vorhaben einen leicht liberalen Anstrich zulegen, das sieht für die Augen der Weltöffentlichkeit immer sehr attraktiv aus. So ist das, mein Herr..."

„Kaiser Maximilian ist jedoch von hohen Idealen erfüllt."

„Monsieur, mit hohen Idealen kann man vielleicht ein Nonnenkloster leiten, nicht aber ein Reich wie Mexiko. Glauben Sie mir, ich verfüge in dieser Beziehung über eine reifere Erfahrung als Ihr junger neuer Kaiser!"

„Mexiko soll also, wenn ich Sie richtig verstanden habe, eine französische Provinz werden, und sein Kaiser nichts anderes sein als ein Statthalter Frankreichs."

„Nicht so direkt, mein Herr! Sie müssen diese schwierige Angelegenheit delikater sehen... mit etwas mehr Esprit und Charme, wenn ich bitten darf... Au revoir, Monsieur!"

Napoleon III. läßt Hidalgo stehen und schreitet allein in die neugierige Menge hinein.

Ein als Troubadour Verkleideter nähert sich jenem schwarzen und feuerroten Domino, die beide in einer Nische auf etwas zu warten scheinen.

„Messieurs", jetzt der Troubadour zu den beiden, „wir... sind fündig geworden. Die Nachforschungen haben uns das gebracht, was wir wollten!"

„Lassen Sie sehen!" befiehlt der schwarze Domino und nimmt dem Troubadour eine ihm dargebotene Pergamentrolle aus der Hand. Sofort vertieft er sich in den Inhalt des Papiers.

„Ja, das genügt!" stellt er befriedigt fest. „Damit ist sein Sturz nur noch eine Frage kurzer Zeit."

„Tatsächlich?" fragt der feuerrote Domino. „Darf man nähere Details wissen?"

„Später, mein Freund, später!" erklärt der Schwarze bestimmt. Und zu dem Troubadour: „Jetzt aber rasch gehandelt! Diese Pergamentrolle muß unverzüglich in die Hände der Frau kommen, die uns die mexikanische Suppe eingebrockt hat! Nun soll sie sie auslöffeln, bis sie nicht mehr die Kraft hat, künftighin weiter in dieser Brühe umzurühren."

„Deswegen wählte ich dieses Kostüm", so der Troubadour, „damit die Bärin williger nach dem Honig leckt..."

„Rasch zu ihr hin! Gehen Sie! Gehen Sie!" Der Schwarze gibt dem Troubadour einen leichten Stups.

„Dort steht sie, neben dem Laternenanzünder!" gibt der Feuerrote nähere Anweisungen. „In dem weißen, pelzbesetzten Nachtgewande... mit der hohen Pelzhaube, die eine Krone symbolisieren soll. Rasch! Bevor sie sich entfernt!"

Unverzüglich steuert der Troubadour auf die beschriebene Dame zu.

„Schöne Maske", spricht er sie dreist an und greift in die Saiten der umgehängten Mandora oder italienisch Mandola, eines Zupfinstrumentes, das Eugénie wie alle Spanierinnen liebt.

Der dicht hinter Eugénie stehende Laternenanzünder, hinter dessen Kostüm sich der blonde Conte verbirgt, will den Troubadour abdrängen.

„Lassen Sie nur!“ verwehrt es ihm Eugénie. „Sie wünschen, Monsieur?“ fragt sie den kecken Troubadour.

„Schöne Maske! Darf ich Euch ein Ständchen darbringen?“ Er beginnt sofort zum Spiel der Mandora zu singen:

‚Schmück mit Rosen dich und Mohn,
Liebling, spiele und sei heiter!
Hinter dir steht Zeit ja schon,
gönnt nicht Rast und jagt dich weiter.‘

„Sind Sie Franzose oder…?“ fragt die weißgewandete Dame den Maskierten.

„Er dürfte einer von der Opposition sein“, flüstert der Laternenanzünder ihr ins Ohr.

„Troubadoure…“, erwidert er schnell, „sie singen von der Liebe, meine Schöne. Euch zu Ehren verfaßte ich dieses Lied. Wollt Ihr weiter hören?“

Und ohne eine Antwort der Dame abzuwarten, fährt er zu spielen und zu singen fort:

„Tanze Liebling, tanz geschwind,
denn das Leben eilt, zerrinnt!“

„Was wollen Sie von mir, mein Herr?“ fragt bereits ungeduldig die weiß Kostümierte.

„Alter wird bald Furchen ziehen“, singt der Troubadour weiter:

„Darum küß noch einmal mich,
eh auf immer wir uns fliehen!
Tanze, Liebling, tanz geschwind,
denn das Leben eilt, zerrinnt!“

Die Dame gibt dem Laternenanzünder an ihrer Seite heimlich ein Zeichen.

„Monsieur!“ Dieser faßt den Troubadour am Arm. „Entfernen Sie sich! Aber rasch, bitte!“

„Ich gehe schon, ich geh ja schon. Aber, meine Schöne, damit Ihr diesen sinnigen Text nicht vergeßt, habe ich ihn für Euch aufgeschrieben… auf Pergament. Hier! Für Euch, meine Schöne! Ganz allein für Euch!“

Er nimmt den Hut mit dem bunten Federbusch darauf ab und holt daraus die Pergamentrolle hervor:

„Auf des Hutes Grund
wird Euch dieses kund!"

sagt er leicht mit singendem Tonfall.

Er übergibt der Dame mit einer galanten Verbeugung die Rolle. Dann... ist er mit einem seitlichen Sprung auch schon fort, untergetaucht in der Menge der bunt Kostümierten.

„Wer mag das gewesen sein?" fragt die Dame ihren Begleiter.

„Ein komischer Kauz", murmelt der Conte.

„Was wollte er eigentlich von mir?"

„Vielleicht geht das aus dem Text der Pergamentrolle hervor", meint der Laternenanzünder.

Die Dame entrollt hastig das Blatt und vertieft sich angespannt darin. Dann entringt sich ihrer Brust ein kleiner, spitzer Schrei.

„Madame, fühlen Sie sich nicht wohl?" fragt er sie besorgt.

„Marchese", flüstert sie ihm zu. „Dieses Papier hier... betrifft... Don Hidalgo. Ich muß ihn sofort sprechen! Sofort!"

„Dort drüben steht er." Rodolfo deutet auf einen Herrn im Mönchskostüm.

„Kommen Sie, Marchese!"

Die weiß kostümierte Dame steuert auf den Mönch zu, gefolgt von dem Laternenanzünder.

„Oh... wen haben wir denn da?" Eugénie ist lautlos zu dem Mönch herangetreten, hinter sich unauffällig wie immer den blonden Conte, der als Laternenanzünder dunkel kostümiert ist.

Die Kaiserin hat sich rasch beherrscht und ihre Fassung wiedergewonnen. „Monsieur", fährt sie fort: „Ich fürchte, der Kaiser hat Sie mit dem mexikanischen Gesandten verwechselt und Ihnen gar eine schwere Vorlesung gehalten. Das tut er nämlich gern."

„Seine Majestät", weicht Hidalgo diplomatisch aus, „gab aufgrund seiner reichen Erfahrung einige wertvolle Ratschläge..."

„Dem frommen Mann des Klosters, wie?" Sie deutet auf sein Kostüm.

„Der ich nur diesen Abend bin, sonst allerdings..."

„Sind Sie ein Mann der Politik oder vielleicht mehr der... Politikerinnen?"

„Wie meint das meine schöne Kaiserin?“

„Ich wußte, daß Sie mich sofort erkennen werden.“

„Ich bitte Sie, ich kenne Sie doch bald ein Vierteljahrhundert lang! Da sollte ich Sie nicht sofort erkennen, gleichgültig, welches Kostüm und welche Maske Sie wählen...?“

„Und *Ihr* Kostüm? Paßt es zu Ihnen, Don José?“

„Was tut man nicht alles der Politik zuliebe?“

„Da Politik die Kunst des Möglichen ist, der mitunter möglichen Verkleidungen und Masken...“

„Politik muß man machen“, Napoleon III. ist unmerklich zurückgekommen, „indem man den Anschein erweckt, als wolle man Gott dienen, während man sich gleichzeitig sehr bemüht, dabei nur ja nicht den Teufel zu reizen.“

„Vortrefflich!“ ruft Hidalgo begeistert aus. „Das muß ich Kaiser Maximilian sofort schreiben.“

„Ich glaube, es wäre besser, vor allem Kaiserin Carlotta Bericht zu erstatten.“ Eugénie lächelt hintergründig. „Ich habe den Eindruck, in Mexiko regiert eher die Kaiserin als der Kaiser.“

„Sie meinen, Madame?“ Hidalgo scheint Eugénie mit schmachtenden Blicken zu verzehren.

„Kaiserin Carlotta schreibt mir Briefe um Briefe.“ Eugénie fächelt sich Kühlung zu.

„Eine dynamische Dame!“ stellt Napoleon III. fest. „Ehrgeizig wie ihr Vater, König Leopold.“

„Warum auch nicht?“ Eugénie studiert intensiv ihren Fächer. „Nur... Kaiserin Carlotta neigt dazu, alles zu wollen, und das auf einmal, und zwar sofort!“

„Diese Schwäche haben fast alle willensstarken Frauen.“ Napoleon III. greift nach einem Glas Champagner, das ihm ein Lakai reicht.

„Natürlich hat eine gescheite Frau bald Millionen Feinde, nämlich alle dummen Männer.“ Eugénie lächelt vor sich hin.

„Oh... quel esprit!“ stellt Hidalgo schmeichelnd fest.

„Aber Kaiserin Carlotta ist ein unerschöpflicher Brunnen ständig neuer Wünsche.“ Eugénie spielt wieder einmal mit ihrem Fächer. „Die Kaiserin liebt unsere Grande Armée; deshalb möchte sie sie am liebsten ganz in Mexiko behalten. Zwar mag die Kaiserin unseren ausgezeichneten Marschall Bazaine weniger, dafür aber wiederum sehr unsere Generäle d'Hérillier und Douay, die wir aus Mexiko abziehen mußten. Aber die Kaiserin will sie partout bei sich haben. Das geht so weit, daß sie emphatisch fordert, Douay an die Seite Kaiser Maximilians zu stellen, da sich diese beiden geradezu elektrisierten und wie zwei Freunde und Brüder zueinander ständen."

„Charmant, charmant..." Hidalgo wirkt auf einmal etwas verlegen.

„Wie seltsam", fährt Eugénie leicht ironisch fort, „daß die Kaiserin sehnlichst wünscht, unsere Offiziere sollten in erster Linie die Männer des Kaisers von Mexiko sein, statt die Vertrauenspersonen des Kaisers der Franzosen." Eugénie bekommt rote Flecken auf ihre Wangen.

„Nun ja..." Hidalgo tritt nervös von einem Fuß auf den anderen.

„Pardon", wirft jetzt Napoleon III. ein, „ich sehe den italienischen Gesandten im Kostüm eines Kardinals der Kurie." Und er schreitet langsam dorthin.

„Don José!" Eugénie lächelt ihm verführerisch zu. „Erinnern Sie sich noch, wie meine Schwester und ich einmal in unserem Garten in Madrid um die Wette liefen... vor Ihren prüfenden Augen, und wie jede von uns gewinnen wollte, um..."

„Ja", lächelt Hidalgo zurück, „um den Preis zu erringen."

„Und... worin bestand dieser? Das haben Sie gewiß vergessen."

„Wie könnte ich? Der Preis bestand in einer prächtigen Haarschleife."

„Irrtum! Das war ein anderes Mal, als wir in Granada weilten. Doch damals, in Madrid... Ach, Sie haben es doch vergessen, wie ich es argwöhnte."

„Und Sie verraten es mir heute nicht mehr?"

„Nein. Jetzt ist es zu spät."

„Es dürfte nie zu spät sein", stellt Hidalgo fest.

„Vielleicht... unter gewissen Umständen." Eugénie spielt zerstreut mit dem Fächer.

„Unter... welchen?" Er wischt mit einem weißen Tüchlein die plötzlich aufgetretenen Schweißperlen an seinem Hals weg.

„Wenn... die Lieder der Nachtigall erklingen...", flüstert sie mehr als sie spricht.

„Die Lieder?" fragt er naiv. „Und wann ist das? Ich hörte keine."

„Nein. Sie hörten wirklich keine... damals in Madrid. Und heute...?"

„Was sollte heute sein?" Nun zeigen sich auf seiner Stirn große Schweißperlen.

„Heute hat die Romantik Ihres Herzens vielleicht... eine völlig andere Richtung eingeschlagen."

„Madame belieben etwas in Rätseln zu... schwelgen."

„Ihre Liebe, Don José, reiste einst vornehmlich in spanische Gefilde. Doch nun... Man spricht von einer Dame, die Ihnen nicht gleichgültig sein dürfte..."

Hidalgo fährt ein großer Schreck in die Glieder. „Hofklatsch, Madame, nichts als übler... Hofklatsch!"

„Mag sein." Eugénie klappt energisch ihren Fächer zu. „Man raunt sich zu, die besagte Dame wäre eine russische Spionin. Wußten Sie das?"

„Majestät, wovon sprechen Sie? Das ist unmöglich, völlig ausgeschlossen!"

„Das ist nicht alles, was über diese Dame geflüstert wird." Eugénie macht einen kleinen Schritt vom mexikanischen Gesandten fort.

„Madame werden doch nicht den einstigen Begleiter Ihrer Jugendtage so schnell verlassen wollen?"

„Jene besagte Dame", spricht Eugénie hastig weiter, „soll in eigenartigen Beziehungen zu einem General unseres Kriegsministeriums stehen und..."

„Majestät, eine Intrige, sage ich Ihnen, eine sehr infame Intrige!"

„Hören Sie, es kommt noch besser: Auch der Kabinettschef des Ministers, Monsieur Dronyn de Lhuys und diese besagte Dame..."

„Weller?"

„Richtig... sehr richtig, so ist der Name dieser Dame. Don José, Sie wissen, um meiner unschuldigen Jugendfreundschaft zu Ihnen willen... bin ich geneigt, das alles nicht für bare Münze zu nehmen..."

„Tausend Dank, Majestät..."

„Aber sollte sich eines Tages doch als zutreffend herausstellen, daß... dann könnte ich in Zukunft nicht umhin..."

„Madame!“ Hidalgo fährt der große Schreck in alle Glieder. Seine Stimme verändert sich, wird heiser und sehr stockend: „Wenn ich versichere... Wenn ich schwöre...“

„Schwören Sie nicht, ich bitte Sie! Gebrochene Schwüre könnten selbst eine jahrzehntelange Freundschaft über Nacht hinwelken lassen...“ Eugénie nickt dem Schwarm ihrer Backfischzeit unmerklich zu und schreitet wortlos davon.

Da stürzt der Laternenanzünder auf den mexikanischen Gesandten zu.

„Don José“, sprudelt er sehr aufgeregt hervor, „ist Condesa Carmencita nicht hier?“

„Ich habe jetzt andere Sorgen, Marchese... Sie sind doch Conte Plindera, der sich hinter diesem Kostüm verbirgt?“

„Erraten! Aber hören Sie: Ihre Schwester ist wandelbar wie der Mond. Jetzt ist in ihrer Beziehung zu mir abnehmender Mond, stark abnehmender Mond!“

„Haben Sie sich noch immer nicht daran gewöhnt, daß die Unpäßlichkeiten junger Damen Sackgassen gleichen, aus denen ein Geliebter manchmal nur sehr schwer wieder herausfinden kann?“

„Wie soll ich Ihre Worte auffassen?“

„Marchese, wir Hidalgos, Carmencita und ich, sind gegenwärtig durch die Fallstricke einer unstabilen Politik in die Bredouille geraten... Sie verstehen?“

„Kein Wort, Don José! Was hat das alles mit Carmencita und mir zu tun?“

„Das will ich Ihnen sagen: Die französische Kaiserin hat mich bisher favorisiert, das gebe ich offen zu, weil sie eine gewisse, einstige Kinderschwärmerei für mich in die Gegenwart herübergerettet hat. Sie verstehen? In den Augen Kaiserin Eugénies bin ich der Gegenstand einer platonischen Verbundenheit, in deren Vorteil und Genuß ich leider nur so lange verbleiben kann, wie die Kaiserin annimmt, ihre unschuldige Herzensneigung zu mir werde in gleichem Ausmaß von mir ebenfalls erwidert...“

„Und... ist dies nicht der Fall?“

„Nicht so, wie es die Kaiserin wünscht. Sie scheint nämlich geradezu... zu erwarten... zu fordern, daß meine gleichfalls unschuldige Neigung für sie... zur Folge haben sollte, ja geradezu müßte...“

„Was, Don José?"

„Daß... so wie sie infolge der Untreue des Kaisers, der bekannten Untreue des Kaisers... nunmehr ohne die Liebe zu einem Mann zu leben gesonnen ist, daß auch ich... ebenfalls sollte, müßte..."

„Verstehe. Und das können Sie nicht auf Dauer, das wollen Sie nicht...?"

„Ich bin ein Mann in den besten Jahren, und die guten sind noch lange nicht vorüber. Kaiserin Eugénie ist durch eine Intrige meiner Feinde dahintergekommen, daß ich mit einer gewissen Madame Weller..."

„... und Sie fürchten den Sympathieverlust der Monarchin, was natürlich umgehend politische Konsequenzen nach sich ziehen könnte..."

„Ernste politische Konsequenzen, Marchese, höchst ernste Konsequenzen! Können Sie mir helfen? Sie haben einen guten Stand bei der Kaiserin."

„In diesem Falle werde auch ich nichts zu vermelden haben, fürchte ich."

„Ich ahnte bereits etwas und riet deshalb Carmencita, dem Maskenball fernzubleiben. Sie verstehen... Ich selbst verschwinde sofort. Ich eile zurück in mein Gesandtschaftshotel."

„Don José, bestellen Sie Carmencita, daß ich vor Sehnsucht nach ihr vergehe."

„Ich verstehe Sie jetzt besser, seit ich selbst... Marchese, vielleicht sind Sie ihrem Ziel bald näher, als Sie annehmen."

„Sie glauben tatsächlich? Ja, wenn Sie das sagen..."

18

Eugénies letzter Brief

‚Die Kriege gegen Napoleon,
die Blüte der Jugend
hatten sie hinweggerafft.
So viele Krüppel!
So viele Tote!
(Hugo Schanovsky,
Schuberts letzter Brief)

Ist Mexiko von den Truppen des republikanischen Präsidenten Benito Juárez vielleicht bereits gesäubert? Keinesfalls!

Im Westen und Nordosten des Reiches kämpfen sie unentwegt weiter unter ihrem General Arteaga, im Norden unter General Jesus Gonzales Ortega. Schließlich und endlich residiert Juárez selbst mit seiner Regierung schon wieder unangefochten in der Stadt Monterey im Teilstaat Nuevo Léon.

Der Süden des Reiches bleibt überhaupt von den Kaiserlichen unangetastet, und muß es auch fernerhin bleiben, da dort nach wie vor der juaristische General Porfirio Diaz das alleinige Sagen hat.

Trotz dieser überaus heiklen innenpolitischen Lage denkt jedoch der wenig realistische Maximilian bereits daran, die Grenzen Mexikos zu... erweitern!

Er schickt einen Freund, den ehemaligen österreichischen Marineoffizier Graf Ollivier Rességuier, in das benachbarte Guatemala zum dortigen französischen Generalkonsul Tallien de Cabarrus, um diesem mitzuteilen, Maximilian denke ernstlich daran, zu einem mehr oder weniger entfernten Zeitpunkt Zentralamerika für das Kaiserreich Mexiko zu annektieren.

Tallien erwidert diplomatisch, man dürfe die Sache nicht zu jäh angehen und müsse hierin mit den französischen Agenten zusammenarbeiten.

Doch es tritt ein Ereignis ein, das für Maximilian sehr, sehr ungünstig ist: Der amerikanische Sezessionskrieg findet mit dem Sieg der nordamerikanischen Union über die Südstaaten ein Ende.

Verschärft wird diese für Maximilian äußerst bittere Katastrophe durch ein schreckliches Ereignis: Fünf Tage danach wird der Präsident der Union, der 56jährige Abraham Lincoln, von dem Schauspieler Booth, einem fanatischen Anhänger der Südstaaten, in der Loge des Nationaltheaters in Washington erschossen.

Von nun an treten die Vereinigten Staaten von Nordamerika noch stärker als bisher als unversöhnliche Feinde Maximilians auf und unterstützen voll und ganz die noch immer in Mexiko befindlichen Truppen des Benito Juárez, die dadurch rasch immer neue Anhänger gewinnen.

Juaristische Truppen durchstreifen jetzt offen das ganze Land, machen bald die Verbindung von Mexiko-Stadt mit Veracruz unsicher, und einzelne militärische Einheiten wagen sich sogar bis auf drei Meilen an die Hauptstadt heran.

Doch was ist mit dem bisher allseits mächtigen französischen Marschall François Bazaine los? Er scheint nämlich auf einmal militärischen Winterschlaf zu halten. Seit zwei Jahren Witwer, ist der 54jährige urplötzlich bis über beide Ohren in die 17jährige, bildhübsche Mexikanerin Josefa Peña verliebt.

Sofort berichtet Charlotte hierüber brandheiß Eugénie mit Brief vom 28. März 1865, „... daß der Marschall sogar wieder zu tanzen angefangen hat und gestand, daß er keine Habanera (d.i. ein mexikanischer Nationaltanz) versäumt..."

Über die vollzogene Hochzeit am 26. Juni 1865 berichtet Maximilian ausführlich seinem Bruder, Erzherzog Karl Ludwig:

„... Der Marschall ist trotz seiner 54 Jahre verliebt wie ein Gimpel. Möge ihm dieses gewagte eheliche Glück gut anschlagen!..."

Unter den vielen aufregenden Konsequenzen, die der Sieg Nordamerikas mit sich bringt, leidet bald die Gesundheit Maximilians sehr. Ein beginnendes Leberleiden bereitet ihm fortan große Schmerzen.

Außerdem... läuft es in Österreich übrigens von nun an ebenfalls höchst ungünstig für Maximilian.

Sein Bruder, Kaiser Franz Joseph, hat den Familienpakt von Miramar ohne Rücksprache mit Maximilian dem österreichischen Reichsrat zur Kenntnis gebracht. Damit ist vor der Weltöffentlichkeit kundgetan worden, daß Maximilian keine Hilfe von Österreich zu erwarten hat, daß sein Thronfolgerecht für sein Heimatland erloschen ist, daß er keine wie immer gearteten finanziellen Zuwendungen mehr erhält und im Falle einer möglichen Rückkehr nach Österreich und damit nach Miramar, vielleicht nicht einmal mehr eine Aufenthaltsbewilligung für dort eingefordert werden könnte.

Diese Nachricht ist für Maximilian und Charlotte ein neuer schwerer Schicksalsschlag.

Mit Schreiben vom 26. Juli 1865 berichtet Charlotte Eugénie von Maximilians Schwierigkeiten:

„... Ich befürchte, daß er (Maximilian) seine Kräfte in der Sisyphusarbeit, stets einen Felsen bergan rollen zu wollen und ihn immer wieder zurückfallen zu sehen, erschöpft, und daß insbesondere die neue Lage ihm neuerdings wieder solche Sorgen bereitet, daß seine Gesundheit darunter leidet..."

Doch die informativen Briefe Charlottes an Eugénie finden bei dieser von nun an immer weniger Widerhall. Das hängt natürlich vor allem mit... Hidalgo zusammen...

Schon fühlt sich nämlich Eugénie in ihrem durch jene Mitteilung entfachten Verdacht bestärkt, daß die Beziehungen Hidalgos zu Madame Weller tatsächlich bestehen, ja sich sogar immer mehr vertiefen, daß also Hidalgo sie, Eugénie, insofern betrogen hat, daß er nicht nur bestritt, mit Frau Weller in enger Beziehung zu stehen, sondern sogar geschworen hat, daß dies nicht der Fall ist.

Dieser Vertrauensbruch Hidalgos macht Eugénie schwer zu schaffen. Sie sieht von nun an den einstigen Jugendfreund in einem anderen, nicht sehr günstigen Licht.

In dem Ausmaß aber, in dem Eugénie das Interesse an dem in ihrer Kindheit von ihr angeschwärmten Hidalgo endgültig verliert, im gleichen Ausmaß wird ihr die seinerzeitige, von ihm ausgehende Inititative für die mexikanische Angelegenheit mehr als peinlich.

Eugénie ist eine äußerlich sehr empfindliche, innerlich aber sehr robuste Natur. Nichts, was sie unternimmt, macht sie halbherzig. Ganz oder gar nicht, das ist ihre Devise.

Sie hatte Hidalgo auf ihre Weise einst ins Herz geschlossen und sie hatte ihm eine gewisse Treue bewahrt, als sie ihn sofort und aus ganzer Seele in seinen Intentionen, betreffend die Errichtung eines Kaisertums in Mexiko, voll und ganz unterstützt hatte. Ja, sie hatte unverzüglich und sehr zielstrebig seine diesbezüglichen Bestrebungen zu den ihren gemacht und solange auf ihren damals auf dem Höhepunkt seiner Macht stehenden Gatten eingewirkt, bis sie diesem erfolgreich eingeredet hatte, diese Ideen seien eigentlich seine eigenen, ihm selbst bis dahin noch nicht bewußt gewesenen Ideen.

Nun aber ist für Eugénie in dieser Hinsicht mit einem Schlag alles, alles völlig anders.

Der Jugendschwarm von einst ist für sie jetzt zu einem älteren, äußerlich nicht mehr so sehr attraktiven Intriganten geworden, der sich an der mexikanischen Angelegenheit sehr bereichert hat, der seine persönliche Karriere dadurch zu einem beachtlichen Höhepunkt bringen konnte und der schließlich auf sie, Eugénie, überhaupt keine Rücksicht mehr nimmt, indem er diese übel beleumundete Madame Weller, höchstwahrscheinlich eine infame Spionin, die sich in französischen Regierungskreisen in gefährlicher Weise herumtreibt, zu seiner Geliebten macht. Damit brüskiert er Eugénie ihrer Ansicht nach nicht weniger als seinerzeit Napoleon III. seine Gattin durch seine im Angesicht des gesamten Hofes praktizierte Untreue mit der Gräfin Castiglione, die ebenfalls als Spionin galt.

Nein... Eugénie verliert wirklich mit einem Mal jegliches Interesse an Hidalgo, und damit sofort auch an der mexikanischen Angelegenheit.

Bald laufen auch in der Abgeordnetenkammer die Vertreter der Opposition immer heftiger Sturm gegen die militärische Präsenz französischer Truppenteile in Mexiko.

Schon wird Napoleon III. selbst immer kränklicher und damit müder. Sein einstiger Ehrgeiz, überall in der Welt seinen politischen Einfluß geltend zu machen, verfliegt zusehends. Schon sucht Napoleon III. getreu seinem plakatierten Motto: ‚Mein Kaiserreich ist ein Hort des Friedens' versöhnlichen Ausgleich in seiner Außenpolitik. Schon möchte der Franzosenkaiser allmählich, ohne viel Aufsehen in der Welt zu riskieren, ohne das Prestige Frankreichs zu gefährden und ohne sein Gesicht zu verlieren, sich heimlich, still und leise, wenn es nur irgendwie geht, aus Mexiko zurückziehen... diese ganze leidige mexikanische Angelegenheit endgültig hinter sich lassen.

Der erste Schritt, den Napoleon III. und Eugénie in dieser Richtung tun, ist, Hidalgo fallen zu lassen.

Der mexikanische Gesandte wird nicht mehr zu intimen Zirkeln des Kaiserpaares, zu dessen privaten Soiréen und Veranstaltungen eingeladen.

Maximilian, der alsbald zu spüren bekommt, daß der Einfluß seines Vertreters in Paris, seines Gesandten auf dem wichtigstem Posten seiner Außenpolitik, zur Bedeutungslosigkeit abgesunken ist, beruft ihn unverzüglich zur Berichterstattung nach Mexiko.

Was Hidalgo stets insgeheim wie der Teufel das Weihwasser befürchtet hat, trifft also nunmehr ein: Don José muß nach Mexiko reisen, in jenes Land, das er und Guiterrez, die eigentlichen Königsmacher Maximilians, nie und nimmer persönlich betreten wollten, da es ihnen für ihre eigene Person zu gefährlich erschien.

In äußerst weinerlichem Ton bittet Hidalgo mit Schreiben vom 8. Dezember 1865 seinen Kaiser, „... wenn ich schon unbedingt kommen muß, um eine starke Eskorte von Veracruz nach Mexiko, weil ich hörte, daß die Diligencen (Pferdepost) geplündert werden und schon viele Passagiere dabei den Tod gefunden haben. Zudem habe ich viele Drohbriefe von Anhängern des Juárez erhalten..."

Mittlerweile stirbt Lord Henry Palmerston, der britische Premierminister, ein Mann, der Maximilian politisch warm unterstützt hatte, mit 81 Jahren.

Ihm folgt in den Tod am 10. Dezember 1865 im 75. Lebensjahr König Leopold, der seine Tochter Charlotte und seinen Schwiegersohn Maximilian stets mit Rat und Tat wesentlich geholfen hat.

Hand in Hand mit diesen für Maximilian äußerst dramatischen Schicksalsschlägen geht nun Marschall Bazaines zunehmende Passivität.

„Er beschäftigt sich nur noch mit seiner jungen Frau", schreibt Maximilian am 17. Dezember 1865 seinem Schwiegervater König Leopold, den dieser Brief jedoch nicht mehr lebend erreicht.

Für Napoleon III. wird es nunmehr immer klarer, daß es für seine Truppen in Mexiko höchst gefährlich werden würde, wenn es bei einem weiteren Verbleib derselben tatsächlich zu einem von der nordamerikanischen Union angedrohten Zusammenstoß ihrer siegreichen Armee mit den französischen Verbänden kommen sollte. Ja, in Frankreich befürchtet man bereits ernstlich einen Krieg mit der Union, und das alles ganz allein nur wegen Mexiko, und zwar wegen dieses Mexikos des unerfahrenen Maximilian.

Doch nicht genug damit: Jetzt kommen auch noch für Frankreich höchst bedrohliche Nachrichten von preußischen Kriegsvorbereitungen über den Rhein.

Zwölf opposionelle Deputierte der französischen Abgeordnetenkammer, unter ihnen äußerst lautstark Jules Favre, Ernest Picard und Pierre Peletan, erinnern daran, daß sie von Anfang an vorausgesagt hatten, welche ungeheuren Opfer diese unselige mexikanische Aktion dem ausgebluteten Frankreich bringen werde.

„Wozu denn", schreit Peletan den Regierungssprecher der Kammer nieder, „muß die französische Armee noch immer einen fremden Thron stützen? Haben wir denn hier keine anderen Sorgen? Wer hilft uns einmal, wenn uns das machthungrige Preußen angreifen sollte? Dieser Maximilian vielleicht? Wie?..."

Auch der Nachfolger König Leopolds, Charlottes Bruder Leopold II., beugt sich den beiden Kammern seines Parlaments, die jede weitere Teilnahme belgischer Freiwilligenkorps an den Kämpfen in Mexiko heftig ablehnen. So ist für Maximilian fortan von dort keine Unterstützung mehr zu erwarten.

Napoleon III., daraufhin in helle Angst versetzt, beschließt, unter die ganze mexikanische Angelegenheit endgültig einen Schlußstrich zu ziehen.

Am 15. Januar 1866 schickt er Maximilian folgenden inhaltsschweren Brief:

„Monsieur mon frère,

(Mein Herr Bruder)

Ce n'est pas sans sentiment pénible...

Ich schreibe Eurer Majestät nicht ohne peinliches Gefühl, denn ich bin gezwungen, Ihnen den Entschluß bekannt zu geben, den ich angesichts all der Schwierigkeiten, die mir die mexikanische Frage bereitet, fassen mußte.

Die Unmöglichkeit, vom corps législatif neue Hilfsgelder für den Unterhalt des Armeekorps in Mexiko zu erhalten, und die Erklärung Eurer Majestät, außerstande zu sein, selbst noch dazu beizutragen, zwingt mich, endgültig einen Schlußtermin für die französische Besatzung zu bestimmen.

In meinen Augen muß dieser Termin so nahe wie möglich gesteckt sein. Ich schicke Ihnen indessen den Baron Saillard, damit er sich nach Einholen der Ansicht des Marschalls Bazaine mit Eurer Majestät verständige, um den Zeitplan für die allmähliche Rückberufung meiner Truppen derart zu bestimmen, daß sie nicht überstürzt geschehe, daß die öffentliche Ruhe nicht gestört werde und die Interessen, deren Schutz uns am Herzen liegt, nicht gefährdet werden.

Es besteht übrigens das Übereinkommen noch zu recht, daß die Fremdenlegion noch während einiger Jahre in den Diensten Eurer Majestät bleibt. Wenn Sie, woran ich nicht zweifle, die in diesen schwierigen Verhältnissen notwendige Energie zeigen, wenn Sie Ihre nationale und ausländische Armee (?) festgefügt organisieren, wenn Sie durch Verwirklichung aller denkbaren Einsparungen Mittel finden, um die Hilfsquellen Ihres Kaiserreiches zu entwickeln, glaube ich, daß sich Ihr Thron befestigen wird, denn der Abgang unserer Truppen wird zwar eine momentane Schwächung darstellen, aber den Vorteil dafür haben, den Vereinigten Staaten jeden Vorwand (?) für eine mögliche Intervention zu nehmen.

... Ich bitte Eure Majestät, der Kaiserin die Anteilnahme auszudrücken, die ich an dem Tod des Königs, ihres Vaters, genommen habe. Ich erneuere die Gefühle der Hochachtung und der aufrichtigen Freundschaft, mit der ich bin

Eurer Majestät
guter Bruder
Napoleon."

Aus Guernavaca, wo Maximilian gerade weilt, antwortet er am 18. Februar dem Franzosenkaiser:

„... Ich bedauere, daß Sie sich gezwungen sehen, die vor kaum zwei Jahren abgeschlossenen Verträge außer acht zu lassen. Es liegt mir durchaus fern, die Ursache einer Gefahr für Sie oder Ihre Dynastie abgeben zu wollen. Ich schlage sogar vor, Ihre Truppen augenblicklich zurückzuziehen. Ich werde versuchen, in einer der Würde eines Habsburgers entsprechenden Weise mit meinen Mexikanern auszukommen, indem ich meine Seele und mein Leben meinem neuen Vaterlande weihe..."

Man sieht, der Brief Napoleons III. hat Maximilian an dem wundesten Punkt seiner Seele, in seinem Habsburgerstolz getroffen...

Hidalgo erscheint nun – man höre und staune! – nach monatelangem Zögern endlich zur Berichterstattung bei Maximilian.

Die Depeschen aus Paris und das scharfe, entschlossene Schreiben Napoleons III. zeigen jetzt Maximilian sehr deutlich, daß Hidalgo seine Regierung absichtlich falsch informiert hat. Er enthebt ihn daher unverzüglich seines Postens und schickt statt seiner den General Johann Nepomuk Almonte als neuen Gesandten Mexikos nach Paris.

Aus einer letzten Regung von Mitleid mit Hidalgo ernennt er diesen zum aktiven mexikanischen Staatsrat.

Doch kaum hat Hidalgo das Dekret seiner Ernennung erhalten, das seinen Verbleib in Mexiko bedeutet, packt diesen Ehrenmann panischer Schrecken.

Ohne Abschied verschwindet er klammheimlich bei Nacht und Nebel aus Mexiko und tritt hastig und grollend die Rückreise nach Paris an.

Der französische Gesandte in Mexiko, Alphonse Dano, teilt sofort seiner Regierung in Paris folgendes mit:

„... Der größte Teil Mexikos ist bereits im Besitz der Truppen des Juárez. Das Kaisertum ist finanziell am Ende, seine Zukunft aussichtslos. Man muß gegebenenfalls Maximilian um jeden Preis mit den scheidenden Truppen mitnehmen, *da Frankreich, wie man es auch dreht und wendet, für die Sicherheit des Kaisers verantwortlich ist...*"

Doch schon schickt Eugénie am 30. Mai 1866 an Charlotte einen wenig höflichen Brief, ... *daß sie sich durch diese sehr gekränkt fühlt, weil sie ihre guten Ratschläge nicht beachten wolle.*

Hat denn Eugénie tatsächlich jenes Schreiben vom 3. Februar 1862 vergessen, in welchem sie Charlotte sehr eindringlich mitgeteilt hatte, „... *wir haben in Mexiko den Keim jener monarchischen Idee gefunden, den wir nur zu entwickeln und mit Gottes Hilfe zum guten Ende zu führen haben...*"

Wie weit liegt doch das Stimmungspendel in Eugénies Seele zwischen diesen beiden Briefen auseinander!

Das ist denn auch das Ende der Korrespondenz der beiden Kaiserinnen!

Das Ende der Jugendschwärmerei Engénies für Hidalgo hat damit äußerst ernste Konsequenzen nach sich gezogen, bitter ernste...

19

Im Kostüm Neros

> *‚Wir hassen alle Tyrannen, auch solche, die verkleidet auftreten!'*
> (Jules Favre, führender Oppositionspolitiker unter Napoleon III.)

Der französische Stabskapitän Edouard Pierron, Chef des Militärsekretariats in Mexiko-Stadt, ist von Marschall Bazaine in die engste Umgebung Maximilians eingeschleust worden.

Pierron, ein kluger Mann, empfindet für Maximilian aber sofort echte Sympathie.

„Majestät", rät er dem Kaiser, „so leid es mir tut, muß ich Ihnen doch ehrlich sagen, daß in Ihrer Situation kein Platz mehr für Milde ist. Sie müssen einfach streng werden, wenn Sie sich weiterhin behaupten wollen!"

„Das will ich wirklich, Monsieur Pierron. Aber ich will auch ein liberaler Fürst sein und empfinde eine große Vorliebe für die Demokratie, wie sie aus der griechischen Antike bereits überliefert ist. Ich bin der Überzeugung, daß eine aus monarchischen, bürgerlichen und demokratischen Elementen gemischte Verfassung die beste Regierungsform ist."

„Mon Dieu", ruft Pierron emphatisch aus, „die Französische Revolution hat uns eindringlich vorgeführt, was von der

Volksherrschaft eigentlich zu halten ist. Radikale und Sozialisten kämpfen dafür. Es geht dabei vor allem scheinbar um den Gleichheitsbegriff. Alle Menschen sind ja gleich, sagt man rührselig. Doch ich frage Sie: Gibt es denn eine echte Gleichheit? Ist der Schwache, der Faule gleichzusetzen mit dem Starken, dem Dynamischen? Vom Herrscher muß man einfach Energie fordern dürfen, wie vom Beherrschten das Befolgen der Gesetze."

„Ich will jedoch liberal sein, hören Sie? Leben und leben lassen, das ist meine Devise. Laßt doch die Unbemittelten steuerlich ungeschoren bleiben! Schreibt nicht gleich jedem einzelnen vor, was er denken und bei wem er denken lassen soll!"

„Alles schön und gut, Majestät! Wenn jedoch jemand mich bestiehlt, soll ich mich bestehlen lassen? Ist nicht der Herrscher dazu da, mein Leben und mein Eigentum zu schützen? Kann man das aber lediglich durch gutes Zureden und Wegschauen? Nein, Majestät, der Mensch ist ein widersprüchliches Wesen, halb Engel und halb wildes Tier, im besten Fall eine rätselhafte Sphinx, oben ein Kopf mit Verstand und unten mitunter eine Bestie."

„Und wo ist dann das Herz, Monsieur?"

„Majestät, das Herz... Kann man denn mit dem Herzen einen Räuber verjagen? Einen potentiellen Mörder etwa kann man nur in Schach halten mit einem Gewehr... oder?"

„Bin ich vielleicht Kaiser geworden, um auf Menschen schießen zu lassen?"

„Sind Sie etwa Kaiser geworden, um gerechte Notwehr zu unterbinden? Wenn Sie beispielsweise auf die Banden des Juárez nicht schießen lassen, werden diese alle friedlichen Bürger töten, die Ihnen die Treue halten."

„Rund heraus gesagt, Herr Kapitän, Sie sind kein Freund der Demokratie."

„Majestät, wenn man unter Demokratie die Handhabung jener Mittel versteht, die soziale Gerechtigkeit zu fördern, welche durch Industrialisierung und gewisse Auswüchse des Kapitalismus zerstört zu werden droht, dann bin ich für Mittelstandsideale, für Angleichung von Bildungschancen für fast alle, für Schutz der Informationsfreiheit..."

„Sehen Sie, das sind auch meine Ziele! Hier treffen sich unsere Anschauungen. Helfen Sie mir bei der Verwirklichung dieser Vorhaben!“

„Gerne, Majestät… Aber vorher müssen wir die Bestie Mensch, die fast in jedem von uns lauert, besiegen. Mit der Waffe in der Hand, mit Strenge und Unnachgiebigkeit. Erst wenn das geschehen ist, erst dann… Eine Prise Demokratie, mit Weisheit und Mäßigung garniert.“

„Was raten Sie mir also?“

„Vor Ihnen hätte in Mexiko ein Tyrann, ein Nero, ein Philipp II. herrschen sollen, der Ihnen ein Reich mit Kirchhofsruhe befriedet, hinterlassen hätte können. Dann dürften Sie Ihr Imperium mit Milde weiterregieren. Doch so?“

„Aber das Ziel einer Demokratie muß es doch geradezu sein, möglichst vielen Menschen möglichst viel Unabhängigkeit zu schaffen.“

„Majestät, geben Sie den Anhängern des Juárez Unabhängigkeit, so ist es bald um Ihre eigene Unabhängigkeit geschehen.“

„Aber der Herrscher, Herr Pierron, muß die Freiheiten und Rechte der Mitbürger achten.“

„Ja, insoferne diese auch Mitbürger sind und nicht nur Mitkomplizen von Banditen, wie diese Juaristen.“

„Die Macht der Demokratie ist im Glauben an deren Ideale begründet, die Ohnmacht jedoch im Zweifel daran.“

„Ach, Majestät, Sie mit Ihren Idealen! Damit können Sie sich nicht einmal Ihre persönliche Freiheit erkaufen, sondern höchstens einen vorzeitigen Tod.“

„Wollen Sie vielleicht eine bestechliche Minderheit über eine wehrlose Mehrheit herrschen lassen?“

„Und Sie glauben, mit Ihrer Demokratie ans Ziel zu kommen? Weit gefehlt! Sie werden im Chaos landen, das letztlich Ihr eigener Untergang wird.“

„Sie sind also ein Prediger der Gewalt, mein Herr! Sie wollen doch nicht einen Bürgerkrieg, um auf seinen Ruinen etwa später dann eine wenig glaubhafte Demokratie errichten zu können? Aber glauben Sie mir, aus den Revolutionen der Weltgeschichte ist noch niemals dauerhaft Ersprießliches danach erwachsen. Wer Blut vergießt, wird Gewalt ernten. Das ist wie ein Naturgesetz.“

„Und wer Nachgiebigkeit sät, wird Schwächung ernten, Majestät. Demokratien enden bisweilen durch zuviel Korruption, Monarchien aber durch Entschlußlosigkeit."

„Nun gut, Herr Kapitän, also wozu raten Sie mir?"

„Unterschreiben Sie noch heute das Dekret auf Ihrem Schreibtisch!"

„Wie? Dieses verhängnisvolle Todesdekret, das nicht nur alle Erschießungen durch die französischen Kriegsgerichte auf mexikanischem Boden im nachhinein legitimieren soll, sondern auch in Zukunft verfügt..."

„... daß jeder gegen Ihr Kaisertum kämpfende und mit der Waffe in der Hand ergriffene Mexikaner sofort von den Standgerichten zum Tode verurteilt und erschossen wird."

„Entsetzlich, Herr Pierron!"

„Unterschreiben Sie, Majestät, und zwar sofort! Es ist Ihre einzige, es ist wahrscheinlich Ihre letzte... Chance!"

„Oh... Gott, steh mir bei!"

Und nach langem, qualvollen Zögern... unterschreibt Maximilian.

Damit deckt der im Grunde seines Wesens sanfte, jeder Ungerechtigkeit und Grausamkeit abgeneigte Mann mit seiner Unterschrift eine Maßnahme, die unzähligen Menschen das Leben kosten wird, während jene, die ihn dazu getrieben haben, teils von Anfang an in Europa in Sicherheit waren, teils später rechtzeitig dorthin flüchten werden.

Marschall Bazaine, der Hauptanstifter dieses Bluterlasses, ergänzt die darin enthaltenen Maßnahmen durch einen zusätzlichen Offiziersbefehl Nr. 7729/3018 vom 11. Oktober 1865 mit folgendem Nachsatz:

„... Ich fordere Sie (seine Offiziere) daher auf, Ihre Mannschaft wissen zu lassen, *daß ich es nicht gestatte, daß fernerhin Gefangene gemacht werden. Jedes Individuum, wer immer es sei, das mit Waffen in der Hand aufgegriffen wird, ist zu erschießen. In Zukunft findet kein Austausch von Gefangenen mehr statt. Es ist nicht nötig, daß unsere Soldaten wissen, daß sie sich nicht ergeben dürfen. Es ist ein Krieg auf Leben und Tod, ein verzweifelter Kampf zwischen Barbarei und Zivilisation, der sich von heute an entspinnt. Von beiden Seiten muß man selbst töten oder sich töten lassen.*

Der Marschall, Commandant en chef,
gezeichnet: BAZAINE."

Paris, Tuilerien. Fasching 1866:

Wieder einmal veranstaltet Eugénie einen Maskenball, dessen Reinerlös den Hinterbliebenen der in Mexiko gefallenen Franzosen zugutekommen soll.

Auch diesmal rätselt man, welche Verkleidung Napoleon III. und Eugénie wählen werden.

Die Führer der Opposition, die Abgeordneten des Corps législatif sind heute auffallend stark vertreten.

Das Haupt der Opposition, der 57jährige Jules Favre, als Domino diesmal in feuerroten Samt gehüllt, mit einer ebensolchen Maske vor dem Gesicht, tritt an einen giftgrünen Domino heran.

„Mein Freund", spricht er ihn an, „wissen Sie vielleicht, welche Maskerade der Kaiser heute trägt?"

„Er sollte als Feuerwehrmann mit langem Spritzenschlauch auftreten, dieser alte Brandstifter!" erwidert der Mitgefährte in der Opposition, Ernest Picard. „Doch Pyromanen pflegen leider dergleichen nicht zu tun."

„Haben Sie seine Thronrede zur Eröffnung des Senats am 22. Januar gehört?"

„Interessiert mich überhaupt nicht, was dieser Mensch von sich gibt." Picard rümpft gewaltig seine groß gewachsene Nase.

„Er log tatsächlich wie immer. Behauptete, die in Mexiko durch den Willen des Volkes gegründete Regierung festige sich."

„Nein! Das wagte er, großspurig zu verkünden?"

„Mehr noch, mon ami! Die Juaristen seien zerstreut, hätten keine Führer mehr. Der Handel mit Frankreich sei von 21 auf 77 Millionen Francs gestiegen. Die Expedition sei damit glücklicherweise zu Ende. Er verständige sich zur Zeit mit Maximilian, um den Zeitpunkt zu bestimmen, zu dem er unsere Truppen heimberuft, damit deren Rückkehr ohne Schaden für die französischen Interessen vor sich gehe, die er zu schützen habe."

„Oh... diese dreisten Lügen", dazu Picard erbost, „sind höher als der mexikanische Popocatépetl!"

Ein dritter Domino in schwarz ist hinzugetreten und hat die letzten Worte mitbekommen. „Sie sprechen gewiß von der Thronrede dieses bombastischen Maulhelden?" fragt er.

„Sieh einmal an, Freund Glais-Bizoin!“ begrüßt ihn freudig Favre. „Ich bewunderte Sie ehrlich, wie Sie in der Kammer fünf Tage danach den Schwätzer geißelten! Sie nannten ihn übrigens nie den Kaiser, sondern geringschätzig nur... den Verfasser der Thronrede.“

„Was sagten Sie dort? Ich konnte und wollte nicht anwesend sein“, wirft Picard hastig ein und sieht Glais bedeutend an.

„Ich erinnerte die Abgeordneten daran“, Glais-Bizoin wirkt äußerst lässig, „daß der Bonapartismus nichts anderes ist als ein erniedrigender und entnervender Despotismus. Der sogenannte Thron in Mexiko ist doch nur auf 40.000 französischen Bajonetten errichtet.“

„Wie wahr!“ Favre fällt Glais ins Wort. „Das mexikanische Unternehmen gleicht dem Einfall Napoleons I. in Spanien. Jene Aktion wurde damals ebenfalls von einem Senat für denkwürdig erklärt. Daraus ist aber nur die eine Lehre zu ziehen, daß für ein Volk die größte Gefahr darin besteht, seine Geschichte in die Hand eines Einzelnen zu legen.“

„Mes amis“, dazu Glais, „ich versichere Ihnen, diese zu seinem eigenen Untergang führende mexikanische Eroberung bedeutet für unseren kaiserlichen Abenteurer...“

„Wir müssen ihn so bald wie möglich stürzen“, dazu der Heißsporn Léon Gambetta, „um danach eine Wirtschaft aufbauen zu können, in welcher der überwiegende Teil der Franzosen nicht mehr in erbärmlicher Armut leben muß, während die feudalen Bonzen mit aufreizendem Wohlstand protzen.“

„Richtig“, jetzt wieder Favre. „Was heißt denn übrigens das: Gebt dem Kaiser, was des Kaisers ist?... Und der Einzelne, frage ich? Soll er dabei für ewig auf der Strecke bleiben?“

„Wir müssen eben die Fäden der Geschichte selbst in die Hand nehmen.“ Gambettas Gesicht glüht vor Eifer. „Von unserem Geschick wird es anhängen, ob sich die Güter dieser Erde für uns letztlich zu Gold oder zu Staub verwandeln werden. Die Politik muß endlich, endlich das Leben eines jeden von uns für heilig halten und nicht nur das Leben eines kaiserlichen Blutsaugers...“ Der 28jährige Gambetta ist richtig in Fahrt gekommen.

„Ach, Sie werden sehen“, jetzt Picard, „er... Napoleon III., der große Oberpriester des kaiserlichen Meineids, wird später, wenn der Untergang Maximilians offenbar wird, alle Schuld dafür diesem in die Schuhe schieben. Ich kenne ihn, oh... ich kenne ihn zur Genüge!"

„Das wird er tatsächlich!" stimmt Favre zu.

„Still, seine Oberpriesterin kommt näher!" macht Glais die drei Begleiter aufmerksam. „Im Kostüm einer römischen Sklavin! Raffiniert! Damit will sie uns vormachen, daß sie keine andere Rolle bei Hofe habe als jene einer einflußlosen Zuschauerin. Ich denke, meine Freunde, wir verschwinden am besten."

Eugénie, nur auf den ersten Blick einfach gekleidet, ist tatsächlich in kostbaren, silberfarbenen Brokat gehüllt, mit blauschwarzer Perücke und ebensolcher Gesichtsmaske. In ihr Haar ist ein breites Silberband eingeflochten, dessen nußgroßer, blauer Saphir, von vielen mehrkarätigen Brillanten umsäumt, auf Eugénies Stirn liegt.

An ihrer Seite schreitet ein mittelgroßer Herr, in eine graue Toga gehüllt, einen Wanderstab in der Hand.

„Sie sind die Maske", spricht Eugénie zu ihm, „wie sie mir Don José schriftlich angekündigt hat. Ihnen also übergebe ich hiermit die von jenem Herrn erbetenen Bestätigungen!"

„Tausend Dank, Madame!" Eugénie zuckt zusammen, erkennt sie doch an dieser Stimme untrüglich Hidalgo selbst, der beim Kaiserpaar in Ungnade gefallen ist und daher keine Einladung zu diesem Fest erhalten hat. Doch der einstige Charmeur aus Eugénies frühen Mädchenjahren hatte sie schriftlich um Bestätigungen vom französischen Außenminister, Finanzminister und dem französischen Kaiserpaar selbst gebeten, daß er, Hidalgo, stets zur Zufriedenheit dieser Persönlichkeiten tätig gewesen sei. Aus einer letzten Regung des Mitleids für den einstmals angeschmachteten Günstling ihrer Mutter hat ihm Eugénie nun diese Empfehlungen verschafft.

„Wozu, Monsieur", fragt sie jetzt den Mann, „braucht eigentlich Don José diese Papiere?"

„Er wird sie", wieder diese Eugénie längst bekannte Stimme, „dem mexikanischen Kaiserpaar in Abschrift übermitteln, damit man sieht, daß er tüchtig war... überaus tüchtig!"

„Wird es jedoch die Majestäten in Mexiko beeindrucken, daß Don José redlich die Interessen *Frankreichs* vertrat? Er war schließlich nicht der Abgesandte Frankreichs, sondern Kaiser Maximilians."

„Das spielt nunmehr überhaupt keine Rolle!"

„Monsieur, Sie haben jetzt, was Don José scheinbar unbedingt benötigt."

„Die Weltöffentlichkeit", stößt der Maskierte leidenschaftlich hervor, „soll erfahren, wie ungerecht man Don José behandelt hat. Schließlich... wäre er nicht gewesen, gäbe es heute keinen Kaiser Maximilian. Das müßte einmal gesagt werden, einfach hinausgeschrien werden in die ganze Welt. Alle Ohren sollten es hören... alle Ohren!"

„Ich weiß zwar nicht, wer Sie sind, Monsieur", verstellt sich Eugénie. Da sie jedoch bemerkt, daß er die Maske lüften will, wehrt sie rasch ab. „Es ist noch nicht Mitternacht, noch dürfen die Masken nicht fallen. Ich verlasse Sie jetzt, mein Herr."

„Wollen Sie, Madame, wirklich nicht erfahren, wer vor Ihnen steht? Erkennen Sie mich nicht an meiner Stimme?"

„Das Saalorchester spielt soeben etwas lauter. Ich will überhaupt nicht wissen, wen Don José zu mir gesandt hat. Ich weiß nun, daß Diplomaten Meister im Verschleiern und Verdrängen sind."

„Aber Madame, das ist vielleicht ein sehr langer Abschied, den wir heute voneinander nehmen. Und Sie sind nicht neugierig zu erfahren, welches Herz hinter dieser Maskerade schlägt?"

„Ich nehme an, das Herz eines Diplomaten, der ständig Masken trug, auch wenn nicht gerade Maskenball war."

„Erkennen Sie mich denn nicht? Ich bin doch selbst..."

„Ob Madame Weller bei diesem Don José bleiben wird?"

„Oh... Majestät, meine angebetete Kaiserin, meine Eugénie aus fernen Sommertagen im Madrider Palacio an der Plaza del Angel... Helfen Sie mir, ich bin total pleite... mein Palais in Paris mußte ich veräußern... Schlechte Frauen haben mich um mein Vermögen gebracht... Der Kampf um die Errichtung des Kaisertums in Mexiko hat mich meine Gesundheit gekostet... Ich... ich brauche... Geld..."

„Au revoir, Monsieur!" Eugénie hastet fort. Hinter ihr, im Schlepptau, ihr Sicherheitsoffizier Conte Plindera.

Die vier Männer der Opposition haben von weitem diese Szene beobachtet.

„Wer wohl der Mann in der grauen Toga gewesen sein mag?“ fragt Favre.

„Wahrscheinlich Hidalgo.“ Picards große Nase baumelt beeindruckend wie ein Glockenschwengel.

„Sie ist vor ihm regelrecht... geflüchtet.“ Glais hebt wie warnend den Zeigefinger seiner rechten Hand. „Was das wohl zu bedeuten haben mag?“

„Seine Zeit ist eben abgelaufen.“ Favre spricht diesen Satz sehr abgehackt. „Politikerschicksal, meine Herren! Man kommt und man geht... ganz ohne Glockengeläute und Orgelgebraus!“

„Für Hidalgo sehr zutreffend... und unerhört wohlverdient! Diese miese Fratze...“

„Still! Da kommt er... als... Nero kostümiert!“ Favre hält vor Staunen unwillkürlich den Atem an. „Mit der Laute in der Hand...“

„An seiner Seite...“ Gambetta holt tief Luft, „der neue mexikanische Gesandte, der Nachfolger Hidalgos, General Jean Almonte.“

„Sehen Sie, mon Général“, nun der Kaiser zu Almonte, „wie die vier Dominos dort drüben vor Staunen fast starr geworden sind, mich in der Maske Neros zu sehen! Ich will damit meiner Opposition den Wind aus den Segeln nehmen.“

„Wie das, Majestät?“

„Diese Herren beschimpfen mich hinter vorgehaltener Hand: Wie Nero einst Rom in Brand gesteckt hat, so mache ich es nun mit Mexiko. Napoleon III., der große Brandstifter, so hetzen jene Leute gegen mich.“

„Unglaublich, Sire, unglaublich!“

„Nicht wahr, mon ami? Mit gleicher Logik könnte man behaupten, Hidalgo und Guiterrez wären es gewesen, die die Brandfackel nach Mexiko geschleudert hätten.“

„Nonsens. Was für einen Sinn hätte es denn, die Kuh zu verbrennen, die man melken will?“

„Wie bitte?“ Napoleon III. preßt die Leier Neros fest an sich.

„Pardon, ich meinte...“ Almonte ist plötzlich eine große Verlegenheit anzumerken.

„Ich nehme an, Monsieur, Sie sehen die Dinge, wie sie wirklich sind. Natürlich fange ich langsam an zu bereuen, daß ich mich mit Ihrem Kaiser Maximilian eingelassen und auf ihn gebaut habe. Ich kann nicht umhin, leider... ihn nahezu einer gewissen Unfähigkeit zu zeihen. Mon Dieu! Sollen wir denn tatsächlich unsere Truppen noch ein ganzes Jahr in Mexiko belassen, wie man jetzt wieder wünscht, und Ihrem störrischen Kaiser weiterhin als Stütze seiner offensichtlich aussichtslosen Herrschaft dienen?"

„In Mexiko wird es bald wieder aufwärts gehen, Majestät."

„Hören Sie: Ich hatte schon einmal mit einem Land große Schwierigkeiten, und das war Italien. Damals wünschte ich, die ganze Halbinsel läge versunken im Meer."

„Und heute wünschen Sie dasselbe mit Mexiko. Ist es nicht so?"

„Wir müssen den Zinsfluß der französischen Rente herabsetzen und damit den Altersfrieden vieler kleiner Leute stören. Die Folge davon sind ewige Einsprüche in der Kammer, deren Redefreiheit mir bereits schwer im Magen liegt. Nein, erwidern Sie nichts, Monsieur Almonte! Ach, hätte ich schon diese ganze mexikanische Angelegenheit endlich vom Hals!"

„Manche meinen, die alten Gottheiten Mexikos belauern den Nachkommen Karls V. unaufhörlich, der jetzt ihr Land beherrscht."

„Monsieur, dieser verfluchte Feldzug hat unsere Staatskassen geleert und meine Armee ruiniert. Ihr Kaiser Maximilian sollte nun schlicht und einfach..."

„Was, Majestät?"

„Abdanken, mein Herr, abdanken!"

„Wir werden kämpfen", ruft der General begeistert aus. „Wir werden kämpfen bis zum Endsieg über die Juaristen."

„Womit?" fragt Napoleon III. kalt. „Der Aufbau einer mexikanischen Armee als Rückhalt des Kaiserreiches... er geht mit untauglichen Mitteln und allzu schleppend vor sich."

„Weil... Ihr Marschall Bazaine diesen Aufbau hintertreibt!"

„Das ist eine Unterstellung, General, eine merkwürdige Unterstellung!"

„Ganz und gar nicht, Sire. Die französische Politik wünscht Mexiko in zwei Punkten schwach zu halten, und zwar in den für einen Staat lebenswichtigsten, nämlich... militärisch und finanziell."

„Eine fragwürdige Sprache führen Sie, General. Desgleichen war ich von Ihrem Vorgänger Hidalgo nicht gewöhnt."

„Marschall Bazaine tanzt in Mexiko nicht nur fleißig die Habanera, er tanzt vielmehr nach dem Willen seiner 17jährigen mexikanischen Frau, deren Vater ein erbitterter Gegner Kaiser Maximilians ist."

„Das gehört nicht hierher, General... nicht hierher! Unser Marschall ist diesbezüglich über jeden Zweifel erhaben."

„... Selbst seine eigenen Offiziere nennen ihn nur ‚le palefrenier manqué' (den verhinderten Stallknecht). Während nämlich der Marschall genüßlich seine Flitterwochen verbringt, räumen seine Offiziere kampflos Städte und Provinzen, die von den Juaristen natürlich sofort besetzt werden."

„Mein Herr, Sie sehen die politische Lage sehr... einseitig."

„Der Vertraute und einstige Erzieher Ihrer Gemahlin, Prosper Mérimée, scheint sehr gut informiert zu sein."

„Wie meinen Sie das?"

„Weil er unlängst vor Zeugen sagte: Bazaine will selbst Kaiser von Mexiko werden, und es gibt Leute, die das für durchaus möglich halten."

„Sie... Sie sind mehr General als Gesandter. Ihr Kaiser hätte uns einen Diplomaten schicken sollen."

„Majestät, wollen Sie noch mehr wissen? Ihr Marschall hielt unlängst vor hohen Beamten in der Hauptstadt Mexikos eine Rede..."

„Was soll das, General?"

„Ich überreiche Ihnen hiermit eine Abschrift derselben. Er sagte unter anderem: Frankreich will Mexiko nicht zwingen, das kaiserliche Regime beizubehalten. Napoleon III. wollte nur euer Glück, als er Maximilian auf den Thron Mexikos setzte. Er hat sich jetzt überzeugt, daß er sich in jenem getäuscht hat. Wollt ihr wieder die Republik? Bezeichnet mir eine Persönlichkeit als Präsidenten... Ihr braucht nur ein Wort zu sagen, und ich werde euch mit meinem ganzen Einfluß unterstützen. Frankreich wird eurem Wunsch gerecht werden."

„Eine solche Rede kann Bazaine nie und nimmer gehalten haben."

„Neulich... machte der Marschall eine Reise nach San Luis Potosi, um dort..."

„... seine Offiziere zu inspizieren“, wirft Napoleon III. rasch ein.

„Nein! Sondern... um die höchst ertragreiche Hazienda von Bocas aufzusuchen, die einer Tante seiner 17jährigen Frau gehört, die jene ihm eines Tages vererben will. Die Liberalen verlangten vorher von dieser Tante eine Kontribution von sage und schreibe 10.000 Piasten, andernfalls sie die Hazienda niederbrennen würden. Doch nach dem Besuch des Marschalls... verzichteten die Liberalen auf diese Geldforderung.“

„Ammenmärchen, mon Général...“

„Ein uns bekannter Oberst informierte Kaiser Maximilian, daß Ihr Marschall Bazaine dem feindlichen General Porfirio Diaz anbot, ihm die Stadt Mexiko nach dem Abzug der Franzosen kampflos zu übergeben.“

„Nein! Das höre ich mir nicht länger an, mein Herr!“

„Aber Diaz lehnte ab, indem er sagte: Ich werde wohl für diesen Fall imstande sein, diese Stadt selbst einzunehmen.“

„Hirngespinste, Almonte, reine Hirngespinste!“

„Wir haben in Erfahrung gebracht, daß Diaz von den Bankiers der Hauptstadt die nötigen Gelder bereits erhalten hat, um seinen Truppen einen Sold für zwei Monate auszuzahlen.“

„Sehr aufschlußreich, mein Herr“, erwidert Napoleon III. ironisch.

„Der Ordonnanzoffizier Bazaines, Graf Kératry, verteidigt bereits jetzt den Marschall, indem er den juaristischen Generalen die Mitteilung zuspielen ließ, daß jenes Todesdekret vom 3. Oktober 1865 nicht auf Veranlassung des Marschalls erlassen wurde, sondern auf alleiniges Betreiben des... Kaisers Maximilian!“

„Almonte, Sie sollten ein Fabelbuch herausgeben!“

„Majestät, wollen Sie noch Weiteres hören? Man sucht von französischer Seite bereits einen neuen Präsidenten für Mexiko, der die berüchtigte seinerzeitige Anleihe bezahlen soll, da bekanntlich Benito Juárez sich geweigert hat, dies zu tun. Ihre Diplomatie, Sire, ließ ja durch Vermittlung der Vereinigten Staaten von Amerika mysteriöse Verhandlungen in dieser Angelegenheit mit den Führern der mexikanischen Liberalen anknüpfen.“

„Da wissen Sie aber mehr als ich!“ Napoleon III. wackelt ärgerlich mit seinem breiten Schnurrbart.

„Da der Schwiegervater Ihres Marschalls zu den Führern dieser Liberalen gehört, ist es natürlich mehr als einleuchtend..."

Der Kaiser der Franzosen schnappt nach Luft, Eugénie tritt unversehens heran.

„Madame", ruft ihr Napoleon III. beschwörend entgegen, „befreien Sie mich bitte von diesem General! Kaiser Maximilian hat uns da wohl einen seltsamen Botschafter... weniger geschickt als gesandt!"

„General Almonte!" Eugénie setzt ein charmantes Lächeln auf. „Nehmen Sie bitte Rücksicht auf den hohen Blutdruck des Kaisers der Franzosen!"

„Natürlich!" keucht Napoleon III. höchst erregt. „Schon beleidigt man Frankreichs Herrscher. Mit der gleichen Dankbarkeit bezahlten uns seinerzeit die Italiener, nachdem wir ihnen erfolgreich geholfen hatten... Oh... Lumpenpack, gemeines Lumpenpack!" Schaum tritt auf seine Lippen. Seine Gestalt beginnt zu schwanken.

„Mein Gemahl!" Eugénie beugt sich besorgt über ihn, der unter der Maske bleich geworden ist. Seiner Hand entgleitet die Leier, die klirrend zu Boden fällt.

„Aufhören!" schreit der Sicherheitsoffizier dem Saalorchester zu, das eben die A-Dur-Polonaise von Frédéric Chopin, die sogenannte Militär-Polonaise anstimmt, zu der in einem einmaligen Schauspiel die geputzten Damen und die kostümierten Herren begeistert zu tanzen beginnen.

„Aufhören!" schreit abermals Conte Plindera. „Der Kaiser ist unpäßlich geworden! Unpäßlich!" wiederholt er aufgebracht mit durchdringender Stimme.

Der Tanz wird unverzüglich abgebrochen.

„Was mag der General ihm wohl ins Gesicht geschleudert haben?" flüstert der Führer der Opposition, Jules Favre, und packt Gambetta heftig am Saum seines Kostüms.

„Ja, die Wahrheit ist eine seltsame Medizin", flüstert Glais seinen drei Kollegen zu. „Sie kann manchmal gesund machen, aber viel öfter sehr... krank..."

20

Ein Hochzeitskleid

‚Ich lebe in meiner Familie unter den besten, liebevollsten Menschen fremder als ein Fremder.‘
(Franz Kafka,
Brief an Felices Vater)

In einem kleinen Bistro von Paris, Ecke Rue Championnet und Rue Caulaincourt, sitzen an einem wackeligen Tischchen Carmencita und Rodolfo.

„Ich ging gestern über den Boulevard Montparnasse. Da sah ich…“

„Was sahst du?“ fragt sie neugierig.

„In einer großen Geschäftsauslage des Salons de mariage…“

„Was? So sprich schon!“

„Ein Hochzeitskleid, sage ich dir, ein Gedicht…!“

„Na und…?“

„Ein Traum von weißer Spitze und Tüll! Nach hinten gerafft, wie die Pariser Damen auf dem Korso…“

„Mit einer Turnüre, meinst du wohl?“

„Dazu eine weit ausladende Schleppe, so richtig wie für eine Prinzessin, eben für die Prinzessin meines Herzens…“

„Rodolfo, hast du heute wieder deinen romantischen Tag?“ Sie lacht neckisch und schaut zerstreut umher.

„Was gibt es da zu lachen? Du nimmst mich nicht ernst.“ Eine steile Falte erscheint zwischen seinen Augenbrauen.

„Eine rote Rose im Frühling und eine solche im Spätherbst. Dazwischen Tage singender Sehnsüchte und Nächte dunklen Begehrens…“

Er packt sie fest am Arm. „Willst du mir endlich zuhören?“

„Oh… ich höre dir ja zu. Sieh, mit diesen meinen beiden Ohren!“

„Jetzt, wo dein Bruder aus der Politik ausgeschieden ist, wo er eine Lebensgefährtin hat und dich nicht mehr… braucht…“

„Wer sagt dir denn, daß er mich nicht mehr benötigt?"

„Ich denke... nun mußt du nicht mehr Hausfrau an seiner Seite spielen."

„Du denkst, du denkst...", äfft sie spöttisch nach. „Seine Lebensgefährtin, wie du sie nennst, diese Madame Weller... Sie ist keine gute Frau. Er läuft in sein Unglück, und ich muß ihn davor bewahren, bevor er endgültig ruiniert wird..."

„Immer er... dein Bruder... als ob es sonst niemanden auf der Welt gäbe... Und ich? Zähle ich gar nicht, Carmencita?"

„Er braucht mich... er ist so labil... so hilflos... ein schwaches Kind..."

„Ein schönes Kind mit achtundvierzig Jahren!" ätzt er.

„Spotte nur! Ja, er braucht mich noch immer. Du bist stark. Dich lieben alle Frauen. Du brauchst mich nicht."

„War ich nicht immer für dich da, so wie du für deinen Bruder? Denke einmal weder an deinen Bruder, noch an die unselige Politik! Denke einmal an dich, denke einmal an mich!"

„Wenn er irgendwann einmal eine gute Frau findet, nicht so eine, die sich durch alle einflußreichen Männer nach oben liebt... Dann werde ich dich heiraten."

„Dann erst... dann!" stößt er leidenschaftlich hervor, daß die Gäste an den Nebentischen neugierig hergaffen, „dann sind wir beide... alte Leute, falls wir es überhaupt erleben sollten!"

„Kismet! Es ist alles Schicksal... alles Schicksal! Wir entrinnen ihm nicht."

„Erwache endlich, Carmencita! Du träumst einen zu langen, aussichtslosen Traum."

„Und du? Du läufst ewig hinter dieser Eugénie her, ein Ritter ohne Rüstung und Schwert. Kann es der Sinn deines Lebens sein, ständig nichts als der Schatten einer Frau zu sein, die meinen Bruder fallen ließ wie eine heiße Marone, die Mexiko fallen läßt und die eines Tages auch dich wird fallen lassen, falls nicht bereits vorher Frankreich sie selbst..."

„Natürlich, schon wieder die Politik! In deinem Herzen ist für nichts anderes Platz. Ich bin für dich nur ein Sandkorn, nur... nur..."

„No me hagas rabiar siempre!" (Reg mich nicht immer auf!)

„Manchmal geht einem eben leicht die Zunge durch."

„Gut, vertragen wir uns wieder! Doch erzähle mir nichts mehr vom Salon de mariage, nichts mehr von Hochzeitskleidern und so..."

„Du willst also nichts dergleichen von mir hören?"

„Doch, zum Beispiel... Welches Mädchen du gestern geküßt hast?"

„Carmencita, warum quälst du mich so? Ach, warum muß ich nur dich lieben?"

„Weil... weil du gewohnt bist, bei Mädchen stets zu siegen. Bei mir ist das anders. Das reizt dich immerzu, auch bei mir endlich ans Ziel zu kommen."

„Kam ich nicht ans Ziel... damals, in Miramar?"

„Das war kein endgültiger Sieg. Das war... nur ein Zwischenspiel."

„Ein Zwischenspiel?" ruft er aus und schlägt wütend mit der Hand auf das wackelige Tischchen. Die Gläser darauf zittern bedrohlich.

„Was ereiferst du dich so? A las niñas les gusta mucho jugar con muñecas." (Mädchen spielen gern mit Puppen.)

„Ich sollte dich hassen, das wäre besser für mich."

„Tu es doch! Tu es!" Beißender Spott liegt auf ihren Gesichtszügen.

„Damals, an jenem unseligen Juli-Tag, an dem ich dich das erste Mal sehen mußte... in Biarritz, vor nunmehr neun Jahren... und dann, einen Tag darauf, als ich dir verhalf, der Kaiserin zu begegnen, aber dein Bruder, im Komplott mit dir..."

„Ja, du warst Wachs in unseren Händen."

„Carmencita, warum haßt du mich?"

„Um meine unerfahrenen Geschlechtsgenossinnen zu rächen, die vor mir von dir verführt wurden."

„Unsinn! Ich warf lediglich einen Funken Liebe in ihr Herz. Das war alles."

„Eben. Für dich war die Liebe nicht mehr als das. Für mich aber ist die Liebe mehr, ist Himmel und Hölle. Ich sagte es dir bereits öfters. Du jedoch willst nur den Himmel gelten lassen... Du Narr, glaubst du denn, ohne Hölle gäbe es einen Himmel?"

„Hattest du mir nicht mehrmals versichert, daß du mich liebst?"

„Unsere Zeit ist nicht geschaffen für eine ewige Liebe. Diesen Luxus gibt es nicht mehr. Heute gibt es nur noch Liebesbeteuerungen für einige schwache Stunden, nur noch Liebesschwüre für heiße Nächte an Meeresstränden. Doch der Sommer geht vorbei, und so geht auch jede Liebe vorbei... voilà... vorbei..."

„Du... du... dir zuliebe ließ ich mich überreden, zu Maximilian zu reisen... dieses Unschuldslamm zu überreden, nach Mexiko zu gehn..."

„Solch ein Unschuldslamm, wie du meinst, ist er auch wieder nicht. Sein Ehrgeiz trieb ihn dazu, die Versuchung, es seinem Ahnherrn Karl V. gleich zu tun und auch ein Reich zu gründen, in dem die Sonne nicht untergeht..."

„Ach, der arme Maximilian!"

„Doch ein Reich, in dem die Sonne nicht untergeht, gibt es ebensowenig wie eine Liebe, die nicht vergeht."

„Wenn du nicht an die Liebe glaubst, so machen wir doch endgültig Schluß miteinander! Nehmen wir Abschied für immer! Dann ist es endlich zu Ende mit diesem ewigen Auf und Ab deiner Gefühle!"

„Gut, machen wir beide Schluß! So... wie bald Schluß sein wird mit Maximilian. Das wird die Strafe dafür sein, daß er meinen Bruder von seinem Gesandtenposten abberufen hat."

„Du siehst alles nur mit der Brille deines Bruders."

„Maximilian will weitermachen, auch nachdem die Franzosen abgezogen sind. Wenn du wirklich etwas für ihn tun willst, so fahr zu ihm und überrede ihn, abzudanken und mit den Franzosen nach Europa zurückzukehren... falls ihm sein Leben lieb ist."

„Ich will es versuchen. Damit erfülle ich einen doppelten Zweck. Ich kann vielleicht gut machen, was ich euch zuliebe an ihm verbrochen habe... und zweitens, ich komme endlich los von dir."

„Wenn du dich nur nicht täuschst! Von mir loskommen? Wir Hidalgos haben mütterlicherseits indianisches Blut in uns. Wir sind nicht nur Gachupines, also Spanier, sondern auch Mestizen und Schamanen. So wie Christus, der Gottessohn, zugleich Prophet, Therapeut und Poet war, so sind wir Hidalgos Politiker, Hellseher und Sänger in einem. Wir sind verurteilt zu singen. Wir singen aus Lust, aus Verzweiflung, aus Angst und Wut. Wir sagen zu unserem Popocatépetl Großvater und schicken unsere Worte zu ihm. Aber wir leiden alle an der gleichen Krankheit, nämlich an der... Einsamkeit!"

„Wieso? Dein Bruder ist doch dein Ein und Alles. Umsorge und pflege ihn weiter wie die Glucke ihre Küken! Eines Tages wirst du es bereuen... alles wirst du bereuen..."

„Vielleicht... Wahrscheinlich bin ich für eine Ehe nicht geschaffen. Alles, was einem gelingt, erzeugt nämlich Neid. Unser Glück erzeugt Neid. Daher muß ich singen. Wir fangen den Tag mit Gesang an und beenden ihn so. Wir singen auch im Sterben. Wenn die Liebe stirbt, so singen wir. Soll ich ein Lied singen, jetzt, hier, in diesem Bistro, vor allen Leuten?"

„Laß das! Jetzt gehen wir das zweite Mal auseinander. Diesmal aber kehre ich nicht mehr zu dir zurück."

„Das Leben ist ein tanzender Kreisel. Er neigt sich hin zu dir und dann fort von dir, und dann wieder hin zu dir..."

„Nein! Diese Berg- und Talbahn deiner Gefühle halte ich nervlich nicht mehr durch. Ich gehe... für immer. Leb wohl!"

Er springt auf und wirft auf das wackelige Tischchen für den Kellner Geld hin.

„Wer weiß?" erwidert sie scheinbar kühl. „Vielleicht sehen wir uns doch wieder, falls ich eines Tages bereuen sollte... und zu dir nach Mexiko komme... peut-être... vielleicht..."

Da stürzt der blonde Hüne so hastig aus dem kleine Bistro, daß er mit dem Kopf an die niedrige Eingangstür anstößt.

Mittlerweile ist es Nacht über Paris geworden. Tiefe Nacht, von den Straßenlampen nur spärlich beleuchtet.

Rodolfo aber taucht ein in die herzlose Einsamkeit der Riesenstadt Paris, die ihn wie ein Polyp mit tausend Fangarmen umschlingt.

21

Eine weite Reise

‚Wenn ich einen Sohn hätte, würde ich versuchen, ihn zum König von Mexiko zu machen.‘
(Der Herzog von Brabant, späterer König Leopold II. der Belgier, an seine Schwester Charlotte, nachmalige Kaiserin von Mexiko.)

Nun überstürzen sich die Ereignisse.

Am 25. April 1866 erklärt der nordamerikanische Außenminister William Seward, daß jede Intervention einer europäischen Macht in die inneren Angelegenheiten Mexikos von der Union als Kriegsgrund betrachtet werden würde.

Der nordamerikanische Gesandte in Wien, Motley, erhält den Auftrag, der österreichischen Regierung mitzuteilen, daß sich die Union mit jener im Kriegszustand befindlich betrachte, falls Österreich weiterhin ein Freiwilligenkorps nach Mexiko entsende.

Das bereitet der österreichischen Regierung einen schweren Schock, da sie sich selbst kurz vor dem Bruch mit Preußen befindet, das nicht länger die Vormachtstellung Österreichs im Deutschen Bund dulden will.

Am 7. Juni 1866 beginnt Preußens Krieg gegen Österreich. Italien nützt die Schwächung der Besatzungsmacht im Norden aus, um Österreich am 20. Juni gleichfalls den Krieg zu erklären. Die österreichische Armee von 75.000 Mann steht nun zwei Heeren von 130.000 beziehungsweise 90.000 Mann gegenüber.

Mit der Schlacht bei Königgrätz am 3. Juli 1866 ist dieser plötzlich ausgebrochene Krieg gegen Preußen und Italien zuungunsten Österreichs unheimlich rasch entschieden.

Damit ist Österreich aus Deutschland und Italien endgültig hinausgedrängt worden. Die Zerreißung des einst so mächtigen Kaiserstaates in zwei ab jetzt gesonderte Staatshälften, nämlich Österreich und Ungarn, ist der erste, noch kaum merkbare Schritt zu seinem späteren Verfall.

Österreich muß an das nun erstarkte Preußen eine Kriegsentschädigung von 20 Millionen Talern zahlen. An Italien muß es Venetien abtreten.

Das alles hat zur Folge, daß Österreich Mexiko wegen der ansonsten drohenden Kriegsgefahr durch Nordamerika fallen läßt, und damit Franz Joseph seinen Bruder Maximilian.

Das beeinflußt natürlich umgehend auch Napoleons III. Haltung gegenüber Maximilian, der nun der Stütze seines kaiserlichen Bruders in Wien beraubt ist. Sofort verlangt der Franzosenkaiser von Maximilian, er solle eine Vereinbarung unterzeichnen, die den seinerzeitigen Vertrag von Miramar *ersetzt* durch einen neuen, der die Abtretung der Hälfte der Einkünfte *aller Zollstätten* verlangt, die jedoch jetzt schon zu einem Viertel für Rückzahlungen der englischen Anleihe belastet sind. Andernfalls müßten die französischen Truppen augenblicklich zurückgezogen werden, droht Napoleon III.

Frankreich gibt also die ‚mauvaise affaire' (das schlechte Geschäft) auf und will noch möglichst viel Geld aus dem ‚débâcle' (dem Zusammenbruch) retten.

Damit nimmt *man*, das ist das Frankreich Napoleons III., auf Maximilian keinerlei Rücksicht mehr. Wozu auch?

Der ganze Norden Mexikos ist bereits in Aufruhr, Juárez wird immer mehr von den Vereinigten Staaten militärisch im Geheimen und finanziell offen unterstützt.

Die Stadt Matamoros ist bereits in den Händen der Juaristen. Die Provinzen von Monterey, der Sonora und von Sinaloa sind auch schon von den Franzosen aufgegeben. In Michoacán erhebt sich die Bevölkerung erfolgreich gegen Maximilian. Toluca ist knapp vor dem Fall. Tamaulipas wird bereits von Banden überschwemmt. Der mexikanische Kriegsminister muß Maximilian melden, daß er die völlige Einstellung der Soldzahlung für die einheimischen Soldaten befürchtet.

Der Unterstaatssekretär für das mexikanische Marinewesen, der von den Franzosen eingesetzte Léonce Détroyat, ein aufrichtiger Freund Maximilians, schreibt diesem am 7. Juli 1866 folgenden Brief:

„... Das Los des Kaiserreiches steht auf dem Spiel. Die seit einiger Zeit zweifelhafte Politik Napoleons ist nun klar vor aller Augen. Der Sturz Eurer Majestät wird die Folge davon sein. Man darf nicht mehr an die... Freundschaft eines kaiserlichen Souveräns glauben; es gibt niemanden mehr, der nicht von Europa ein Schreiben bekommen hätte mit den Worten: ‚Der Kaiser wird fallen!' – ... Euer Majestät könnten zwar auf Kampf und Widerstand Hoffnungen setzen, aber ich glaube, daß sie unnütz, ja mehr als das, daß sie gefährlich sind... Ich rate daher, daß Sie sich in einer Proklamation an die Mexikaner wenden, daß Sie diesen sagen: Ich bin gekommen, um euch aus der Anarchie zu retten. Ich hatte eine schwere Aufgabe übernommen. Ich hatte blind auf die Versprechungen eines Souveräns gebaut, der geschworen hat, mich zu unterstützen und mich niemals im Stich zu lassen. Nun aber ist alles anders geworden. Nur unzulänglich unterstützt, konnte ich mein Werk nicht so vollbringen, wie ich es geplant hatte. Darum weiche ich vor der grausamen Notwendigkeit und ziehe mich in meine Heimat zurück..."

Dieser Brief macht auf Maximilian einen tiefen Eindruck. Schon ist er zur Abdankung entschlossen, da schreitet... Charlotte energisch ein.

Diese äußerlich empfindsame, sensible Frau hat in ihrem Innersten von ihrem Vater, König Leopold, viel Ehrgeiz und Machthunger geerbt. Und zwar von einem Vater, der sich vom unbedeutenden Abkömmling eines winzigen deutschen Duodezfürstentums bis zum ersten König der Belgier aufgeschwungen hatte!

Sollte jetzt Charlotte, seine einzige Tochter, mit ihrem Gatten wieder nach Österreich zurückkehren und sich dem Spott der Habsburger Verwandten ausliefern, dem Groll ihrer Schwiegermutter Sophie, die sie wegen ihrer Kinderlosigkeit ignoriert, der Schadenfreude des Kaisers, der auf seinen Bruder Maximilian schon immer eifersüchtig war und von dem sie nun, nach der seinerzeitigen Verzichtserklärung Maximilians, auf Gedeih und Verderb völlig in demütigende Abhängigkeit geraten würden?

Nein und abermals nein!

Die dynamische und in sich gefestigte Charlotte dringt in ihren meistens schwankenden Gatten, der sich ja stets von allen Seiten Rat holt und dann dasjenige tut, was ihm besonders zusagt… sie bedrängt ihn also, nur nicht aufzugeben!

„Du mußt dich ermannen, du mußt ausharren!“ ruft sie ihm flammend entgegen.

„Aber, liebste Charlotte, wie könnte ich das noch unter diesen Umständen? Der Brief von Détroyat hat mir endgültig die Augen geöffnet.“

„Ach was, Détroyat! Der Mann neigt wahrscheinlich zu Depressionen… ist gewiß ein großer Pessimist. Aber du bist jung… 34 Jahre jung… In diesem Alter hat man noch kein Recht, ein notorischer Schwarzseher zu sein.“

„Ich sehe klar, mein Herz, völlig klar.“

„Nein, nein und abermals nein! Sei kein Hasenfuß! Deine Ehre muß dir besonders heilig sein.“

„Ehre… Ehre… Napoleon III. hat alle seine Versprechungen gebrochen. Der Papst will kein Konkordat mit mir abschließen, und ohne dieses habe ich die mächtige Geistlichkeit des Reiches gegen mich sowie alle diese Konservativen und Klerikalen. Ich kann daher hier nicht mehr weitermachen… ich kann nicht mehr… ich will nicht mehr!“

„Ich selbst… ich selbst, mein Lieber, schrecke auch vor dem schwersten Opfer nicht zurück, um dir deine Krone zu erhalten.“

„Was meinst du damit, Charlotte?“

„Ich selbst will sofort nach Europa aufbrechen… ich will bei Napoleon und dem Papst persönlich vorsprechen…“

„Ohne deren ausdrückliche Einladung? Wie stellst du dir das vor? Eine Kaiserin kann doch nicht so ohne weiteres in Paris und in Rom um eine Audienz ersuchen?“

„Warum siehst du das so tragisch? Was ist dabei? Eine junge Frau erscheint ganz einfach vor den Machthabern der Welt, um bei ihnen eine weitere Unterstützung für unsere gerechte Sache in Mexiko durchzusetzen!“

„Du siehst diese Angelegenheit ein wenig zu einfach.“

„Und du allzu problematisch! Dieses wunderbare mexikanische Volk sollen wir wieder in die Anarchie zurückstürzen lassen, ohne zu helfen, dies zu verhindern?“

„Ich fürchte, du überforderst dich bei deinem Vorhaben.“

„Ich mich überfordern? Vielleicht, weil ich bloß eine Frau bin in einer von Männern beherrschten Welt? Haben nicht meine Geschlechtsgenossinnen Kaiserin Maria Theresia oder die Zarin Katharina in höchst gefährlichen Situationen gezeigt, wie eine scheinbar schwache Frau sich sehr erfolgreich durchsetzen kann?“

„Mexiko ist nicht Österreich, meine Liebe, und Mexiko ist nicht Rußland. Hier gehen die Uhren eben anders.“

„Na und? Als du mich wegen deiner langen Besichtigungsreise durchs Landesinnere zur Regentin eingesetzt hattest, habe ich denn damals nicht bewiesen, daß ich auch etwas bewerkstelligen kann? Ich denke an das Gesetz zum Schutz der Millionen Indianer, das ich zum Abschluß bringen ließ. Es war nämlich eine Schande, wie diese armen Menschen von den Großgrundbesitzern, den Hacenderos unterdrückt wurden.“

„Leider verfehlte dieses an sich gute Gesetz sein wirkliches Ziel.“

„Die Indianer waren der rechtloseste Teil der Bevölkerung und zugleich anteilsmäßig deren größter.“

„Aber... wenn sie sich gegen ihre Unterdrücker wehren, dann werden diese eben jene auf die Straße setzen. Dann stehen sie mit Frau und Kindern als Bettler vor der Tür.“

„Man mußte doch etwas für die armen Indianer tun!“

„Natürlich... natürlich... Aber durch dieses Gesetz haben wir uns die Großgrundbesitzer und damit alle diese Konservativen sowie die Klerikalen zu erbitterten Feinden gemacht.“

„Das kann ich nicht so sehen, mein Freund.“

„Nun gut... So fahre meinetwegen nach Paris und Rom!“

„Es ist ein hartes Opfer für mich, doch die Pflicht geht allem voran.“

... Aber bald nach diesem Gespräch schlägt die Stimmung des wankelmütigen Maximilian wieder einmal um.

Hat denn überhaupt seine Frau genügend politische Urteilsfähigkeit, um seinen Entschluß zur Abdankung außer Kraft zu setzen? Ist denn ihre geplante Reise nicht eine einzige, große Illusion? Es gibt eben nur noch eine Möglichkeit, eine Alternative... und das ist die... Abdankung!

Als Charlotte erkennt, daß Maximilian wieder ‚umfallen‘ will, verfertigt sie ein umfangreiches Memorandum, in dem sie ihn bei seiner Mannes- und Fürstenehre packt – ein Mittel, wie sie weiß, das bei ihm immer wieder sehr wirkt!

Sie führt darin unter anderem aus:

„... Abdanken heißt sich verurteilen, sich selbst ein Unfähigkeitszeugnis ausstellen, und das ist nur annehmbar bei Greisen und Blödsinnigen, das ist nicht Sache eines Fürsten von sage und schreibe 34 Jahren voller Leben und Zukunftshoffnung. Die Souveränität ist das heiligste Besitztum, das es unter Menschen gibt (?).

Man verläßt den Thron nicht wie eine Versammlung... Im Augenblick, in dem man die Geschicke einer Nation übernimmt, tut man dies auf eigene Gefahr und hat niemals die Freiheit, die Nation zu verlassen. Ich kenne keine Lage, in der eine Abdankung etwas anderes wäre als ein Fehler oder eine Feigheit... Auch könnte man noch immer abdanken, wenn man in den Händen des Feindes ist, um den Handlungen, die auszuführen man gezwungen wäre, jeden legalen Charakter zu nehmen.

Ludwig der Große sagte in einer Schlacht zu einem Engländer, der ihn gefangennehmen wollte: ‚Mein Freund, bei Niederlagen dürfen sich Könige nicht gefangen geben.'

Nun denn, ich sage, Kaiser geben sich nicht gefangen.

... Die Schlußfolgerung: Das Kaisertum ist das einzige Mittel zur Rettung Mexikos (?).

... Wenn man schon mit einzelnen Individuen spielen kann (?), so darf man doch nicht mit Nationen spielen, weil Gott dies rächt..."

Nachdem Maximilian dieses Schriftstück seiner Frau gelesen hat, geht er zu ihr hinüber in ihren Salon.

„Meine Teure", sagt er, „du machtest dir viel Mühe mit diesem Memorandum."

„Das doch sehr einleuchtend ist, nicht wahr?"

„Wie man es nimmt", erwidert er kurz.

„Wie du sehr gut weißt, mein Lieber, war meine Mutter die Tochter des Königs Louis Philippe von Frankreich, der im Jahre 1848 abgedankt hat. Diese Abdankung ist stets... zeitlebens die größte Enttäuschung meines Vaters, des Königs der Belgier, gewesen. Denn... dieser Thronverzicht hat mit einem einzigen Schlag alle Pläne meines Vaters zerstört und einem Napoleoniden den Weg geebnet, von dem Papa fürchten mußte, daß der Franzosenkaiser die Absichten des ersten Napoleons bezüglich einer Besetzung Belgiens wieder aufnehmen und durchführen werde."

„Das ist Vergangenheit, Charlotte... Achtzehn Jahre sind seither vergangen... eine lange Zeit..."

„Wozu also abdanken? Der Bürgerkrieg in Mexiko besteht doch nicht mehr, da die Amtszeit des Benito Juárez abgelaufen ist und er daher keinen wie immer gearteten Vorwand hat, dich vom Thron zu vertreiben."

„Aber... seine Truppen haben doch bereits einen Großteil des Reiches besetzt."

„Man muß eben neuerlich Kredite aufnehmen, um frische Truppenverbände ausheben zu können. Man muß Freiwilligenkorps aus Ägypten anwerben. Man muß Bataillone zu je 400 oder 500 Mann bilden, ein weiteres Corps der französischen Fremdenlegion aufstellen, man muß..."

„Deine Phantasie, liebe Charlotte, schlägt wahre Purzelbäume..."

„Man überläßt seinen Platz nicht kampflos einem Gegner. Man sagt nicht wie in einem Spielkasino, daß die Bank gesprengt ist. Man löscht nicht die Lichter aus, solange noch genügend Jetons vorhanden sind. Man gesteht nicht ein, daß man schwach ist, solange noch ausreichend Kräfte vorhanden sind, um zu..."

„Langer Rede kurzer Sinn: Du willst also, daß ich bleibe, daß ich unter allen Umständen bleibe, hier in Mexiko, als..."

„... als Kaiser, jawohl, als Kaiser!"

„Du bist meine treue Lebensgefährtin, mein Lebensstern. Ich kann dich doch nicht auf eine so weite Reise schicken, jetzt... in einem Augenblick in dem vielleicht bald ganz... Europa... brennt!"

„Keine weiteren Ausflüchte, Liebster! Niemand wird Europa in Brand stecken, und daher wird es auch nicht brennen. Du bist doch kein Don Quichote."

„Obwohl Jules Favre in der Pariser Kammer mich so bezeichnet hat. Die vielen Monate, während welcher uns der weite Ozean trennen würde..."

„Wir wollen nicht sentimental werden, mein Freund!"

„Du hast recht. Man darf die Flinte vielleicht wirklich

nicht ins Korn werfen. Dein glühender Eifer für unsere Sache, deine ansteckende Begeisterung werden tausend Hindernisse wahrscheinlich überwinden. Aber... wir haben nicht einmal genügend Geld für deine geplante Reise. Eine Kaiserin muß doch würdig auftreten können."

„Wir müssen die nötige Barschaft auftreiben, Max, so oder so!"

„Ich werde mir das Geld dafür ausleihen... aus einem Fonds, der für Notfälle bei Überschwemmungen vorgesehen ist."

„Wer ein Ziel ernstlich verfolgt, der wird es auch erreichen!" Charlotte versprüht einen ansteckenden Optimismus.

„Hoffentlich, meine Teure..."

Bereits für den 9. Juli 1866 ist die Abreise Charlottes festgesetzt. Ein kleines Gefolge wird für sie zusammengestellt, das sie auf diese schwerwiegende Diplomatenreise begleiten soll. Diesem gehören folgende Personen an:

Der mexikanische Außenminister Martin Castillo y Cos, Charlottes Oberstkämmerer Luis del Valle, Maximilians Oberstkämmerer Graf Carl Bombelles sowie eine der Hofdamen Charlottes, Doña del Barrio.

Allgemein nimmt man an, daß Charlottes Abwesenheit von Mexiko Stadt nicht länger als drei Monate dauern werde.

... Beim offiziellen Abschied Charlottes im Kaiserpalast von Mexiko sagt Señora Ramirez, die Gattin des mexikanischen Ministers Fernando Ramirez, mit tränenerstickter Stimme zu ihrer Nachbarin:

„Ob wir unsere Herrin jemals wiedersehen werden?"

„Aber, meine liebe Señora Ramirez", erwidert diese, „wie kommen Sie auf einen solchen Gedanken?"

„Ich meine nur so..."

Auch die stets beherrschte Charlotte ringt mit Mühe um ihre Fassung.

„Gott wird alles zum Guten wenden", flüstert sie ihren Palastdamen beim Abschied zu. Dabei lächelt sei krampfhaft, wie es scheint.

„Natürlich wird Er das", erwidert daraufhin Maximilian. „Gott allein weiß doch, welche Gefahren der Kirche von den gottlosen Juaristen drohen würden, wenn die Monarchie mangels einer Unterstützung aus Rom untergehen müßte."

Da stimmen die Anwesenden wie zur Ermutigung die neue mexikanische Kaiserhymne an.

„Wir sehen uns gewiß bald wieder!" Maximilian bietet seinen Arm der bleich gewordenen Charlotte.

„Ja, bald...", entgegnet sie und hüstelt leicht nervös. „Bald... sehr bald..."

„Ich habe, was die Zukunft betrifft... kein gutes Gefühl." Señora Ramirez bekommt rote Flecken auf ihre Wangen. „Kein gutes Gefühl", wiederholt sie tonlos.

Und ihr Gatte, der kaiserlich-mexikanische Minister, schaut mit düsterem Blick in die Ferne.

Da fällt eine der hohen Türen des Audienzsaales krachend zu. Ein heftiger Windstoß hat dies bewirkt. Gleich darauf geht ein schwerer Gewitterregen prasselnd über den Kaiserpalast nieder...

„Wenn das kein böses Omen ist!" Señora Ramirez zittert am ganzen Leib.

„Wir müssen uns behaupten!" flüstert ihr der Herr Minister zu. „Ansonsten... würden sich die gefräßigen Nordamerikaner des fetten Bissens bemächtigen, der ihnen geboten wird. Wollen wir das etwa?"

„Lang lebe der Kaiser, lang lebe die Kaiserin!" ruft Frau Ramirez emphatisch aus. Doch dann beginnt sie ohne Übergang haltlos zu schluchzen...

22

Wirre Träume

‚Was Papst Johannes Paul I. vorschwebte, war eine katholische Kirche der Armen und für die Armen.‘
(David A. Yallop,
Im Namen Gottes)

Die Reise Charlottes scheint unter keinem guten Stern zu stehen. Ihre Kutschen bleiben immer wieder im Schlamm stecken, und die jeweiligen Dorfbewohner sehen stumm zu, ohne dabei zu helfen... aus Angst vor der Rache der Guerilleros.

In Veracruz endlich angekommen, ist weit und breit von einem Empfangskomitee für die Kaiserin nichts zu sehen.

Das Gerücht geht um, sie wolle das Reich für immer verlassen. Sie sei eben nur die Vorhut, und in Kürze werde ihr der Kaiser nachfolgen.

Weder die Barkasse, welche Charlotte zum französischen Postdampfer bringt, noch dieser selbst haben die kaiserliche Flagge aufgezogen.

Charlottes Nerven sind durch diese widrigen Umstände aufs äußerste gereizt. Sie verläßt kaum ihre Kabine, da sie ständig an Kopfschmerzen und unter Seekrankheit leidet.

Bei der Landung im französischen Hafen Saint-Nazaire weht eine peruanische Standarte statt der kaiserlich-mexikanischen, weil eine solche nicht verfügbar war.

Auch hier wird Charlotte von keinem Empfangskomitee begrüßt. Lediglich General Jean Almonte, der derzeitige mexikanische Gesandte in Frankreich, ist Hals über Kopf aus Paris hergekommen, um mit seiner Gattin zur Begrüßung der Kaiserin zu erscheinen. Von Almonte erhält Charlotte sofort zwei Nachrichten: eine gute und eine schlechte!

Die gute Nachricht ist die Mitteilung von der seit kurzem installierten Kabelverbindung zwischen Mitteleuropa und dem amerikanischen Kontinent.

Die schlechte Nachricht ist... die österreichische Niederlage von Königgrätz durch die Preußen!

Natürlich erfaßt die 26jährige Charlotte sofort instinktiv, daß die Niederlage von Franz Joseph Napoleons Rücksichtnahme auf dessen Bruder Maximilian schwer beeinträchtigen wird. Doch was ist da zu machen? Charlotte ist nun einmal auf dem Weg nach Paris... da gibt es kein Zurück mehr!

Umgehend telegraphiert sie Napoleon III.:

„Ich bin heute in Saint-Nazaire angekommen, mit dem Auftrag des Kaisers, Eure Majestät über verschiedene, Mexiko betreffende Angelegenheiten zu sprechen. Ich bitte Sie, Ihre Majestät meiner Freundschaft zu versichern und an das Vergnügen (?) zu glauben, das mir das Wiedersehen mit Euren Majestäten bereiten wird.

Charlotte."

Ohne sich Rast und Ruhe zu gönnen, reist sie sofort nach Nantes weiter, jener Stadt, die durch die Importe aus Mexiko reich geworden ist.

Am Bahnhof begrüßt sie der Präfekt des Departements ‚Untere Loire' und überbringt ihr das Antworttelegramm Napoleons III. aus Saint-Cloud vom 8. August 1866:

„Ich erhalte eben die Depesche Eurer Majestät. Leidend von Vichy zurückgekehrt, gezwungen, das Bett zu hüten, bin ich außerstande, Ihnen entgegenzufahren. Wenn, wie ich vermute, Euer Majestät zuerst nach Belgien reisen (zu ihrem Bruder), werden Sie mir Zeit zur Wiederherstellung meiner Gesundheit geben.

Napoleon."

Die sensible Charlotte merkt untrüglich, daß Napoleon III. ihr Besuch äußerst unangenehm ist und er diesen um jeden Preis verzögern möchte.

Nichtsdestotrotz ist sie fest entschlossen, koste es, was es wolle, eine Begegnung mit dem Franzosenkaiser durchzusetzen.

Abermals ohne den kleinsten Zwischenaufenthalt... reist sie unverzüglich nach Paris ab, wo sie wiederum nur von General Almonte, von Guiterrez und seinen Söhnen sowie einigen Mexikanern begrüßt wird.

Hidalgo... ist nicht erschienen. Er ist mit Frau Weller auf Reisen...

In einem Mietwagen fährt Charlotte ins Grand Hotel. Dort angekommen, meldet sich bei ihr sofort Napoleons Generaladjutant, General Waubert de Genlis, und entschuldigt sich, daß infolge eines peinlichen Mißverständnisses das Empfangskomitee und die Hofwagen auf einem... falschen Bahnhof auf sie gewartet hätten.

Der Generaladjutant überbringt die Grüße des Kaiserpaares, das anfragen läßt, zu welcher Stunde Kaiserin Charlotte anderntags Kaiserin Eugénie empfangen wolle und ob sie die Absicht habe, mehrere Tage in Paris zu bleiben.

„Ich werde solange hier verweilen, wie es nötig ist“, erwidert sie frostig.

Am nächsten Tag, dem 10. August 1866, um zwei Uhr nachmittags erscheint Eugénie selbst und... allein, um ihrem Gatten die Peinlichkeit dieses Besuches zu ersparen.

Eugénie hat längst ihren einstigen Jugendfreund Don José Hidalgo fallen gelassen, und bereits ebenso lange hat sie auch Mexiko fallen gelassen. Nun heißt es jedoch für sie, jener Frau, die sich noch immer Hoffnungen zu machen scheint, Aug' in Auge gegenüberzutreten und endlich... ohne jegliche diplomatische Floskeln Farbe zu bekennen, ja... nichts als Farbe zu bekennen!

Eugénie wird von Charlottes Gefolge feierlich in deren Salon in der Hotelsuite geleitet, wo die Türen hinter beiden auch sofort geschlossen werden.

Die beiden Kaiserinnen sind nun... unter sich!

„Ich hoffe, Sie hatten eine angenehme Reise, Madame“, spricht Eugénie mit seltsam belegter Stimme, wobei ihre leicht erregbaren Nerven zu flattern beginnen.

„Danke, Majestät. Wenn ich sofort zur Sache kommen darf...“

„Ich bitte darum.“ Eugénie hüstelt nervös und führt ihr Spitzentaschentuch zum Gesicht.

„Madame, ich habe die weite und beschwerliche Reise nicht gescheut, um Frankreich und sein erlauchtes Kaiserpaar inständig anzuflehen, ja zu beschwören, Mexiko nicht im Stich zu lassen.“

„Ich verstehe Euer Majestät gut, oh... ich verstehe Sie sehr gut." Eugénie gerät infolge der Augusthitze ins Schwitzen. Ihr Blutdruck beginnt anzusteigen. „Aber... wenn ich bemerken darf... Frankreich sind derzeit selbst die Hände gebunden... Sie wissen, Preußen ist nach dem bedauerlichen Sieg über Österreich sehr mächtig geworden, leider zu mächtig..." Ein leichter, fast vorwurfsvoller Blick auf Charlotte, als ob diese etwas mit der Niederlage ihres kaiserlichen Schwagers Franz Joseph zu tun hätte.

„Frankreich fühlt sich selbst bedroht", fährt sie hastig fort, „von einem gefährlichen Gegner, der an unserer Rheinflanke... Sie begreifen, Madame, daß wir in dieser höchst angespannten politischen Lage..."

„Aber... man kann doch Mexiko nicht einfach fallen lassen wie eine heiße Kartoffel!" Die 26jährige schöne, sensible Frau springt erregt auf.

„Beruhigen Sie sich bitte, beruhigen Sie sich!" Die 40jährige, noch immer schöne, von leichter Melancholie umflorte Eugénie, bekommt rote Flecken auf ihre Wangen. „Wir möchten Ihnen ja so gerne helfen! Wir verkennen wahrlich die mißliche Lage nicht, in der sich Kaiser Maximilian befindet... Mon Dieu! Wir verkennen sie nicht, aber leider... leider..."

„Wir haben es schriftlich, Madame, schriftlich! Kaiser Napoleon hat meinem Gemahl mehrmals immer wieder versichert, was immer auch geschehen möge, was immer auch kommen möge... ihn niemals im Stich zu lassen... niemals... niemals!"

„Was soll ich sagen, Majestät, es tut mir leid, es tut mir entsetzlich leid, aber ... wer kann gegen die Umstände ankämpfen, die eben stärker sind als wir alle? Übrigens..." Eugénie fächelt sich Luft zur Erleichterung zu. „Wie geht es Kaiser Maximilian? Man hört, er reitet viel, oft nur von einem einzigen Diener begleitet."

„Ja, er ist sehr mutig. Um jedoch auf Mexiko zurückzukommen..."

„Oh...", sprudelt Eugénie hektisch weiter, „man spricht hier höchst interessiert über die prächtigen Soiréen und Festlichkeiten im mexikanischen Kaiserpalast. Sind eigentlich die mexikanischen Frauen wirklich so schön? Unser Marschall Bazaine kann diese nicht genug rühmen." Eugénie ist es ge-

Kaiserin Charlotte von Mexiko

schickt gelungen, die Unterredung in seichtere Gewässer zu lenken.

„Das ist im Augenblick nicht wichtig." Charlottes Gesichtsausdruck wird richtig streng.

„Und...", Eugénie spricht hastig weiter, „... Ihre kaiserliche Villa in Cuernavaca? Sie soll so romantisch sein. Und erst der Park drum herum! Ein Traum an botanischen Erlesenheiten, wird berichtet. Oh... wie gerne käme ich einmal selbst nach Mexiko!"

„Sie werden doch nicht Ihre mexikanischen Freunde von einst vergessen haben?" fragt Charlotte jetzt, fast am Rande der Taktlosigkeit. „Guiterrez, Don José Hidalgo, um nur einige zu nennen..."

„Es geht ihnen allen gut", erwidert Eugénie rasch und erhebt sich abrupt. „Ich habe bereits über Gebühr Ihre kostbare Zeit in Anspruch genommen. Werden Sie die Grand-Opéra besuchen?"

Charlottes Miene wird eisig. „Wann darf ich Ihre Visite erwidern?" Ihre Brust wogt hoch vor Erregung.

„Übermorgen, wenn es Ihnen beliebt."

„Und der Kaiser... Werde ich auch ihn sehen können?"

„Ach... es geht ihm noch immer schlecht. Sein Gallenleiden, sein hoher Blutdruck, der unruhige Rhythmus seines Herzens..."

„Darf ich nicht bereits schon... morgen den Besuch erwidern?" Charlottes Stimme wird immer erregter. „Übrigens... ich muß unbedingt den Kaiser sprechen. Ansonsten...", fügt sie beinahe drohend hinzu, „je ferais irruption... (Ich schlage Alarm!). Ich bin nicht um die halbe Welt gereist, um hier lediglich niedliche Konversation zu machen."

Eugénie wird leichenblaß.

„Au revoir, Madame!" Eugénie hastet wie auf der Flucht zu ihrem Wagen vor dem Hotel.

Doña del Barrio, Charlottes Hofdame, erscheint in der Tür des Salons.

„War es schlimm, Majestät, mit der Kaiserin Eugénie?"

„Meine liebe Doña", erwidert Charlotte, „mir ist im Gespräch mit dieser Frau deren schrecklicher Leichtsinn leider erst jetzt so recht zu Bewußtsein gekommen, mit dem sie einst den Anstoß zum mexikanischen Aufbruch gegeben hat. Oh... welch ein verheerender Leichtsinn!"

Die kleine, dicke Mexikanerin schlägt entsetzt die Hände über dem Kopf zuammen. „Lo siento mucho. Le acompaño en su sentimento." (Ich bedaure dies. Ich empfinde mit Ihnen.)

„Das war wie eine Beileidsäußerung von Ihnen. Ja, meine liebe Frau del Barrio, Frankreich möchte am liebsten Mexiko zu Grabe tragen. Aber ich werde ihnen allen die Masken vom Gesicht reißen!"

„Vaya por Dios! (Oh, mein Gott!) Wir wissen mehr von China als diese Franzosen von Mexiko, wo sie eine der größten Unternehmungen wagten, in die sich die sogenannte Grande Armée jemals eingelassen hat."

„Kaiserin Eugénie hat viel von ihrer Jugend und Kraft verloren, seit ich sie zuletzt gesehen habe. Auf ihr lastet ein gewisser Druck, den sie kaum mehr ertragen kann. Der Thron Frankreichs läßt jene, die auf ihm sitzen, sehr rasch altern. Die Geschichte lehrt jedoch, daß diese kriegerische Nation niemandem mehr zulächelt als der Jugend."

„Und Napoleon III.", erwidert Frau del Barrio etwas hintergründig, „ist 58 Jahre alt und sehr leidend, wie man hört."

„Kaiserin Eugénie hatte gehofft, ihrem Gemahl meinen Besuch durch ihre persönliche Aufwartung bei mir ersparen zu können. Ich habe ihr jedoch angedroht, in sein Gemach sogar einzudringen, sollte er sich weigern, mich zu empfangen."

„Entsetzlich! Es müßte ihm eine große Ehre sein, Sie zu empfangen. Dieser Emporkömmling! Und Sie... eine geborene Königstochter!"

Dann ist es am folgenden Tag soweit!

Es ist Mittag, der 11. August 1866...

Ein kaiserlicher Wagen holt Charlotte vom Grand Hotel ab. Sie trägt ein langes schwarzes Seidenkleid und wegen der starken Sonnenstrahlung einen großen, weißen Hut.

Allein... trotz der Hitze fröstelt es Charlotte. Daher hat sie über Schultern und Rücken eine schwarze Spitzenmantille übergeworfen, an der sie während der Fahrt nervös herumnestelt. Zitternd, mit hektisch roten Wangen, preßt sie den Arm ihrer Begleiterin, der Gattin des Generals Almonte, wie hilfesuchend an sich.

Eine große Menschenmenge bereitet ihr während der Fahrt herzliche Ovationen, was Charlotte sehr erstaunt, da sie der Meinung war, die französische Bevölkerung sei gegen die mexikanische Angelegenheit äußerst negativ eingestellt.

Die Kutsche fährt nach Saint-Cloud. Napoleon III. residiert derzeit in dem kleineren Schloß, da die Tuilerien dem Kranken zu groß und unheimlich sind.

Um die aufgescheuchte Charlotte versöhnlicher zu stimmen, hat man für sie einen großen Empfang vorbereitet.

Eine Ehrenkompagnie hat vor der Schloßtreppe Aufstellung genommen, der ganze Hofstaat hat sich versammelt.

Der zehnjährige Kronprinz, um den Hals die Kette des mexikanischen Adlerordens, eilt an den Wagenschlag, um Charlotte die Freitreppe hinaufzuführen, die beiderseits von der Leibwache Napoleons, den ‚Cent Gardes' flankiert wird. Oben am Ende der Treppe wird Charlotte von Eugénie erwartet, die sie sofort in Napoleons Privatkabinett geleitet.

Napoleon III. ist sehr gealtert. Die Sorgen um einen drohenden preußischen Angriff rauben ihm seit Tagen den Schlaf. Mühsam erhebt sich der Monarch, mühsam blicken seine von dicken Lidern verhangenen Augen diese schwarzgekleidete, erregte Frau an.

„Sire, ich bin gekommen, um eine Sache zu retten, welche gleichzeitig die Ihre ist!"

Mein Gott, durchzuckt es den Kaiser, sie will eine Sache retten, die doch schon längst abgeschrieben, weil schon längst verloren ist.

„Hatten Sie eine gute Reise, Madame?" kneift er vor dem eigentlichen, gefürchteten Gesprächsthema, so wie es tags zuvor bereits Eugénie vergeblich bei Charlotte versucht hat.

Doch sie läßt sich durchaus nicht ablenken. „Danke", erwidert sie knapp. „Darf ich Eurer Majestät ein Memorandum meines Gemahls übergeben, ferner detaillierte finanzielle Aufstellungen über unsere Zolleinnahmen, über die Ausgaben für den Sold der Hilfstruppen, für..."

Der Kaiser unterbricht sie rasch: „Und... Kaiser Maximilian? Geht es ihm gut? Ist er vom Sumpffieber verschont worden?"

„Danke!" Ihr Gesicht wird streng wie vor einem Tag bei Eugénie: „Ich muß Sie beschwören, eine Sache, die derart innig mit Ihren eigenen dynastischen Interessen verknüpft ist, unter keinen Umständen aufzugeben..."

Doch abermals unterbricht sie der Kaiser: „Und... Ihr schönes Schloß Chapultepec mit dem herrlichen Park? Sind die entsprechenden Restaurierungsarbeiten abgeschlossen? Und Ihre Villa in Cuernavaca? Man hört von der herrlichen Landschaft, der einmaligen Lage..."

„Das ist jetzt alles unwichtig", unterbricht diesmal Charlotte den Kaiser. „Ich muß allen Ernstes an Ihr Gerechtigkeitsgefühl appellieren, an Ihre Ehre, die auch ein Napoleonide unbedingt zu wahren hat."

„Natürlich, Madame, aber... aber..."

„Ich muß allen Ernstes mit höchstem Nachdruck an die seinerzeit gemachten Versprechungen erinnern... Das alles können doch nicht leere Worthülsen gewesen sein? War es denn nur geduldiges Papier, mit diplomatischen Floskeln versehen, die heute zu nichts mehr verpflichten?"

„Madame...", wimmert jetzt regelrecht der Kaiser. „Sie sind im Recht, daß Sie mich an die seinerzeitigen Abmachungen und Verträge mahnen, allein... was soll ich machen? Frankreichs Kassen sind leer. Frankreich wird selbst schwer bedroht von Preußen, das seit dem Sieg über Österreich, den ich über alles bedaure... zutiefst bedaure..."

Napoleon III. greift nach einem Wasserglas, läßt eine Tablette hineinfallen und trinkt gierig den Inhalt leer. Sein Kopf ist hochrot geworden.

„Eine mexikanische Provinz um die andere fällt in die Hände der Juaristen. Ihr Marschall Bazaine steht Gewehr bei Fuß und sieht tatenlos zu, weil er eine junge Mexikanerin geheiratet hat, deren Vater ein glühender Anhänger der Republik ist. Ich flehe Sie an, berufen Sie unverzüglich Bazaine ab, tun Sie um Gottes Willen etwas, aber rasch... rasch!"

Da erscheint ein livrierter Lakai, der auf einem silbernen Tablett eine Karaffe mit Orangeade serviert.

Eugénie, von der unerwarteten Störung überrascht, macht eine verlegene Handbewegung, bietet aber schließlich doch persönlich Charlotte ein gefülltes Glas an.

„Nein, danke!" wehrt Charlotte unwillig wegen der Störung ab.

„Aber... warum denn nicht?" lenkt Eugénie versöhnlich

ein. „Die Hitze ist heute doch sehr groß."

„Ja!" fährt Charlotte flammend zum Kaiser gewendet fort: „Sie müssen unbedingt Bazaine abberufen. Er sabotiert alles, mischt sich in alles ein und tut nichts... nichts!"

„Kommen Sie" redet Eugénie, mit dem gefüllten Glas in der Hand, Charlotte ernsthaft zu. „Trinken Sie, das wird Ihnen gut tun."

„Nein danke!" wehrt Charlotte heftig ab.

„Bei dieser Hitze kann einen doch glatt der Schlag treffen!" beharrt Eugénie weiter auf ihrem eindringlichen Rat und klappt ihren Fächer auf, um sich Luft zuzufächeln.

„Bazaine verhandelt hinter unserem Rücken bereits mit dem Feind", kommt Charlotte weiter in Fahrt. „Er soll den Juaristen sogar versprochen haben, nach seinem Rückzug ihnen die Stadt Mexiko kampflos in die Hände zu spielen."

„Trinken Sie, Madame, bitte, trinken Sie!" Nun ist Eugénies Kopf sehr rot geworden.

„Während einer derart dramatischen Unterredung..." Charlottes Hände zittern heftig. „Wenn man es durchaus für nötig hält..." Sie greift nach dem Glas und macht einen winzigen Schluck.

„In Mexiko sterben täglich Tausende unserer Anhänger!" ruft Charlotte heftig aus, „und wofür? Um einer Revolution Platz zu machen, die Kaiser Maximilian vom Thron stoßen, die Werte des Christentums auflösen und eine Anarchie einleiten soll, die alles hinwegfegen wird, was uns heilig ist."

„So schlimm kann es nicht sein..." Napoleon III., der ein großer Schauspieler ist, rollt herzergreifend die Augen.

„Kann denn Frankreich untätig zuschauen, wie hohe Kulturen zerstört, wie Menschenwürde und Bürgerlichkeit in den Staub getreten werden? Die toten Franzosen, für Mexikos Nation gefallen, klagen an! Ihre erloschenen Augen... Die tausende und abertausende Mütter dieser Märtyrer, sie alle... erheben ihre tränenerstickten Stimmen..."

„Oh... mein Blutdruck, mein Atem...", jammert Napoleon und greift sich erschrocken ans Herz. Tränen rinnen über seine Wangen hinab.

„Der Kaiser weint!" ruft Eugénie entsetzt. „Da!... Da..., sehen Sie Madame...!"

„Ja, ich erkenne nun", Charlottes Brust wogt vor Erregung

hoch, „Kaiser Napoleon hat guten Willen, aber er ist machtlos..."

„Die Minister", wirft Eugénie begütigend ein, „seine Minister machen leider...Schwierigkeiten..."

„Ich werde mit ihnen persönlich sprechen und sie für die heilige Sache Mexikos bekehren!"

„Tun Sie das, Madame, ja, tun Sie das!" ruft Napoleon erleichtert aus, der sich unheimlich rasch gefaßt hat und in dieser Ankündigung den rettenden Strohhalm erblickt, der ihn von dieser peinlichen Aussprache befreit. „Sprechen Sie mit den Ministern, Madame!" Napoleon hat sich überraschend schnell erholt. „Auch ich will mich noch einmal mit meinen Ministern beraten."

Doch diese Minister sind in allererster Linie Diplomaten.

Sie geben sich zwar den Anschein, auf Charlottes Argumente und Wünsche einzugehen und versprechen der Kaiserin von Mexiko, sich bei Napoleon für ihr Anliegen einzusetzen. Aber... sobald die erregte junge Frau gegangen ist, eilen sie zu Napoleon III. und raten einstimmig ab, auch nur einen einzigen Sou für das aussichtslose Abenteuer in Mexiko weiterhin auszugeben.

Schließlich und endlich muß Charlotte doch erkennen, daß man sie hinters Licht führt und daß sie nichts... rein gar nichts erreicht hat.

Sie findet keinen Schlaf mehr und zermartert sich ihr Gehirn nach einem Ausweg... Ihr nach wie vor brennender Ehrgeiz läßt es allerdings nicht zu, an ein Aufgeben des mexikanischen Unternehmens zu denken.

Glühender Haß gegen Napoleon III. baut sich in ihrer Seele auf und nimmt ihr die Möglichkeit, diesbezüglich noch klare Gedanken zu fassen.

Schon vergleicht sie den Kaiser der Franzosen mit dem Satan und seine Umgebung mit der Hölle. Schon fühlt sie sich von diesem ‚Teufel' verfolgt und beginnt zu erzählen, man habe sie in Saint-Cloud mit einer Orangeade vergiften wollen.

Am 22. August, also elf Tage nach ihrem Besuch bei Napoleon III., schreibt Charlotte ihrem Gatten folgenden Brief:

„Innig geliebter Schatz!

Ich reise morgen früh von hier ab nach Miramar über Mailand. Dies beweist Dir, daß ich nichts erreicht habe... Die Genugtuung habe ich, alle Argumente umgestoßen zu haben... und Dir dadurch einen moralischen Triumph gegeben zu haben, aber Er (Napoleon III.) will nicht, und da hilft keine Gewalt, weil er die Hölle bei sich hat und ich nicht... Er will eine *lang vorbereitete schlechte Handlung begehen... weil er auf der Welt das böse Prinzip ist und das gute abschaffen will, nur daß die Menschheit nicht merkt, daß seine Werke schlecht sind, und ihn anbetet... Du mußt aber nicht glauben, daß ich bei diesen Leuten gebettelt habe, und ich habe nur in sie hineingedonnert und ihnen die Masken abgeworfen und doch ohne Unhöflichkeit, es war ihnen gewiß noch nie so etwas Unangenehmes geschehen, seitdem sie existieren... Ich glaube, Du sollst so lange wie möglich Dich behaupten...* Ich hoffe, daß Du mich bald rufst, wenn Du in Mexiko Dich von ihm (Napoleon) befreist. Meine Reise war für ihn der heftigste Schlag seit langem, und viele Leute interessieren sich für mich überall.

Dich von Herzen umarmend, Deine Dir ewig treue

Charlotte."

Bei ihr zeigen sich bereits, wie auch aus diesem Schreiben ersichtlich ist, die ersten Spuren, die ersten Anzeichen... geistiger Verwirrung.

Aber noch hat sich Charlotte soweit in der Gewalt, um an dem Werk ihres Gatten weiterarbeiten zu können, an dessen möglichen... vielleicht doch noch möglichen guten Ausgang sie nun einmal unter allen Umständen ernstlich... ja felsenfest glaubt!

In Miramar angekommen, feiert sie dort am 17. September den Jahrestag der Unabhängigkeitserklärung Mexikos in strahlendem Glanz, im Haar ein kostbares Brillantendiadem.

Vergessen sind scheinbar die für sie schrecklichen Tage von Paris.

Maximilian hat ihr telegraphiert, sie möge den Papst um Hilfe für Mexiko anflehen. Er merkt scheinbar überhaupt nicht, daß ihr Geist bereits anfängt sich zu verwirren. Ihr Schreiben vom 22. August dürfte er nicht allzugenau gelesen, nicht analysiert haben...

Sofort nach Erhalt des Telegramms ihres Gatten reist Charlotte mit kleinem Gefolge nach Rom ab.

Pius IX. muß ihr helfen. Er ist das Oberhaupt der katholischen Christenheit und der Herrscher des Kirchenstaates. Wenn er zugunsten Charlottes und damit Mexikos öffentlich eintritt, dann wird die mächtige Geistlichkeit Mexikos, dann werden die Millionen mexikanischer Konservativer und Klerikaler Kaiser Maximilian keine Schwierigkeiten mehr bereiten, und alles... alles wird gewiß noch einen glücklichen Verlauf nehmen.

Allein... Stehen im Kirchenstaat, stehen denn selbst in Rom nicht noch immer die Soldaten Napoleons III. zum Schutz vor Italien, dem zur völligen Einheit nur noch die Einverleibung des Kirchenstaates fehlt?

Ist somit nicht auch Pius IX. dem Einfluß des Franzosenkaisers ausgesetzt, und wird der Papst nicht letztlich mehr auf Napoleon III. als auf Charlotte hören?

Mißtrauen wächst gefährlich weiter in der Seele der armen, höchst erregten Frau... von Stunde zu Stunde.

In Bozen ist sie bereits derart geistig erschöpft, daß sie erklärt, nicht weiterreisen zu können. Sie fühlt sich krank. Sie äußert vor Zeugen, Napoleon habe ihr wahrscheinlich durch einen Spion innerhalb ihres Gefolges Gift verabreichen lassen. Man telegraphiert sofort an den bereits nach Mantua vorausgereisten Schatzmeister Maximilians, Jakob von Kuhaczevich, Charlotte kehre wieder nach Miramar zurück.

Doch sie, von unablässiger Sorge um den Fortbestand des Kaisertums in Mexiko gepeinigt, entschließt sich, die Reise nach Rom fortzusetzen. Überall wird sie auf den Zwischenstationen wärmstens mit Kanonendonner, Militärmusik, Empfängen der jeweiligen Honoratioren und mit Paraden begrüßt.

Kurz vor Rom wird Charlotte jedoch von rasendem Herzklopfen und Symptomen befallen, die einen drohenden Nervenzusammenbruch ernstlich befürchten lassen.

Endlich fährt der Sonderzug der Kaiserin von Mexiko in Rom ein.

Mehrere Kardinäle, die Nobelgarde des Papstes, die päpstliche Gendarmerie und eine Kürassiereskorte stehen zu Charlottes Empfang bereit. Unter Fackelschein geleitet man sie festlich ins Grand Hotel.

Für den nächsten Nachmittag ist bei ihr der Antrittsbesuch des Kardinalstaatssekretärs Giacomo Antonelli angesagt.

Der Kardinalstaatssekretär ist unter Pius IX. soviel wie der Leiter der Regierung des Vatikanstaates.

Antonelli stammt aus ärmster Familie und hat es durch seine hohe Intelligenz bis zum zweiten Mann in der Hierarchie des Kirchenstaates gebracht. Seine Macht ist fast so groß wie jene des Papstes selbst.

Für Charlotte ist dieser Mann kein Unbekannter. Durch den Jesuitenpater Augustin Fischer, der auf Maximilian einen großen Einfluß ausübt und von diesem zwecks Abschluß eines Konkordates nach Rom entsandt wurde, erfuhr Charlotte einiges über die Wesensart und das Privatleben des Kardinals, der sich eine Mätresse halte und nie ernstlich Zeit zu arbeiten habe.

Im Karneval müßten die Kardinäle der römischen Kurie die Nächte durchtanzen und tagsüber schlafen. In der Fastenzeit müßte sich diese Herren mit solcher Strenge in der Askese üben, daß ihnen die Kräfte zur Arbeit fehlten. Der von Maximilian eingesetzten Konkordatskommission sage die römische Kurie, nur mit jener wolle sie verhandeln, während sie gleichzeitig Pater Fischer zu verstehen gebe, nur mit ihm könne man auf einen grünen Zweig, das heißt zu einem Abschluß der Verhandlungen kommen.

So sieht also Charlotte dem angekündigten Besuch des Kardinals Antonelli mit zwiespältigen Gefühlen entgegen.

Er wiederum ist ebenso gegen sie voreingenommen wie sie gegen ihn. Er hat noch sehr gut die Berichte des Nuntius in Mexiko, Monsignore Meglia in Erinnerung. Demzufolge hatte Charlotte am 23. Dezember 1864 eine sehr heftige Aussprache mit dem päpstlichen Nuntius. Maximilian war nämlich über das äußerst schroffe Auftreten dieses päpstlichen Abgesandten derart aufgebracht, daß er ihn nicht mehr sehen wollte und seine Gattin bat, an seiner Statt mit ihm zu sprechen.

Über diese zwei Stunden dauernde Unterredung hatte damals Charlotte sogleich an Eugénie in einem Brief aus Chapultepec vom 27. Dezember 1864 folgendermaßen berichtet:

„... Ich muß Eurer Majestät mitteilen, daß nichts mir eine richtige Vorstellung von der Hölle gegeben hat, wie diese Unterredung, denn die Hölle ist auch nichts anderes als eine Sackgasse ohne Ausweg. Jemanden überzeugen wollen und wissen, daß es eine verlorene Liebesmühe ist, daß es ebenso sei, als spräche man griechisch, weil der eine schwarz sieht und der andere weiß, das ist eine, eines Verdammten angemessene Arbeit. Alles glitt am Nuntius ab, wie auf poliertem Marmor. Schließlich sagte er mir, *die Geistlichkeit* habe das Kaiserreich errichtet..."

Antonelli kommt demnach zu Charlotte zuallererst in der Absicht, der scheinbar aufmüpfigen Katholikin trotz aller gebotenen Höflichkeit ein wenig ‚den Kopf zu waschen'.

Die Menge vor dem Grand Hotel segnend, schreitet der Kirchenfürst die Hotelstiege hinauf, an deren oberster Stufe ihn die Kaiserin begrüßt.

Der Kardinal, ein Mann großer Beredsamkeit, hat jedoch offensichtlich nicht das richtige Fingerspitzengefühl für diese junge, schlanke, übersensible Frau, die ihm nun im Salon gegenübersitzt, mit vor höchster Aufregung hektischen Flecken auf den Wangen, mit zitternden Händen und nervösem Augenzucken.

Er ist gekommen, um diese in seinen Augen unbotmäßige Katholikin zurechtzuweisen und nicht, um einer Kaiserin große Ehrerbietung zu erweisen.

„Sie wissen, maestà", kommt er sofort zur Sache, „daß es nicht unsere Schuld ist, wenn das Konkordat mit Mexiko noch immer nicht abgeschlossen werden kann. Es ist schlicht und einfach die alleinige Schuld des Kaisers Maximilian."

„Das kann ich nicht so sehen!" erklärt sie mit zitternder Stimme.

„Das können Sie nicht?" fragt er sie drohend. „Ich denke, Sie und der Herr Gemahl sind Katholiken...?"

„Der Kaiser muß vor allem das Wohl des Reiches im Auge behalten."

„In erster Hinsicht", erwidert er mit schneidender Stimme schulmeisterlich, „muß das Kaiserpaar als Katholiken Vorbildwirkung für seine Untertanen ausstrahlen. Ein getaufter Katholik ist nämlich in erster Linie ein Kind der heiligen Kirche, und als solches hat man sich an die Weisungen des Statthalters Christi auf Erden zu halten. Gottes Gesetze haben höher zu stehen als alle Gesetze des Staates, mögen diese auch noch so berechnend ausgeklügelt worden sein!"

„Der Kaiser hat in seinem Krönungseid geschworen..."

„Aber, meine Tochter, worauf hat er denn geschworen? Auf ein irdisches Gesetzbuch? Auf die Bibel hat er geschworen, verstehen Sie, auf die Bibel, auf nichts anderes sonst! Roma locuta, causa finita! Wenn Rom entschieden hat, so ist das einfach unumstößlich!"

„Wozu aber dann noch verhandeln, wenn es eigentlich nach Ihrer Ansicht nichts zu verhandeln gibt, da alles von vornherein feststeht?" Im Gesicht Charlottes zucken nervös die Muskeln. Sie ist kreidebleich. Ihr Puls rast.

„Madame, ich sehe, Sie wollen einfach nicht verstehen. Unser Nuntius berichtete uns des öfteren, daß Sie und der Herr Gemahl gänzlich uneinsichtig sind. Wollen Sie denn liberal regieren? Ich frage mich allen Ernstes, was ist eigentlich liberal? Was soll denn das? Ist die Wahrheit der Kirche vielleicht liberal? Darf sie überhaupt liberal sein? Die Forderungen der Kirche sind dogmatisch, da die Wahrheit nun einmal dogmatisch ist, das kann man drehen und wenden, wie man will. Zwei und zwei sind nun einmal... vier! Das gilt für den Kaiser von Mexiko gleichermaßen wie für einen Bettler in Rom."

„Eminenz, Sie sehen die Dinge etwas zu... einseitig!" Vor Charlottes Augen scheint der Salon sich im Kreis zu drehen.

„Oh mein Gott! Ist vielleicht die römische Kurie einäugig, weil sie auf der Anerkennung der mexikanischen Kirchengüter bestehen muß? Kaiser Maximilian kann der Kirche nicht rauben, was ihr rechtmäßig uneingeschränkt... gehört!"

„Wollte mein Gatte alle sogenannten Kirchengüter zurückgeben, was bliebe da noch zum Leben für die Bevölkerung übrig? Denn fast ein Drittel des gesamten Grundbesitzes beansprucht die Kirche, und der Rest gehört den Hacenderos, das ist also den Großgrundbesitzern. Die Kirche kann doch nicht ernstlich wollen, daß das mexikanische Volk letztlich nur aus... Bettlern besteht! Aus einem Volk von Bettlern kann man kein geordnetes Staatswesen bilden. Ein solches Volk muß wohl oder übel, über kurz oder lang in die... Anarchie abgleiten."

„In eine solche verfällt es nur dann, meine Tochter, wenn man wie der Herr Gemahl völlige Religionsfreiheit zum Gesetz erhebt. Das allein ist Tollheit, das allein ist...Anarchie!"

„Man muß auch die Rechte der Andersgläubigen achten, cardinale!"

„Rechte? Sprechen Sie von Rechten? Wie? Wollen Sie eine Wiederholung der Französischen Revolution? Gerade Sie, in deren Adern mütterlicherseits das Blut der Orléans und damit auch der Bourbonen fließt? Seltsame Ansichten sind das! Sollte vielleicht der Katholik auf dieselbe Stufe gestellt werden wie der Jude oder Moslem? Christus hat nicht seine Kirche auf dem Felsen Petri errichtet, damit dieser Fels zur Sanddüne werden sollte, in welcher der ewig gültige katholische Glaube eines Tages hinweggefegt werden würde, um irgendwelchen Naturreligionen oder was weiß ich welchen Sekten Platz zu machen!"

„Wer spricht denn davon, Eminenz!"

„Mit solchen schrägen Ansichten regiert man nicht, meine Tochter! Schon gar nicht ein Reich wie Mexiko, in dem der Katholizismus unausrottbare Wurzeln geschlagen hat und seine Geistlichkeit zu Recht mit liebevoller Strenge über die Erhaltung der Reinheit des allein selig machenden Glaubens eifrig wacht!"

Charlotte will erregt aufspringen, sinkt aber ermattet in den Stuhl zurück. Schwarze Sterne scheinen vor ihren Augen zu tanzen.

Mit müder Stimme spricht sie langsam und stockend:

„Und dennoch... dennoch muß ich Eure Eminenz inständig bitten, bei Napoleon III. dahingehend zu intervenieren, daß er Mexiko die nötige Unterstützung nicht gerade jetzt verweigert, wo..." Charlotte versagt die Stimme. Ihr Antlitz ist totenbleich.

„Sie wissen, meine Tochter", erwidert der Kardinal von oben herab, „die französischen Truppen bei uns sind die großen Stützen des Kirchenstaates, der von italienischen Einigungsbestrebungen gefährlich bedroht ist. Non possumus, meine Liebe, wir können da nichts machen. Unsere Hände sind diesbezüglich selbst gebunden."

„Im Namen des mexikanischen Volkes, das ansonsten von den Truppen des Juárez überschwemmt werden wird, das der christlichen Religion danach gänzlich entfremdet und abtrünnig gemacht wird, flehe ich Sie aus ganzem Herzen an, ich beschwöre Sie bei allem, was uns heilig ist..."

Kardinal Antonelli erhebt sich ruckartig zur Verabschiedung.

„Madame, der Papst hat die besten Absichten, er wünscht Ihr Bestes und er wird nicht zögern, Sie übermorgen selbst zu empfangen. Besprechen Sie alles Weitere mit ihm!"

Der Kardinal verläßt hastig das Hotel und segnet ‚huldvoll' die davor neugierig wartende Menschenmenge.

Charlotte ist nach dieser Unterredung wie am Boden zerstört. So sehen also die Hoffnungen aus, die sie auf den Vatikan gesetzt hat! Der Papst? Wird er denn anders reagieren als sein Regierungschef, als sein Kardinalstaatssekretär? Ist das Vorgehen der beiden gegen sie, Charlotte, nicht bereits vor ihrem Eintreffen in Rom abgesprochen worden? Abgesprochen wahrscheinlich im Einklang mit Napoleon III., der sie und Maximilian vernichten will... jawohl, vernichten bis zum Äußersten!

Charlottes Unruhe steigert sich von Stunde zu Stunde bis zur Unerträglichkeit. Sie findet keinen Schlaf mehr. Jedes kleinste Geräusch läßt sie aufschrecken. Schon vermeint sie, von Spionen des Franzosenkaisers umstellt zu sein, die ihr nach dem Leben trachten.

Dabei geben sich die hochgestellten Besucher, die Charlotte ihre Aufwartung machen, einer nach dem andern buchstäblich die Türklinke in die Hand. Keine freie Minute gibt es auf diese Weise für die bedauernswerte Frau, daß ihre überstrapazierten Nerven auch nur ein ganz klein wenig abklingen könnten.

Dann ist es soweit: Es ist der 27. September 1866, elf Uhr vormittags.

Charlotte wird mit aller Pracht des päpstlichen Hofes in einem vierspännigen Galawagen, von Kürassieren eskortiert, zum Vatikan geleitet. Schaulustiges Volk bildet entlang der Wagenroute eine schier unübersehbare Warteschlange.

Vor der großen Freitreppe stehen die päpstlichen Gendarmen in ihren Paradeuniformen. Die Schweizer Garde bildet Spalier.

Charlotte ist weiß gekleidet wie eine Braut mit kostbarem Schleier aus Brüsseler Spitzen, ist es doch ein Vorrecht katholischer Königinnen, vor dem Papst in weiß zu erscheinen.

Von mehreren Kardinälen umgeben, erwartet im Thronsaal des Vatikanpalastes Pius IX., ein beleibter, stiernackiger Aristokrat, die äußerst erregte Kaiserin von Mexiko.

Dem als Graf Giovanni Maria Mastai-Ferretti in Sinigaglia in der Provinz Ancona am 13. Mai 1792 geborenen Papst wird von den Historikern politische Unfähigkeit nachgesagt, die den Pontifex im November 1848 gezwungen habe, vor einem Aufstand als Frau verkleidet nach Gaeta zu fliehen. Mit Hilfe französischer Truppen konnte er erst im April 1850 nach Rom zurückkehren, wo er das reaktionäre Polizeiregiment von früher sofort wieder herstellte.

Seither kann er sich trotz allgemeiner Erbitterung nur noch in Rom und Umgebung an der Macht halten... und zwar mit Hilfe der Soldaten Napoleons III.

Des Papstes Hauptanliegen sind ein weiterer Ausbau der kirchlichen Hierarchie, eine zunehmende Zentralisierung der Weltkirche und eine schroffe Abwehr jeglicher moderner Ideen.

So verurteilt er im Jahre 1864 im sogenannten Syllabus, einer Art von Katalog, achtzig Zeitirrtümer (durch das zweite Vatikanische Konzil größtenteils aufgehoben).

Von diesem dogmatisch ‚unfehlbaren' Papst ist auch kein Jota an Toleranz zu erwarten, obwohl er als Mensch alles andere als ein Asket ist.

In seiner Jugend war er so liberal, daß sein Vorgänger Gregor XVI. über ihn sagte: ‚Im Hause Mastai sind selbst die Katzen liberal'.

Seine drei Brüder nahmen 1831 sogar am Aufstand gegen den Kirchenstaat teil, und Pius IX. wurde gerade wegen seiner liberalen Gesinnung von der Mehrheit der Kardinäle seinerzeit zum Papst gewählt.

Seine Bildung gilt als oberflächlich, wie übrigens damals bei den meisten Priestern Italiens. Rein äußerlich besehen ist er eine stattliche Erscheinung. Er selbst zeichnet sich persönlich durch Witz und Phantasie aus.

In späteren Lebensjahren setzt er zunehmend auf echte oder sogar vermeintliche Wunder der Vorsehung Gottes statt auf ‚vernünftiges Denken', wie beispielsweise der katholische Priester Josef Gelmi, Professor für Kirchengeschichte an der philosophisch-theologischen Hochschule in Brixen, in seiner Papstgeschichte feststellt.

Es ist daher nicht verwunderlich, daß für Pius IX. der Liberalismus allmählich zu einem Werk des Teufels wird. Unter diesem Papst erreichen die päpstlichen Finanzen einen derartigen Tiefstand, daß er schließlich erklärt:

„Sarò forse infallibile, ma sono fallito“ (Ich selbst mag wohl unfehlbar sein, aber jedenfalls bin ich bankrott).

Privat ist er ein ausgezeichneter Violinspieler und fördert trotz chronischen Geldmangels die archäologische Forschung in den Katakomben.

Dennoch ist er bei der Bevölkerung derart unbeliebt, daß der sogenannte Pöbel nach seinem Tod seinen Leichnam in den Tiber werfen will, was nur etliche deutsche Kleriker unter Lebensgefahr verhindern können.

Aber... noch lebt ja Pius IX. (er wird übrigens 86 Jahre alt werden) und noch ist er vital, dynamisch und sehr gesund.

Da trifft Charlotte mit ihrem Gefolge bei ihm ein und wirft sich nach althergebrachter Tradition ihm sofort zu Füßen, um seinen Pantoffel zu küssen. Er hebt die junge Frau auf und gestattet lediglich, daß sie seinen Fischerring küßt.

Dann entfernen sich Papst und Kaiserin von den beiderseitigen Gefolgsleuten und gehen allein in den privaten Bibliothekssaal des Papstes hinein.

Schon will der leicht erregbare Papst diese junge Frau, die seinem Nuntius in Mexiko Widerpart geboten hatte und die vor zwei Tagen auch seinem Kardinalstaatssekretär Antonelli energisch widersprochen hatte, nun ebenfalls mit Vorwürfen überhäufen.

„Meine Tochter“, fängt er auch schon zu grollen an, „es ist nicht recht, im Ungehorsam gegen den Stellvertreter Christi zu verharren. Kaiser Maximilian hat der Kirche gegenüber nicht eingehalten, was er ihr versprochen hatte.“

„Ich habe ein Memorandum des Kaisers mitgebracht“, erwidert Charlotte in höchster nervöser Anspannung, „... wenn ich es Eurer Heiligkeit überreichen darf...“

Der Papst nimmt das Konvolut entgegen und legt es beiseite, ohne einen Blick darauf zu werfen.

„Was den Forderungen, den übrigens stets gerechten Forderungen der päpstlichen Politik widerspricht“, fährt er schulmeisternd fort, „kann von Uns nicht gutgeheißen werden.“

„Der Kaiser darf nicht anders handeln“, flüstert Charlotte leichenblaß, „er steht über den Parteien und muß ihnen daher entgegenkommen... er muß..." Sie verliert auf einmal den Faden des Gespräches und bricht dieses ab.

Der Papst ist nun ein besserer Menschenkenner als sein Kardinalstaatssekretär. Pius IX. erkennt mit einem Blick, daß er eine äußerst nervenkranke Frau vor sich hat.

„Meine Tochter", fährt er daher begütigend fort, „wenn ich Ihnen auch nicht in jener Art und Weise helfen kann, die Sie von Uns erwarten, so segne ich Sie dennoch aus ganzen Herzen im Hinblick auf das erhabene Vorbild des guten Hirten, der seine Schafe nicht im Stich läßt..."

„Euer Heiligkeit sagen also Nein zu meinen berechtigten Hilferufen... Nein und nichts als Nein." Sie wird abwechselnd leichenblaß und dann wieder hochrot im Gesicht.

„Meine geliebte Tochter", weicht er diplomatisch aus, „selbst eine Kaiserin ist meine Tochter genauso wie jede andere Katholikin... genauso..."

„Das bedeutet trotz allem Nein!" bricht es jetzt ungestüm aus ihr hervor. „Nein aus Amerika, Nein aus Österreich, Nein aus Belgien, Nein aus Paris und nun Nein aus Rom. Nein aus dem Herzen der Christenheit... Nein vom Papst... Nein, nein... Nein!" Sie bricht schluchzend zusammen.

„Aber... aber..." Pius IX. ist zutiefst erschrocken. Eine solche Szene bei einer Audienz mit einer Kaiserin, einer Königstochter! „Bitte, beruhigen Sie sich, meine Tochter, bitte beruhigen Sie sich!"

Charlotte schlägt beide Hände vors Gesicht. Und dann... dann... vergißt sie doch glatt den Zweck ihres Besuches beim Papst. Augenblicklich vergißt sie vollkommen, warum sie eigentlich nach Rom gereist ist. Ihr Körper beginnt konvulsivisch zu zucken.

„Heiliger Vater!" ruft sie beschwörend aus, „helfen Sie mir! Alle wollen mich... vergiften, alle... alle!"

„Aber, meine Tochter, alle lieben Sie, alle wollen nur Ihr Bestes!"

„Er..." Charlottes Augen starren mit irrem Blick den 74jährigen in seiner weißen Soutane an. „Er... Napoleon III. hat Mörder gedungen, mich zu vergiften... Überall lauern diese auf mich... in Ihrem Gefolge... in meinem..."

Der Papst ist entsetzt, faßt sich aber schnell.

„Meine liebe... liebe Tochter..." Pius IX. schiebt behutsam die sichtlich wahnsinnig gewordene junge Frau mit leichtem Druck den im Thronsaal wartenden Kardinälen entgegen. „Ich segne Sie... alles wird wieder gut werden", flüstert er dabei eindringlich ein um das andere Mal, während man die völlig Verstörte mit List zu dem vor dem Portal wartenden Galawagen und in jagendem Galopp zurück ins Grand Hotel bringt.

Fortan wechseln in Charlottes Geist in rascher Wechselfolge lichte Augenblicke mit nachtschwarzen ab. In jenen, nur kurz dauernden ist sie fortan überzeugt, daß sie sehr bald einem Giftmord zum Opfer fallen werde. Sie ernährt sich nur noch von Nüssen, die sie eigenhändig knackt. Sie trinkt nur noch Wasser, das sie selbst schöpft.

Sie versendet Abschiedsbriefe und testamentarische Verfügungen. Meistens spricht sie vollkommen wirr, dazwischen gibt es ab und zu eine halbe Stunde, in der ihr Geist sich zu erholen scheint.

In einer solchen lichten Stunde schreibt sie ihrem Gatten folgenden Brief:

‚Rom, den 1. Oktober 1866

Innig geliebter Schatz!

Ich nehme von Dir Abschied. Gott ruft mich zu sich. Ich danke Dir für das Glück, das Du mir stets gegeben hast.

Gott segne Dich und mache Dir (sic!) die ewige Seligkeit gewinnen.

Deine Dir treue
Charlotte.‘

Mit welchen Empfindungen wird nun Maximilian diesen Brief... einen solchen Brief lesen?

Wie... auf welche Weise wird jetzt Maximilian auf diesen Brief... auf einen Brief mit einem derartigen, zutiefst erschütternden Inhalt reagieren?

23

Sophie

‚Es geht um uns, nicht um die ungeborenen Enkel, in deren Namen die heutigen getötet werden.‘
(Friedrich Dürrenmatt, Philosophisches und Politisches)

Ein österreichischer Offizier, der sich mit 26 Jahren freiwillig zum Dienst unter Kaiser Maximilian gemeldet hatte, wird bei einem Gefecht in Carbonera im Süden Mexikos von den Truppen des republikanischen Generals Porfirio Diaz gefangen genommen. Hierüber berichtet er seiner Mutter nach Wien:

„... Anfänglich glaubten wir, daß uns der Feind würde erschießen lassen, allein dies geschah glücklicherweise nicht... Wir werden recht gut behandelt, sind auf Ehrenwort auf freiem Fuß und hoffen, binnen kurzem ausgewechselt zu werden, und befinden uns infolgedessen den Umständen angemessen... Leider ist unser ganzes Hab und Gut in Feindes Hände gefallen.“

Mittlerweile verkündet Napoleon III., daß alle französischen Truppen im Februar 1867 aus Mexiko abgezogen würden.

Am 18. Oktober 1866 erhält Maximilian zwei Telegramme. Er leidet schon seit längerem an einem Wechselfieber, wahrscheinlich als Folge einer Malariaerkrankung, die er sich im Vorjahr bei seiner Reise ins Landesinnere von Mexiko zugezogen hat.

Sein Leibarzt Dr. Samuel Basch ist eben bei ihm, als die beiden Depeschen eintreffen.

„Soll ich sie öffnen?“ fragt Dr. Basch.

„Ich bitte darum. Von wem stammen sie denn?“

„Das eine Telegramm ist von Ihrem Außenminister Martin Castillo.“

„Was will er?“

„Es ist aus Rom.“

„Aus Rom? Warum telegraphiert er und nicht meine Frau?“

Dr. Basch zuckt mit den Achseln. Dann öffnet er das Telegramm.

„Verstehen Sie das, Dr. Basch? Warum telegraphiert er und nicht Charlotte?“

„Weil...“ Der Leibarzt vertieft sich in den Text. Dann sagt er leise: „Die Kaiserin ist erkrankt.“

„Kein Wunder... Die Strapazen der langen Reise! Ich kenne meine Frau nur zu gut. Sie gönnt sich keine Ruhe, empfängt jeden, der sie sehen will... Hat sie Fieber? So sprechen Sie doch schon, Basch! Spannen Sie mich nicht derart lange auf die Folter!“

„Die Kaiserin ist... mit den... Nerven erkrankt.“

„Mit den Nerven? Eine Nervenentzündung? Gott sei Dank, ich dachte schon, es wäre ihr Herz...“

„Ein... schwerer Nervenzusammenbruch!“

„Dr. Basch, Sie schauen mich so sonderbar an! Ist es sehr ernst, ist es... lebensbedrohend?“

Inzwischen hat der Arzt die zweite Depesche geöffnet.

„Das zweite Telegramm ist aus Miramar...“

„Aus Miramar? Von Charlotte etwa...?“

„Von Ihrem Oberstkämmerer, dem Grafen Bombelles...“

„Ja... und? Was schreibt er? Warum er? Warum nicht Castillo? Hat der Außenminister etwa meine Frau verlassen?“

„Er kehrt nach Mexiko zurück. Er ist schon unterwegs.“

„Und Charlotte? Warum reist sie nicht mit Castillo zu mir?“

„Sie ist in Miramar.“

„In Miramar? Davon war doch überhaupt nicht die Rede! Dr. Basch, was hat das alles zu bedeuten? Können Sie mir das erklären?“

„Bombelles depeschiert, daß Kaiserin Charlotte in Begleitung der Ärzte in Miramar eingetroffen ist, und man noch nicht jegliche Hoffnung... aufgegeben hat.“

„Noch nicht jegliche Hoffnung aufgegeben...“, murmelt Maximilian tonlos. „Um Gottes willen! Was für eine schreckliche Krankheit hat meine arme Charlotte denn ereilt? Das ist

Kaiser Maximilian von Mexiko
Gemälde von E. Heinrich

doch nicht bloß ein... Nervenzusammenbruch... Wie? Das... Das ist mehr... Das muß mehr sein, Dr. Basch, viel mehr..."

„Die genaue Art der Erkrankung wird nicht klar ausgesprochen. Keine exakte Diagnose... Es ist nur die Rede von der Berufung eines Wiener Arztes nach Miramar."

„Eines Wiener Arztes... Wie ist sein Name?"

„Ein gewisser Dr. Riedel."

„Nie gehört! Kennen vielleicht Sie diesen Mann?"

„Ja."

„Heraus mit der Sprache! Wer ist es? Wofür ist er zuständig, ich meine spezialisiert..."

„Professor Riedel ist der Direktor der Wiener..."

„... der... was?"

„... der Wiener... Irrenanstalt."

„Nein, Dr. Basch, nein... um Himmels willen... Nein, nein... nein!"

„Bitte beruhigen Sie sich! Sie sind selbst krank, sonst steigt wieder das Fieber und steigt..."

„Das ist doch jetzt völlig gleichgültig. Was soll ich unter diesen Umständen noch hier?"

„Sich vorerst selber schonen! Damit das Fieber zurückgeht."

„Oh... meine arme, arme Charlotte!" Maximilian vergräbt das Gesicht in seinen Händen. Dann springt er mit einem Ruck aus dem Bett.

„Ich will zu ihr! Ich muß zu ihr! Ich reise sofort ab. Nach Miramar!"

Dr. Basch stürzt sich auf Maximilian und ringt mit ihm. „Majestät!" schreit er. „Sie müssen zurück ins Bett! Wollen Sie noch eine Lungenentzündung dazubekommen? Sie können im Augenblick für die Kaiserin nichts tun. Erst müssen Sie selber gesund werden. Erst dann... erst dann..."

Maximilian gibt nach und legt sich wieder zu Bett.

„Dr. Basch", keucht er und ringt nach Atem. „Bringen Sie mir bitte aus meinen Arbeitskabinett..."

„Ja, ich höre... Was soll ich Ihnen bringen?"

„Papier, Schreibzeug... Aber rasch, bitte!"

„Sie dürfen jetzt nicht arbeiten. Solange das Fieber so hoch ist..."

„Ich will Ihnen etwas Wichtiges diktieren."

Der Arzt entfernt sich kurz. Nach einer Weile bringt er das Gewünschte.

„So, Dr. Basch, jetzt schreiben Sie bitte!:

Proklamation

An Meine geliebten Völker im Kaiserreich Mexiko!

Ich erkläre hiemit schweren Herzens, daß die vielen Kämpfe und Widerstände im Reich eine gedeihliche Eintracht unmöglich gemacht haben. Ich erkläre ferner, daß Gott meine moralische Kraft, da mein Lebensglück durch die Krankheit der Kaiserin zerstört ist, geschwächt hat.

Daher will ich als loyaler und redlicher Mann eine Situation nicht länger hinausschieben, deren weiteres Bestehen die auf Mexiko lastenden Übel nur noch verschärfen müßten.

Ich werde daher eine Regentschaft ernennen, die bis zu einer weiteren Entscheidung des Kongresses regieren soll.

Mein Dank gilt allen, die mich in meiner schweren Aufgabe treu unterstützt haben.

Mexiko Stadt, 20. Oktober 1866. gez. Maximilian."

„Majestät", unterbricht ihn jetzt Dr. Basch, „Sie haben wirklich die Absicht, Sie wollen wirklich…?"

„Ja!" erklärt er mit fester Stimme. „Ich will sofort abreisen, zu meiner armen Frau nach Miramar. Wollen Sie bitte noch einiges für mich bestellen?"

„Von Herzen gern."

„Stefan Herzfeld, ein ehemaliger Marineoffizier aus meiner Jugendzeit, weilt gerade hier. Sagen Sie ihm bitte, der Kommandant der österreichischen Korvette ‚Dandolo' möge sich für mich bereit halten. Man möge unverzüglich mit den Reisevorbereitungen beginnen. Ich werde Marschall Bazaine benachrichtigen, daß ich mich nach Orizaba begebe, da meine angegriffene Gesundheit ein milderes Klima benötigt, und ich außerdem an diesem Ort die aus Miramar erwarteten Nachrichten schneller erhalten kann. Herzfeld möge ferner den Grafen Olivier Rességuier veranlassen, auch ein ehemaliger Marineoffizier aus meiner Jugend, um jeden Preis innerhalb von zwei Wochen ein geeignetes Segelschiff nach Veracruz zu beordern, das dazu bestimmt ist, mich mit einem Gefolge von vierzehn Personen sowie die inzwischen dorthin geschafften Wertsachen nach Europa zu bringen. Herzfeld und Ességuier haben selbstverständlich hierüber strengstes Stillschweigen zu bewahren. Das gilt natürlich auch für Sie, Dr. Basch!"

„Sie können auf mich bauen."

Kaum von seinem Wechselfieber genesen, bricht Maximilian nach Orizaba auf. In dieser Stadt, in der die Konservativen die Mehrheit haben, bereitet man ihm einen jubelnden Empfang.

In der wunderschönen Landschaft und dem herrlichen Klima Orizabas erholt sich Maximilian zusehends.

Schon schaltet sich die Regierung ein und versucht, ihn zum Bleiben zu bewegen.

Sein mexikanischer Ministerpräsident, Theodazio Lares, schreibt ihm am 26. Oktober folgenden Brief:

„... Wenn Euer Majestät uns verlassen, wäre das ein schreckliches Unglück für die Bevölkerung. Welches Schicksal hätten Ihre zahlreichen Anhänger, wenn Sie das Land verließen? Dürfen wir Sie an Ihre bei der Feier des Unabhängigkeitsfestes gesprochenen Worte erinnern, daß Sie geneigt sind, jedes Opfer für die Nation und die Unabhängigkeit des Landes zu bringen... daß Sie nicht fliehen werden, da ein Habsburger im Augenblick der Gefahr nicht flieht?... Sie haben einen heiligen Eid in Miramar geschworen. Was würde die Welt sagen, was die Geschichte, wenn er nicht erfüllt würde?..."

Einige Tage später, nämlich am 4. November, richtet der Minister des kaiserlichen Hauses, Luis Arroyo, einen flammenden Appell an Maximilian:

„... Der französische General Graf François Castelnau hat von Napoleon III. keineswegs den Auftrag erhalten, Sie zum Abdanken zu bringen, und Bazaine betrachtet sich bis zu seinem Abmarsch nach wie vor als den ersten Soldaten des mexikanischen Kaiserreiches. Die Regierung ist der Meinung, daß man mit den verbleibenden Kräften und einer Anleihe die Lage retten kann.

Euer Majestät sollten unbedingt in die Hauptstadt zurückkehren. Die Mißstimmung des Volkes gegen die hier stationierten französischen Truppen steigt mit jedem Tag. Dagegen mehren sich die Beweise der Anhänglichkeit für die Person Eurer Majestät... Wenn Sie uns verlassen, wäre das ein schreckliches Unglück für die Bevölkerung..."

Selbst der britische Gesandte Campbell Scarlett eilt nach Orizaba und rät Maximilian, die Flinte nicht ins Korn zu werfen.

Dem Jesuitenpater Augustin Fischer, der mittlerweile großen Einfluß auf Maximilian gewonnen hat, teilt der Gesandte Scarlett am 6. November brieflich folgendes mit:

„... Es ist ganz sicher, daß nach dem Abmarsch der Franzosen eine starke Partei es vorziehen wird, sich um die kaiserliche Flagge zu scharen, um Mexiko davor zu schützen, durch einen Bürgerkrieg und seine verheerenden Folgen in Stücke gerissen zu werden..."

Tags darauf, also am 7. November, schreibt Maximilians französischer Sekretär Edouard Pierron diesem aus Mexiko, die österreichische Regierung werde nicht gestatten, daß sich Kaiser Maximilian nach Miramar oder an einen anderen Ort in Österreich begebe.

Nun mischt sich auch Maximilians Leibarzt Dr. Basch ein und rät ihm dringendst, eine mögliche Abdankung betreffend nur ja nichts zu überstürzen.

Drei Tage später, am 10. November, kommen mit dem Postdampfer die beiden mexikanischen Generäle Leonardo Marquez und Miguel Miramon in Orizaba an. Sie bestürmen eindringlich den Kaiser, nur ja nicht abzudanken, und bieten ihm uneingeschränkt ihre Dienste an.

Da beruft Maximilian alle Minister und den Staatsrat zu einer Konferenz nach Orizaba ein, die über seine geplante Abdankung abstimmen sollen.

Die Geladenen, 23 Personen insgesamt, und zwar ausnahmslos Konservative, erscheinen und stimmen am 24. November ab.

Elf Mitglieder stimmen für die Abdankung, zwölf teils dagegen, teils für eine Vertagung der Abdankung bis zur Sicherstellung der Interessen der Anhänger des Kaisertums.

Wohl stellt Maximilian danach noch zaghaft sieben Bedingungen, unter denen er bleiben wolle.

Doch es läuft wie seinerzeitig in Miramar. Auch damals

hatte ja Maximilian Bedingungen gestellt, und als diese nicht erfüllt wurden, dennoch die ihm dargebotene und eigentlich gar nicht existierende Krone angenommen.

Auch diesmal können drei der sieben Bedingungen überhaupt nicht erfüllt werden, nämlich

‚Arrangement mit Amerika',
‚Herbeischaffung von Geld' sowie
‚Organisation der Armee'.

Aber dennoch... Maximilian bleibt!

Am 28. November schreibt er seinem Ministerpräsidenten Lares äußerst ‚blauäugig':

„... Tief bewegt über die Kundgebungen der Liebe und Loyalität erkläre ich mich zu jedem Opfer bereit..."

Als Napoleon III. hierüber von seinem Gesandten erfährt, gerät er in hellen Zorn.

Am 10. Dezember befiehlt er Bazaine, Anfang März alle Truppen aus Mexiko endgültig abzuziehen.

Nun teilt Dr. Basch Maximilian mit, er habe Berichte aus Miramar erhalten, wonach die Geisteskrankheit der Kaiserin derart zugenommen habe, daß sie nun Wahnvorstellungen solcher Art habe, daß sie überzeugt sei, auch Maximilian trachte ihr nach dem Leben.

Diese Nachricht bestärkt den Kaiser nun in dem Entschluß, nicht nach Miramar abzureisen, sondern vorerst in die Nähe seiner Hauptstadt zurückzukehren.

Die Psychiatrie weiß zur Genüge, daß rein psychisch bedingte Geisteskrankheiten durch die tatkräftige Mitwirkung der engsten Bezugspersonen der Patienten meistens wesentlich gebessert werden können. Charlotte aber ist in Miramar nur von bezahltem Pflegepersonal, jedoch von keiner einzigen nahen Bezugsperson umgeben. Damit ist ihr Schicksal, was den Krankheitsverlauf betrifft, unbarmherzig und unwiderruflich besiegelt.

Am 5. Februar 1867 verläßt Marschall Bazaine mit seinen Truppen endgültig und für immer die Hauptstadt Mexikos.

Maximilian ist hellauf empört, daß Erzbischof Labastida den Marschall bis zum Tor der Stadt begleitet.

Anschließend gibt der Kirchenfürst öffentlich seinen Rücktritt bekannt und bringt sich rechtzeitig in Sicherheit.

Doch General Miramon gelingt es in einem tollen Handstreich, die Stadt Zacatecas zu erobern. Fast wäre Benito Juárez dabei um ‚Haaresbreite' gefangen genommen worden, wenn er sich nicht durch eine waghalsige Flucht im letzten Augenblick hätte retten können.

Wie anders, wie völlig anders wäre Maximilians weiteres Schicksal verlaufen, wenn... ja wenn Benito Juárez nicht hätte entkommen können... Doch immer entscheidet im Leben ein solches ‚Wenn'... ein derartiges, oft scheinbar uneinsichtiges ‚Wenn' über die Schicksale ganzer Familien, ja oftmals sogar ganzer Völker...

Fast gleichzeitig mit dem Sieg Miramons gelingt es General Marquez, die Stadt Toluca mit Erfolg gegen die Juaristen zu verteidigen.

Durch diese Ereignisse gerät Maximilian in Hochstimmung. Da erhält er einen Brief seiner dominierenden Mutter, der Erzherzogin Sophie, vom 9. Januar 1867 mit folgendem Inhalt:

„... Deine arme Charlotte schrieb mir einen so hübschen, liebevollen, ganz vernünftigen Brief, in welchem sie eine große Freude ausspricht... über Weihnachtsgaben von Papa und mir... *Ich kann nur vollkommen billigen, daß Du... in Mexiko geblieben bist... muß ich jetzt wünschen, daß Du in Mexiko so lange ausharrst als möglich ist...*"

Und Maximilian, der wie seine Brüder, allen voran Kaiser Franz Joseph, stets auf Mama Sophie gehört hatte, er bleibt... bleibt trotz allem... in Mexiko!

24

Ein langer Abschied

‚Leid, Krankheit und Tod gehören zu den Tabuthemen einer modernen Gesellschaft, in der Jugendlichkeit und Erfolg zählen.‘
(Maria Widl,
Christentum und Esoterik,
Graz-Köln-Wien 1995)

„Pardon!“ Der blonde Hüne, Rodolfo Conte Plindera, tritt in Eugénies kleinen Salon ein. „Die Fürstin Pauline Metternich wartet im Vorsaal gemeinsam mit Monsieur Home“, meldet er eindringlich.

„Mit diesem Medium, das uns damals vor der Abreise Kaiser Maximilians nach Mexiko so eigenartige Mitteilungen machte?“

„Die Fürstin sagt, Home hätte einiges zu enthüllen, das von höchster Wichtigkeit wäre.“

„Ach, Marchese“, jammert Eugénie, „ich bin müde dieser ewigen Mitteilungen, ich bin müde dieser ganzen leidigen Politik. Man lasse mich endlich in Ruhe! Ich habe heute wieder einmal meine Migräne.“

„Die Fürstin will sich nicht abweisen lassen, sie meint, die Sache dulde keinen Aufschub.“

„Alle umlagern mich. Jeder will etwas von mir. Und alle erklären, es wäre höchst dringend. Unser Gesandter in Mexiko, Alphonse Dano, ging eben von mir fort und machte mir den Kopf voll mit düsteren Perspektiven.“

„Majestät, nur noch diese eine Audienz: Die Fürstin und Monsieur Home...“

„Wissen Sie, was Dano mir einredete? Kaiserin Charlotte reiste an einem 13. nach Europa. Das brachte ihr Unglück, das brachte ihr den Wahnsinn. Nun ist Kaiser Maximilian an einem 13. aufgebrochen... fort von seinem Retiro nach der Stadt Querétaro.“

„Querétaro…? Entsetzlich! Querétaro ist eine… Mausefalle!“

„Wie? Oh… meine Migräne!“ Eugénie greift sich mit beiden Händen an die Schläfen.

„Kaiser Maximilian hätte nach Acapulco oder nach Veracruz abreisen sollen. Dort könnte er sich bei Gefahr übers Meer ins sichere Europa retten.“ Der Conte macht einen bestürzten Eindruck.

„Genau das ließ ihm unser Marschall Bazaine durch unseren Gesandten Dano ja ausrichten, aber Ihr Kaiser Maximilian ließ sich von den Konservativen überreden…“

„O Gott! Das kann nicht gut ausgehn!“ bricht es aus Rodolfo hervor.

„Nicht wahr, Sie sind auch dieser Ansicht? Also schön, lassen Sie meinetwegen die Fürstin mit diesem… mit diesem Medium eintreten! Aber rasch bitte!“

„Warum, Fürstin, bringen Sie mir diesen Monsieur Home?“ empfängt Eugénie ohne Umschweife ihre eintretende Freundin aus einstmals fröhlicheren Tagen. „Wozu übrigens den Schleier der Zukunft lüften wollen? Die Schatten einer unerfreulichen Gegenwart werden kaum einige Sonnenstrahlen für eine hellere Zukunft leihen. Oder am Ende doch?“

„Madame, ich weiß es nicht. Monsieur Home machte mir heute seine Aufwartung mit einer solchen Dringlichkeit, daß ich ihn unmöglich abweisen konnte, und sofort mit ihm aufbrechen mußte in die Tuilerien.“

„Was gibt es, Monsieur?“ wendet sich Eugénie etwas unwillig an das Medium mit den melancholischen Augen und den blassen Wangen. „Sie wünschen also?“

„Ich bin wunschlos für meine Person“, erwidert der Angesprochene mit matter Stimme. „Doch… mein Kontrollgeist Rubis wünscht…“

„Er wünscht… wünscht…“ Eugénie schlägt mit ihrem Fächer ärgerlich auf das Mahagonitischchen vor der Sitzgruppe. „Alle wollen stets etwas von mir, und das alles hängt mit Politik zusammen. Oh… ich verwünsche diese ganze vertrackte Politik, die wir da am Hals hängen haben! Dieses Mexiko ist für uns zu einem riesigen Mühlstein geworden. Kann man denn seither nicht mehr ruhig schlafen? Also… was ist mit Ihrem sogenannten Kontrollgeist?“

„Rubis hat das Verlangen sich zu... artikulieren", drückt sich das Medium etwas steif aus.

„Was... was will er... artikulieren?" Eugénie ist in schlechter Verfassung, seelisch und daher auch physisch. Sie hat erfahren, daß Charlotte geisteskrank geworden ist und daß dieser Zustand höchstwahrscheinlich unabänderlich ist. Das erzeugt in Eugénie ein unheimlich schlechtes Gewissen ihrer kaiserlichen Geschlechtsgenossin gegenüber. „Also... was?" wiederholt sie, wobei ihre Nerven wieder einmal zu flattern beginnen.

„Er will... hören Sie ihn bitte selbst!"

„Aber... doch nicht hier! Aber... doch nicht jetzt!" wehrt Eugénie heftig ab.

Allein, es ist zu spät! Das Medium ist mittlerweile bereits in Trance gefallen. Augenblicklich vernimmt man aus seinem Mund eine fremde, helle Stimme...

„Hier ist Rubis. Ich begrüße herzlich die Anwesenden. Oh... heute sind nur Wenige bei mir versammelt. Nur... drei... Personen... Halt, ich hole noch jemanden herbei!"

Die jugendlich wirkende Stimme verstummt.

„Was ist?" fragt Eugénie verdutzt. „Warum bricht er ab? Ich habe wenig Zeit."

Da tritt aus dem angrenzenden Arbeitskabinett unversehens Napoleon III. ein. Er stutzt, als er Home auf einem Stuhl sitzend und wie schlafend vorfindet.

„Was ist denn hier los?" fragt er mit träger Stimme und eingekniffenen Augen.

„Still, mein Freund!" Eugénie kommt ihm mit erhobener Hand entgegen.

Die Fürstin Metternich wirkt verlegen und wechselt mit Eugénie ratlose Blicke.

„Was denn?" unterbricht der Franzosenkaiser seine Frau. „Etwa schon wieder eine Séance?... Natürlich, Fürstin Metternich, Sie sind es! Haben denn die Kaiserin und Sie wirklich keine anderen Sorgen? Gerade jetzt, wo die Weltlage einem Pulverfaß gleicht, einem feuerspeienden Vulkan!"

„Hier meldet sich jemand", nun die fremde Stimme des Mediums, „der uns etwas Wichtiges..."

„Ich will nichts davon hören", unterbricht ihn Napoleon unwillig. „In meiner Eröffnungsrede bei der neuen Session der Legislative erklärte ich unmißverständlich, daß ein unglückliches Zusammentreffen verschiedener Umstände den Versuch der Wiederaufrichtung eines uralten Kaisertums zunichte gemacht hat."

„In Mexiko!" platzt Fürstin Metternich unbedacht heraus.

„So ist es!" bekräftigt Napoleon III. „Unsere Grundidee dabei war, natürlich von besten Absichten erfüllt, die Regeneration eines armen Volkes..."

„... und um dem französischen Handel unermeßliche Zukunftsaussichten zu eröffnen", ergänzt die Metternich etwas boshaft.

„Die Dame, die sich jetzt meldet", nun wieder die seltsam abgehobene Stimme des Mediums, „nennt sich Marie Amélie..."

„Die Gemahlin des Königs Louis Philippe, des Vorgängers des Kaisers der Franzosen", flüstert Eugénie aufgeregt dem Conte zu. „Die Großmutter der armen Kaiserin Charlotte."

„Die Dame", wiederum das Medium, „die Dame meint, er... er sollte besser nach Miramar reisen, statt nach... nach dieser Stadt im Landesinneren..."

„Statt nach Querétaro", murmelt Rodolfo erbleichend.

„Wird die Sache in... Querétaro gut ausgehn?" fragt er aufgeregt und mit belegter Stimme das Medium.

„Dazu will eine andere Dame etwas sagen", murmelt das Medium zögernd. „Eine seltsame Dame... sie trägt ihren eigenen Kopf unterm Arm..."

„O mon Dieu!" schreit Eugénie auf und stützt sich bleich geworden auf den Arm ihres Sicherheitsoffiziers. „Das ist gewiß Marie Antoinette... die einstige Königin, von der Französischen Revolution hingerichtet, die Blutsverwandte Maximilians..."

„Die Dame betont... die Dame weist darauf hin..." Das Medium bricht ab.

„Worauf? Worauf?" fährt Pauline Metternich, wie von der Tarantel gestochen, hoch. „Was sagt die Dame? So reden Sie doch schon!" Die Metternich hält ihren Mund dicht an das Ohr des Mediums.

„Aufhören!" Napoleon III. tritt nahe heran und rüttelt Home energisch an der Schulter. „Aufhören! Wachen Sie auf! So wachen Sie doch auf! Ich befehle es Ihnen. Der Kaiser befiehlt es. Augenblicklich haben Sie aufzuwachen! Hören Sie! So hören Sie doch!"

Durch die Gestalt des Mediums geht ein energischer Ruck. Home strafft seinen Rücken. Durch seinen Körper geht ein starkes Zerren und Zittern. Dann schlägt Home die Augen auf und starrt wie geistesabwesend vor sich hin.

„Kommen Sie, Monsieur Home! Kommen Sie! Kommen Sie!" Pauline Metternich schleppt das Medium mehr, als es selbständig geht, mit Mühe hinaus.

„Was soll dieser Unsinn? Was soll dieser unappetitliche Spuk?" Napoleon III. zündet sich eine schwere Zigarre an. „Diese Metternich... Ich hätte ihr schon längst den Zutritt bei Hof verboten. Aber sie ist nun einmal die Gattin des österreichischen Botschafters und außerdem so etwas wie... Ihre Freundin."

„Was haben Sie gegen die Fürstin?" fragt die Kaiserin, die ihren Gatten vor anderen Personen fast ausnahmslos per Sie anspricht, genauso wie auch er es zu handhaben pflegt.

„Was ich habe? Hören Sie, meine Teure, der Kaiser der Franzosen, in diesem aufgeklärten Jahrhundert... er darf nicht auf die verbalen Ergüsse irgendeines sogenannten Mediums hören..."

„Darf er nicht? Nein? Die Stimme Eugénies klingt voll Ironie. „Aber... wie verträgt sich diese Ihre Verweigerung dann mit Ihren sonstigen diesbezüglichen Gepflogenheiten?"

„Ich verstehe nicht, was Sie meinen." Napoleon III. geht unwillig im kleinen Salon der Kaiserin auf und ab, wobei er Rodolfo heimlich mustert.

„So... Sie verstehen nicht!" ereifert sich Eugénie und klappt energisch ihren Fächer wieder auf. „Und was ist mit Ihrem brennenden Verlangen, sich immer wieder die Karten legen zu lassen? Aus dem Kaffeesud sich sogenannte Prophezeiungen eröffnen zu lassen? Was ist mit dem Heer von Astrologen, die oft und jetzt immer öfter zu Ihnen kommen müssen, um Ihnen vorherzusagen, wie und wann Sie worüber entscheiden sollen? Wie?"

„Ach, Madame", gibt er unwillig von sich, „ich sehe, das ist heute nicht Ihr Tag! Weswegen betrat ich eigentlich Ihren Salon? Weswegen kam ich nur hierher?" fragt er zerstreut sich selbst. „Pardon, ich glaube, in meinem Arbeitskabinett wartet inzwischen mein Sekretär auf mich. Au revoir!" Und hastig entfernt er sich.

Eugénie lächelt hinter ihm her und zwinkert Rodolfo zu.

„Was sagen Sie dazu, Marchese? Der Kaiser ist in dieser Hinsicht wie die meisten intellektuellen Pariser. Sie gebärden sich so schrecklich aufklärerisch und sind dabei doch genauso abergläubisch wie eine ungebildete Matrone aus St. Denis."

„C'est la vie!" Conte Plindera kaut nervös an seiner Unterlippe.

„Man müßte etwas unternehmen. Ihr Kaiser Maximilian..." Eugénie gibt mit ihrem Fächer Rodolfo einen leichten Klaps auf die Schulter.

„Madame, worauf spielen Sie an?"

„O Marchese, Sie ahnen nicht, wie mich das alles mitnimmt!" Eugénie schreitet unruhig auf und ab. „Ich komme mir vor wie ein aufgescheuchter Rabe, der rastlos hin- und herflattert. Haben Sie gehört, was dieses Medium... was sein Kontrollgeist zum Besten gab?"

„Erschütternd... es war erschütternd..."

„Die Dame... trug ihren eigenen Kopf unterm Arm..." Eugénie ist sehr blaß geworden. „Man kann es für wahr halten oder nicht... Wenn es aber echt war, Marchese... wenn es wirklich echt war... dann war es doch eine Anspielung auf einen gewaltsamen Tod... Sehe ich das etwa falsch?" Eugénies Gesicht färbt sich jetzt blutrot. Ihr Atem geht stoßweise.

„Madame, Sie sollten sich Schonung auferlegen..."

„Vielleicht haben Sie recht. Sonst ergeht es mir eines Tages wie dieser bedauernswerten Charlotte. Sie schonte sich nicht, ging ganz in der Politik Ihres Gatten auf, verzehrte sich im brennenden Ehrgeiz, um jeden Preis zu retten, was doch leider, leider... nicht mehr zu retten ist."

„Sie müssen nun an sich selber denken."

„Natürlich. Ich bin gleichfalls zu sensibel für derlei Ereignisse... Wir Frauen werden meistens vor schweren politischen Stellungnahmen rascher zu großen Entschlüssen motiviert als unsere Männer. Aber danach, Marchese, dann... empfinden wir erst, daß wir zu sensibel und nervlich zu wenig robust sind, um auf Dauer das durchzustehen, woran unsere frauliche Natur uns letztlich hindert..."

„Hm…", murmelt Rodolfo und macht einen Schritt zum Fenster mit den schweren Vorhängen davor.

„Ich sagte vorhin…" Eugénies sonst beherrschte Stimme zittert. „Könnten Sie, Marchese, vielleicht… auf der Stelle… abreisen… zu… ihm? Ich weiß, ich habe kein Recht, dies Ihnen zu befehlen oder auch nur bloß unverbindlich vorzuschlagen…"

„Nach Querétaro!" bricht es wild aus ihm. „Ich soll nach Querétaro? Zu Kaiser Maximilian? Ist es nicht so?" Dem blonden Hünen wird wieder einmal der Uniformkragen zu eng.

„Ja, Marchese, so ist es. Das wollte ich Ihnen wirklich… ans Herz legen."

Er schlägt die Hacken zusammen. „Ihr Wunsch ist mir Befehl. Außerdem… ich habe es heimlich bereits selbst erwogen."

„Aber… Marchese… Wir beide wissen doch auch, daß Querétaro eine… eine Mausefalle ist, wie Sie es vorhin nannten."

„So ist es. Vielleicht kommt man nicht mehr ganz so leicht hinein und falls doch, ob man dann je wieder lebend heraus kommen könnte?"

„Marchese!" ruft Eugénie aus und vergißt, ihren Fächer zuzuklappen. „Es war dumm von mir, damit anzufangen, darauf einzugehen. Aber es wäre noch dümmer von Ihnen, nicht zu vergessen, was ich törichterweise angedeutet habe, und tatsächlich… abzureisen!"

„Wahrscheinlich braucht er mich." Rodolfos Stimme klingt dumpf. „Schließlich ist selbst ein Kaiser auch nur… ein Mensch."

„Wem sagen Sie das!" In Eugénies Augen funkeln Tränen. „Trotzdem… nicht wahr, Sie bleiben? Sie reisen nicht!"

„Nein, Madame, ich reise. Ich muß abreisen."

„Daß Sie dabei auf mich nicht Rücksicht nehmen… nicht Rücksicht nehmen dürfen… ich muß das zur Kenntnis nehmen. Was muß man als Kaiserin nicht alles im Laufe der Zeit zur Kenntnis nehmen! Daran gewöhnt man sich. Aber…Marchese, da ist wahrscheinlich noch jemand, dessen Augen überfließen würden, wenn Sie wirklich abreisen wollten… nach Querétaro!"

„Da ist niemand."
„Doch! Belügen Sie sich nicht selbst. Ich versichere Ihnen, da ist noch jemand..."
„Und wenn ich Ihnen feierlich erkläre, daß niemand... überhaupt niemand da ist, der eine Ursache wäre... der ein Recht darauf hätte..."
„Hier geht es nicht um ein persönliches Recht, Marchese! Sie wollen den Kopf wegdrehen und nicht sehen, daß auf Ihrem Lebensweg noch immer jemand steht, ob Sie es wahr haben wollen oder nicht, der Sie..."
„Nein, und abermals nein! Sie liebt mich nicht, sie hat mich nie geliebt."
„Marchese, Sie sind ein großer... Trotzkopf."
„Nie, sage ich... nie... nimmer, nimmer... nie!"
„Ich dachte immer, ein Frauenliebling wie Sie verstände etwas von... Frauen. Ich sehe, ich habe mich geirrt. Sie scheinen nämlich wenig zu verstehen von uns... Frauen."
„Madame, ich muß schon bitten..."
„Meinen Sie, weil ich eine Kaiserin bin, daß ich... keine Frau mehr bin? O Marchese, Marchese... Es gibt vielleicht klügere Frauen als mich, es gibt vielleicht schönere..."
„Kaum, Majestät, kaum..."
„Sie hatten schon einmal einen Krach mit ihr."
„Einmal? Oft... wahrscheinlich... zu oft!"
„Ich erinnere mich, als die besagte junge Dame sich einmal weinend zu meinen Füßen warf... Ihretwegen übrigens..."
„Das ist lange her... sehr lange..."
„Es kann doch nicht sein, daß es etwas geben könnte, was Sie dieser jungen Dame nicht verzeihen könnten?"
„O viel, allzu viel!"
„Wenn man wirklich liebt, ist man im Verzeihen unerschöpflich wie ein Faß ohne Boden."
„Sie... sie hält mich für einen Spießer, für eine kaiserliche Marionette", braust er unbeherrscht auf.
„Das zielt auf mich." Eugénie wird es plötzlich heiß. Sie fächelt sich Luft zu.
„Doña Carmencita sagte mir einmal unverblümt ins Gesicht, indem sie auf mich anspielte..."
„Was... was sagte sie Ihnen ins Gesicht?"
„Daß es Menschen gebe, die im Leben eine tragende Rolle

spielen, und andere, die in diesem Welttheater nicht einmal Statisten wären, sondern nur bloße... Zuschauer. Das war natürlich auf mich gemünzt."

„Aber... das meinte sie doch nicht so..."

„... Sie sagte außerdem zu mir: Du lebst nicht wirklich. Du bist steif und immer wie im Dienst. Immer nur auf deine Würde, immer nur auf deine sogenannte gute Erziehung bedacht. Du bist letzten Endes nichts als ein... Bajazzo mit goldenen Schulterklappen."

„So sprach sie tatsächlich?"

„Ja, ich bin in ihren Augen nur ein Buffone. Spiele endlich einmal die Rolle eines rasenden Liebhabers, und wenn es nur auf einer elenden Schmiere wäre, herrschte sie mich an. – Treibe unsinnige Sachen, strecke einmal die Zunge heraus wie ein Gassenjunge, tue etwas ganz und gar Verrücktes, zum Beispiel mit nacktem Oberkörper auf dem Korso zu belebter Stunde spazierengehen, einfach nur so, mir zuliebe... Das will sie von mir."

„Doña Carmencita ist sehr... wie drücke ich mich am besten aus... sehr originell."

„Ja, sehr originell! Sie will als Liebhaber eben keinen uniformierten, korrekten Sicherheitsoffizier, sie will schlicht und einfach einen tollen... Clown!"

Eugénie muß unwillkürlich lachen. „Mein Lieber, Doña Carmencita ist halb Mexikanerin und halb Spanierin. Ich bin ja selbst gebürtige Spanierin..."

„Und Sie können das alles nachempfinden?"

„Als Kaiserin nicht, allerdings... wenn ich vergessen dürfte, wer ich jetzt zu sein genötigt bin..."

Rodolfo setzt eine gekränkte Miene auf. „Ich habe also unrecht... und sie... sie hat recht... wie immer!"

„Aber Marchese... lieber Marchese, wenn man damit anfängt, wer recht und wer unrecht hat, dann... dann hört man bereits zu lieben auf."

„Wenn das so ist..." Er kaut nervös an seiner Unterlippe und dreht sich auf seinem Schuhabsatz herum, als ob er fortgehen wollte.

„Also... was werden Sie jetzt tun?" Eugénies Stimme ist sehr leise geworden.

„Abreisen! Nach Querétaro! Dort braucht man mich."

„Ganz ohne Abschied… von Doña Carmencita?“
„Wozu? Hanswurste… Harlekins kennen keine Abschiede, höchstens ernst zu nehmende Sicherheitsoffiziere…“
„Ihre Carmencita ist sehr einsam, seit ihr Bruder Don Hidalgo mit dieser… dieser Dame in der Weltgeschichte ständig herumkutschiert.“
„Diese ganze Angelegenheit ist für mich nichts als… Vergangenheit.“
„Daß Männer so stur sein können!“ Eugénie beißt sich auf die Lippen. Dann reicht sie dem Conte ihre schmale, blasse Hand.
„Marchese, leben Sie wohl! Auch eine Kaiserin haßt… Abschiede.“ Sie wendet sich jäh ab.
„Madame, es zählt zu den Sternstunden meines Lebens, daß ich Ihr Sicherheitsoffizier sein durfte.“
„Das klingt ja wie ein Abschied für… immer?“
„Beim Abschiednehmen weiß man leider nie, ob es nur für kurze Zeit ist oder für länger… für viel länger.“
„Gott schütze Sie! Leben Sie wohl!“ Die Kaiserin hastet mit raschen Schritten fort, fort aus ihrem kleinen Salon.
Der blonde Hüne blickt ihr nach… mit einem unterdrückten Seufzer.

25

15. Mai 1867

„Dein Zuhause ist, wo Dein Herz ist.“
(Joachim Widl,
Wovon ich träume)

Zu den Freiwilligen, die sich seinerzeit zu dem österreichischen Korps nach Mexiko gemeldet hatten, gehört auch der in Wien im Jahre 1838 geborene Ernst von Pitner, ein junger Offizier. Er entstammt einer Familie des sogenannten niederen Adels, der hauptsächlich Anwälte, Ärzte, Beamte und Militärs angehören. In vielen Briefen an seine Mutter berichtet nun Pitner sehr eingehend über die tatsächlichen Ereignisse rund um Maximilian.

Anfang des Jahres 1867 wird zunehmend deutlich, wie ernst die Lage für Maximilian wirklich wird. Immer häufiger laufen jetzt weite Teile der Bevölkerung zu den Liberalen über. Selbst die bisher eifrigen Monarchisten sowie eingefleischte Klerikale – die beiden hauptsächlichsten Säulen der Macht Maximilians – verlassen bereits das weite Land in einer gewaltigen Fluchtwelle.

In dieser schier ausweglosen Situation trifft nun Maximilian eine bizarre Entscheidung, die hauptsächlich seiner romantischen, wirklichkeitsfernen Natur entspricht: Er übernimmt ab sofort persönlich den Oberbefehl über seine Streitkräfte und will sie unbedingt zu einem Sieg über die Liberalen anspornen.

Am 13. Februar 1867 bricht er denn mit einer 1.600 Mann starken mexikanischen Truppe nach Querétaro auf, der ungefähr 170 Kilometer nördlich von Mexiko Stadt entfernten Hauptstadt der mexikanischen Provinz gleichen Namens.

Diese Stadt liegt 1.865 Meter über dem Meeresspiegel inmitten eines zentralen Hochlandes mit bedeutenden Bauten, die noch aus der spanischen Kolonialzeit stammen.

Querétaro ist eine Hochburg der Klerikalen und Monarchisten.

Aber diese Stadt ist kein guter Ausgangspunkt für militärische Operationen. Sie liegt nämlich inmitten einer flachen Ebene, von mehreren Hügeln dicht umzingelt, von denen aus etwaige feindliche Truppenverbände unschwer die Stadt bedrohen könnten. Daher ist diese Ansiedlung schlecht zu verteidigen.

Jedoch Maximilian, der neue, selbst ernannte Oberbefehlshaber seines Mini-Heeres, der bald einer großen feindlichen Übermacht gegenüberstehen wird, dieser illusionsreiche Träumer lehnt die gut gemeinte Unterstützung aller ausländischen Hilfskorps ab, die ihn nach Querétaro begleiten und ihm zur Seite stehen wollen. Allein, nur mit seinen 1.600 Mann starken mexikanischen ‚Verbänden', will der wirklichkeitsfremde Kaiser die ‚Krone' dieses Riesenreiches verteidigen.

Dem österreichischen Korps, das Maximilian loyalerweise in dieser ausweglosen Situation natürlich nicht im Stich lassen will, verspricht Maximilian, nach ihm schicken zu lassen, sobald er in Querétaro angelangt ist. Das tut er auch, allein diese Nachricht erreicht die Österreicher nie, da sie höchstwahrscheinlich von den Konservativen in Mexiko Stadt zurückgehalten wird.

Am 14. Mai 1867 trifft Rodolfo in Querétaro ein.

Er hat für mögliche Schwierigkeiten vorgesorgt und über seinen Anzug eine braune Mönchskutte geworfen.

Vorbei an dem Palacio de Gobierno (Regierungspalast) eilt er unbehelligt eine kleine Anhöhe ostwärts hinauf, bis er den festungsartigen Bau des Monasterio de la Cruz (Kloster zum heiligen Kreuz) erreicht hat.

Im barocken Kreuzgang begegnet er sofort dem... Prinzen Felix Salm-Salm. Wer ist nun dieser Mann?

Als Hocharistokrat, der vormals in der preußischen Armee als Offizier gedient hat, verläßt der hochverschuldete Prinz, um seinen hartnäckigsten Gläubigern zu entkommen, Europa und tritt während des amerikanischen Bürgerkriegs in die Dienste der Union ein, wo er blitzschnell bis zum General aufsteigen und somit rasch Karriere machen kann.

In Amerika lernt der Abenteurer eine ehemalige Zirkusreiterin kennen und lieben und heiratet sie alsbald vom Fleck weg, obwohl er über ihr bisheriges Leben so gut wie nichts weiß.

Ein Prinz und eine Zirkusreiterin – in der damaligen Zeit eine wahre Sensation, um nicht zu sagen ein... Skandal!

Nach dem Ende des amerikanischen Bürgerkriegs gibt es für die Salms kein richtiges Betätigungsfeld mehr. Also reist das abenteuerlustige Ehepaar mit dem Schoßhund Jimmy nach Mexiko, um dort seine Dienste anzubieten. Aber nach der Niederlage der Österreicher bei Königgrätz durch die Preußen ist man im österreichischen Lager auf den ehemaligen preußischen Offizier Salm nicht gut zu sprechen. Doch Prinz Felix erzwingt sich eine Begegnung mit Maximilian. Dieser teilt ihm unumwunden mit, daß er ihn, wie das österreichische Freiwilligenkorps übrigens auch, nicht nach Querétaro begleiten darf.

Doch... ein Felix Salm schert sich um derlei Einwände

nicht und geht einfach... kurzerhand doch mit Maximilian mit... nach Querétaro!

Der träumerische Maximilian, von der wilden Entschlossenheit des Felix Salm letzten Endes fasziniert, entwickelt zu diesem Abenteurer eine bemerkenswerte Freundschaft. So wird Salm in den letzten Lebensmonaten, in der letzten Phase der Biographie Maximilians dessen engster und vertrautester Freund.

Rodolfo stößt also im Kreuzgang des zu einem militärischen Hauptquartier umfunktionierten Klosters sofort mit Salm zusammen.

„Hoheit, erkennen Sie mich nicht?“ ruft Rodolfo den Prinzen erstaunt an.

„Ich weiß nicht recht... Ihr Gesicht muß ich schon irgendwo gesehen haben.“

„Ei freilich, in Grado, April 1852, also vor fünfzehn Jahren.“

„Jetzt entsinne ich mich. Na klar, Rodolfo, alter Kumpel! Aber... seit wann bist du Mönch? Wie?“

„Seit die Straßen nach und in Querétaro unsicher geworden sind.“

Salm muß schallend lachen.

„Verstehe, alter Haudegen! Noch immer Sicherheitsoffizier der Kaiserin Eugénie?“

„Ja... Bis vor kurzem...“

„Aber was treibt dich hierher? Hier geht es gegenwärtig nicht zu wie auf einem Maskenball in den Tuilerien.“

„Das habe ich auch nicht erwartet, Felix.“

„Also, Rodolfo, heraus mit der Sprache! Was willst du hier? Was suchst du hier?“

„Kaiser Maximilian.“

„Überbringst du ihm vielleicht gar eine Botschaft von Napoleon III.?“

„Das nicht. Dann schon eher eine von Eugénie, oder noch besser, von mir... von mir persönlich.“

Felix mustert Rodolfo von oben bis unten.

„Du bist ein merkwürdiger Mann, das muß ich schon sagen“, preßt er zwischen den Zähnen hervor. „Also komm! Ich führe dich zu ihm.“

Die beiden gelangen über einen zweiten Innenhof zu einem

langen Klostergang in den ersten Stock. Vor einer niederen Steintür macht der Prinz Halt.

„Ich werde dich anmelden“, sagt er knapp, ehe er in einem kleinen Zimmer verschwindet. Nach einer Weile erscheint Maximilian im Türrahmen.

„Oh... wen sieht man denn da?“ ruft er erstaunt aus. „Rodolfo, du bist ein büßender Mönch geworden?“

„Ein verkleideter, um sicher zu dir kommen zu können.“

„Was es alles gibt!“ staunt Maximilian und wiegt seinen Kopf hin und her. Sein Gesicht ist schmal geworden. Seine Augen sind infolge durchwachter Nächte rot umrandet.

„Komm herein, alter Freund! Du reitest schnurstracks aus Paris zu mir? In halboffizieller Mission oder lediglich rein privat?“

„Rein privat, Max, nur privat!“

„Also eine Komfortreise mit Luxusdampfer und allem Drum und Dran“, lächelt Maximilian in feiner Ironie.

„Ich störe wohl“, wirft der Prinz ein und will sich entfernen.

„Nicht unter Freunden“, sagt Maximilian und sendet einen fragenden Blick auf Rodolfo. „Oder vielleicht... doch?“

„Keine Spur!“ Der Conte wirft seine Mönchskutte ab. Die drei Herren betreten das Zimmer des Kaisers.

„Dann wollen wir uns doch setzen! Whisky gefällig?“

„Bitte.“

Der Kaiser füllt drei Gläser.

„Auf dein Wohl“, prostet ihm Rodolfo zu. „Auf einen guten Ausgang deiner hiesigen Unternehmungen!“

„Auf die Unabhängigkeit Mexikos!“ erwidert Maximilian mit ernster Miene.

„Es steht schlecht“, stellt Felix unerbittlich fest. „Hier in Querétaro...“

„Siehst du nicht zu schwarz?“ Maximilian streicht ruhig über seinen langen Backenbart.

„Sehe ich schwarz, weil ich die Dinge so sehe, wie sie nun einmal sind?“

Felix wechselt mit Rodolfo einen bedeutungsvollen Blick. „Ich meine nämlich, es gibt Träume, die sind deshalb gut, weil wir davon erwachen.“

„Du bist ein nüchterner Abenteurer, Felix“, spricht Maximilian mit leichtem Tadel, „du hast keine politischen... Visionen."

„Natürlich sind Visionen notwendig", verteidigt sich Felix, „die Geschichte braucht Träumer, die sich über die Banalität einer gesichtslosen Politik dynamisch hinwegsetzen... Träumer, die das Edle im Menschen über die egoistische Bosheit des Alltags stellen und hoffnungsfrohe Zuversicht ausstrahlen."

„Wenn aber Träume dazu führen", nun Rodolfo, „daß der Boden der Wirklichkeit unseren Füßen entgleitet, daß unsere Träume die Tatsachen auf den Kopf stellen und ad absurdum führen..."

„Pessimisten liegen mir in den Ohren, Querétaro wäre eine Mausefalle."

Maximilian steht auf und geht zu einem der beiden kleinen Fenster.

„Etwas höher über uns liegt im Osten der Cerro de la Campaña (Glockenhügel). Von ihm aus bietet sich eine herrliche Aussicht auf die Stadt..."

„... und auf die für eine Belagerung gefährlichen Hügel, welche Querétaro ringsum einschließen", wirft Rodolfo rasch ein.

„... eben erst angekommen", spricht Maximilian bewundernd, „und schon ein strategischer Gedanke! Doch, Rodolfo, so klug waren wir auch. Wir haben einen Teil der Höhen eingenommen, ehe es uns der Feind unmöglich machen konnte."

„Wir haben leider nur noch 7.000 Mann, die Juaristen aber bereits 60.000!" Salm leert das Glas mit dem Whisky in einem Zug.

„Pah!" darauf schnell Maximilian. „Unser General Miramon eroberte den wichtigen Höhenzug El Cimetario, erbeutete dabei 21 Geschütze und viele Fahnen und machte zahlreiche Gefangene."

„Miramon", wirft Salm ein, „hätte alle Hügel sofort von den Juaristen säubern müssen. Doch er ist überzeugt, wenn wir nur in Querétaro bleiben, fiele uns der Sieg wie eine reife Frucht von selbst in den Schoß."

„Seltsame Strategie!" Rodolfo lächelt ironisch.

„Nun ja", weicht Maximilian aus, „auch Oberst Lopez riet zum Zuwarten."

„Was für ein Mann ist dieser Oberst?“ fragt Rodolfo.

„Felix Salm ist eifersüchtig“, erwidert Maximilian, „weil ich einmal auf *ihn* hörte. Dabei ist Miguel Lopez jener Offizier, der Charlotte und mich einst sicher von Veracruz nach Mexiko Stadt neben unserer Kutsche reitend geleitet hat, als wir vor drei Jahren zum ersten Mal unser Kaiserreich und damit mexikanischen Boden betraten. So etwas verbindet natürlich… auch menschlich sehr.“

„Verstehe“, nickt Rodolfo.

„Bin ich denn eifersüchtig, weil ich dich, mein kaiserlicher Freund, vor Lopez warne? Man munkelt unter den Offizieren, Lopez hätte vor zwei oder drei Tagen nachts heimlich das Kloster verlassen und wäre zum Gegner, nämlich zum liberalen General Mariano Escobedo geeilt, um ihm dieses Kloster mit uns allen in die Hände zu spielen.“

„Ich kann und will es nicht glauben!“ ruft Maximilian aus. „Das ist einfach unmöglich! Solch ein junger, sympathischer Offizier!“

„Klingende Münze kann auch gute Charaktere verderben. Man flüstert hinter vorgehaltener Hand, es ginge dabei um 2.000 Unzen Gold.“

„Unglaublich! Böswilliges Geschwätz!“ Maximilian wird aber langsam doch unsicher. „Rodolfo, du warst stets ein uneigennütziger Freund. Was hältst du davon? Eine Intrige etwa… oder?“

„Maximilian… Der große Staatsmann dieses aufgehenden Jahrhunderts, Fürst Talleyrand, zuerst Außenminister Napoleons I. und danach Ludwigs XVIII… er sprach einmal das vielzitierte Wort: Hochverrat ist eine Frage des Datums.“

„Was willst du damit sagen?“ Maximilian starrt Rodolfo mit aufgerissenen Augen an.

„Dieser Oberst Lopez zum Beispiel…“ Rodolfo spricht stockend weiter: „Ein junger, eleganter Offizier, von vielen Frauen höchstwahrscheinlich umschwärmt, sonnt sich vermutlich in der allgemeinen Bewunderung der Menge, der engste Sicherheitsoffizier des Kaisers zu sein, solange… solange dieser eben noch im Vollbesitz seiner politischen Macht ist. Sollte jedoch dieser Herrscher eines Tages in ernste Schwierigkeiten geraten, sollten gleichzeitig als Entschädigung für den schwindenden Glanz der eigenen Stellung als

Günstling des Kaisers plötzlich große Geldmittel verlockend winken, dann..."

„Nein!" unterbricht ihn Maximilian scharf. „Ihr beide, du und Felix, ihr denkt über die Menschen bisweilen etwas... zu streng."

„Weil wir sie kennen!" Felix leert sein zweites Glas Whisky. „Du weißt eben nicht, Maximilian, daß Oberst Lopez vor noch nicht langer Zeit unter dem damaligen republikanischen Präsidenten Santa Anna wegen schimpflichen Verhaltens aus der mexikanischen Armee ausgestoßen wurde."

„Davon höre ich heute zum ersten Mal!" Maximilian ist bleich geworden.

„Unsere Lebensmittel, unsere Munition gehen zur Neige", fährt Felix düster fort. „Auf Verstärkung können wir nicht hoffen. Maximilian, was nützt da deine unerschrockene Tapferkeit? Deine Truppen lieben dich zwar, weil du auf sie zugehst und ihre Nöte verstehst. Aber... die Lage in der Stadt wird immer schlechter. Die Wasserleitung wurde vom Feind unterbrochen. Die Bevölkerung leidet bittere Not. Wir haben kein Geld mehr für den Sold unserer Mannschaften." Salm wundert sich über sich selbst, weil er so lange gesprochen hat.

„Ja, ihr habt recht!" läßt sich Maximilian wie immer leicht überreden. „Ich werde Anweisung geben, daß unser Ausfall aus der Stadt noch in dieser Nacht stattfinden soll."

„Da bin ich ja gerade recht gekommen", erklärt der blonde Hüne.

„Der morgige Tag wird mir Glück bringen." Maximilian lächelt in sich hinein.

„Warum?", fragt Rodolfo.

Doch der Kaiser schweigt. Unverzüglich schickt er Felix zu Oberst Lopez, daß dieser in seiner Eigenschaft als Kommandant der kaiserlichen Reservebrigade sofort alles Nötige für den notwendigen Ausfall aus der Stadt veranlassen möge.

Maximilian begibt sich zwar dann zu Bett, findet aber vor Aufregung keinen Schlaf. Schließlich befällt ihn eine so heftige Kolik, daß er seinen Leibarzt Dr. Basch zu sich bitten läßt, der eine Stunde beobachtend bei ihm verbringt.

Mittlerweile gibt der verräterische Lopez im Bund mit seinem Vertrauten, dem mexikanischen Offizier Jablonski, den

Befehl aus, die Wachen und Geschütze vor den Zugängen zum kaiserlichen Hauptquartier zu entfernen.

Mit dem inzwischen anrückenden juaristischen General Velez, dem Oberst Rincon Gallardo und einigen Adjutanten marschiert jetzt Lopez an der Spitze der juaristischen Kolonne bis hin zu den kaiserlichen Linien.

Nun entwaffnet die juaristische Kolonne die kaiserlichen Schildwachen und die übrigen Posten, so daß die Verräter in das kaiserliche Hauptquartier hineingelangen, ohne auch nur einen einzigen Schuß abgefeuert zu haben.

Mittlerweile ist es halb fünf Uhr morgens geworden.

Inzwischen hat Lopez die Supremos poderes (die bestens bewaffneten juaristischen Kerntruppen) in das Kloster hineingeführt.

Dann betritt Lopez das Zimmer, in dem Salm und Rodolfo untergebracht sind.

„Schnell, los!“ ruft Lopez ihnen beiden zu, „retten Sie das Leben des Kaisers! Der Feind ist bereits in der Cruz (im Kloster).“ Dann eilt er fort.

Zur gleichen Zeit teilt Jablonski dem Privatsekretär des Kaisers, Don José Blasio, in ähnlichen Worten dasselbe mit.

Der von der Kolik und den Beruhigungsmitteln übernächtigte Maximilian kleidet sich hastig an.

Begleitet von Salm, Dr. Basch, Blasio und Rodolfo eilt der Kaiser die Treppe hinunter. Als er aus dem Portal tritt, versperren ihm plötzlich juaristische Truppen den Weg.

Da lösen sich aus einer Mauernische Lopez und der liberale Anführer der Kolonne, Oberst Gallardo, und befehlen den Soldaten:

„Diese Männer dürfen passieren, es sind einfache Bürger.“

Rodolfo packt Maximilian am Arm und will ihn mit sich fortziehen. Doch er reißt sich los.

„Ein Habsburger flieht nicht!“ erklärt er stolz.

Nun... solch ein Wort hätte weder zu Maximilians offiziellem Vater, dem passiven Erzherzog Franz Karl, noch zu seinem Großvater, dem ebenso passiven Kaiser Franz II. gepaßt. Doch umso mehr... zu Napoleon I. (Maximilians möglicher Großvater?), der sich lieber in die Gefangenschaft nach St. Helena begab, statt das Angebot seines Bruders Joseph anzunehmen, mit ihm nach Amerika zu fliehen.

„Wohin willst du dich denn begeben?“ flüstert Rodolfo dem Kaiser zu. „Es wimmelt doch bereits überall von den Truppen des Benito Juárez.“

„Ich will zum Cerro de la Campaña (auf den Glockenhügel). Dort sind doch meine Generäle Miramon und Meja mit ihren Soldaten.“

„Dann gehe ich mit dir“, stellt Rodolfo einfach fest. „Obwohl es völlig aussichtslos ist.“

Schon erklingen die Glocken der Stadt und verkünden der Bevölkerung die Befreiung von der Belagerung durch die Juaristen. Von allen Seiten hört man jetzt das Spottlied auf die wahnsinnig gewordene „Mama Carlotta“ (die Kaiserin) singen.

Inzwischen ist Maximilian mit seinen letzten Getreuen auf dem Glockenhügel versammelt und harrt der Dinge, die da kommen müssen.

Zweimal wendet sich der ratlose Kaiser an seinen Indianergeneral Thomas Meja, ob es denn gar keinen Ausweg mehr gebe. Und zweimal muß Meja diese Frage verneinen.

Da gibt Maximilian schließlich Befehl, die weiße Fahne zu hissen.

Inzwischen ist der Hügel von den Truppen des Juárez völlig umschlossen.

Auf seinen Säbel gestützt, erwartet der machtlose Kaiser das Herankommen eines feindlichen Offiziers. Es ist der juaristische General Echegarray.

Höflich geht er auf Maximilian zu.

„Euer Majestät sind mein Gefangener.“

Dieser nickt nur.

„General, ich bin nicht mehr Kaiser, da ich meine Abdankungsurkunde bereits dem Staatsrat übergeben habe.“

„Sagen Sie das bitte General Escobedo, der soeben heranreitet.“

Der abgedankte Kaiser übergibt seinen Säbel Mariano Escobedo, der jenen nach kurzem Zögern und in sichtlicher Verlegenheit seinem Adjutanten Oberstleutnant Platon Sanchez weiterreicht.

Von General Rivo Palacio wird jetzt Maximilian mit seinen letzten Getreuen zurück in das Kloster Cruz als Gefangener gebracht.

Damit ist Querétaro nach 71tägiger Verteidigung gefallen.

Dieser 15. Mai, der Tag, den Maximilian als Datum für seine Ausbruchsaktion aus der Stadt gewählt hatte, dieser Tag hat ihm kein Glück gebracht.

Warum aber sollte denn ausgerechnet der 15. Mai es sein? Warum?

Der 15. Mai ist nämlich der Namenstag seiner Mutter Sophie...

War es nicht Sophie, die ihm in ihrem Brief vom 9. Januar dieses Jahres geschrieben hatte:

„... muß ich jetzt wünschen, daß Du in Mexiko so lange ausharrst als möglich ist..."

Und der gehorsame Sohn harrte eben aus...

26

„Es lebe Mexiko!"

„Wie wir mit dem Sterben fertig werden, ist uns wichtiger, als wie wir den Tod besiegen."
(Dietrich Bonhoeffer, Das Wunder der Osterbotschaft.)

General Escobedo behandelt den gefangenen Maximilian sehr ritterlich.

Schon nach ein paar Tagen lädt er ihn zu einem Besuch auf seiner Hazienda „De la Purisima" ein.

Ohne jegliche Bewachung fährt Maximilian, nur von Prinz Salm und dessen Gattin Agnes begleitet, dorthin, wo er sogar – man höre und staune – mit Militärmusik festlich empfangen wird.

Doch Benito Juárez ist nicht gesonnen, den Gefangenen weiterhin Kaiser spielen zu lassen.

Er befiehlt, Maximilian in das äußerst karge Kloster Capuchinas zu bringen, wo er die erste Nacht in der dortigen Totengruft ausharren muß.

Dann kommen die Gefangenen, nämlich Maximilian und seine mexikanischen Generäle Miramon und Meja, in jeweils kleine Zellen, sechs Schritte lang und vier breit, mit rohem Ziegelboden und feuchten Wänden.

Rodolfo gelingt es, die militärischen Chefs, denen die Bewachung der Gefangenen jetzt anvertraut ist, das sind die Oberste Villanueva und Palacio, davon zu überzeugen, daß er weder im Dienst Maximilians stand noch jemals gegen die Juaristen kämpfte und zur Zeit der Verhaftung nur einen Privatbesuch in Querétaro abstattete.

Rodolfo bleibt daher als einziger frei und darf sogar, gegen entsprechendes Bakschisch, Maximilian besuchen – allerdings nur bei offener Tür, mit einem Wachtposten davor.

„Du... hier?" empfängt ihn der gefangene Maximilian staunend.

„Max, es eilt. Wir haben keine Zeit zu verlieren. Die Prinzessin Salm hat 100.000 Pesos aufgetrieben", flüstert er ihm zu.

„Wofür?"

„Für deine Flucht. Die beiden Oberste Villanueva und Palacio sind nicht abgeneigt, für diese Summe..."

„Ich fliehe nicht allein. Nur, wenn meine übrigen Getreuen auch..."

„Höre: Man wird dir ansonsten den Prozeß machen und dich zum Tod verurteilen."

„Aber nein... Baron Magnus, der preußische Gesandte, ist zu Juárez nach San Luis de Potosi abgereist, um im Namen des preußischen Königs Wilhelm I. sowie im Verein mit den übrigen Staaten Europas die Unabhängigkeit und Freiheit Mexikos zu garantieren, falls Juárez mich freigibt. Damit werden auch meine letzten Getreuen mit mir freikommen."

„Ich verstehe... Max, du bist 35 Jahre jung. In diesem Alter blüht die Hoffnung noch auf vielen Wegen."

„Nicht wahr? Ich entwarf bereits mit meinem Sekretär Don José Blasio Zukunftspläne."

„Welcher Art, wenn ich fragen darf?"

„Vorerst will ich, wenn ich frei bin, zu meiner Cousine

Queen Victoria nach London reisen und sodann nach Miramar, um die Geschichte meiner Regierung niederzuschreiben."

„Kaiserin Charlotte wird sich freuen."

„Ach, die arme Charlotte! Man hat mir mitgeteilt, daß sie gestorben ist. Diese Nachricht, sosehr sie mein Herz zerschmettert, ist doch andererseits für mich im jetzigen Augenblick von unnennbarem Trost." Maximilian wischt jedoch solche Gedanken schnell aus seinem Geist fort. „Ich will danach weite Reisen nach Neapel unternehmen und nach..."

„Warum ausgerechnet dorthin?"

„Mein Verwandter Franz II. war dort König. Seine Frau Maria Sophie ist eine Schwester meiner Schwägerin, der österreichischen Kaiserin Elisabeth. Außerdem erinnert mich der Golf von Neapel stark an Miramar."

„Verstehe. Was dann noch, Max?"

„Dann will ich nach Griechenland... Die Griechen wollten mich nach der Abdankung Ottos I. zum König machen. Aber mir war eben Mexiko lieber."

„Und weiter?"

„Dann... in die Türkei! Du weißt ja, daß ich vor Jahren mit meinem jüngeren Bruder Karl Ludwig und Graf Andrássy als Gast des Paschas von Smyrna den dortigen Sklavenmarkt besuchte..."

„Ich höre, Max..." Rodolfo sieht ihn mit prüfendem Blick an. Maximilian wird auf einmal unruhig.

„Ach... warum wurde ich erst zwei Jahre nach meinem Bruder, dem Kaiser von Österreich, geboren! Im Vorjahr, als er den Krieg mit Preußen verlor, da wollten viele Österreicher mich an seiner Statt, mich..."

„Aber dir war eben Mexiko auch diesmal lieber."

„Genau! Mexiko... Ein blonder Kaiser für Mexiko! Davon träumten sie, die Nachkommen Montezumas..."

„Und heute, Max?"

„Oh... hätte ich doch stets die Lebensregeln befolgt, die ich ständig bei mir trage! Siehe! Eigenhändig geschrieben. 27 Regeln... Wenn du willst, ich schenke sie dir. Ich brauche sie nicht mehr."

„Vielleicht doch! Denk an die 100.000 Pesos für deine Flucht!"

„17. Lebensregel: Nie klagen, denn das ist ein Zeichen der Schwäche. – Oder Lebensregel Nr. 24: Nichts dauert ewig."

„Zwei schöne Regeln, sofern man sie auch befolgt."

„Rodolfo... ich ließ in meinem Schloß Miramar im ersten Stock einen Thronsaal bauen... Der Rohbau ist fast fertig. Seine Pracht wird alles übersteigen, was mein kaiserlicher Bruder in seiner Hofburg aufbieten kann. Alle Portraits meiner kaiserlichen Vorfahren, zurück bis Rudolf I., werden an den Wänden in kostbaren Goldrahmen prangen..."

„Max..."

„Ja, Rodolfo...?"

„Hast du schon einmal an den Tod gedacht?"

„Deine Frage überrascht mich... Mit 35 Jahren befaßt man sich nicht mit einem solchen Problem... Komisch: Der Tod! Was ist er eigentlich? Trennung? Abschied? Etwas Endgültiges? Kommen wir einmal wieder zurück? Gibt es ein Drüben? Und wenn ja, wie ist es?"

„In Paris veranstaltet die Fürstin Metternich ab und zu Séancen mit ihrem Medium Home. Dessen Kontrollgeist Rubis... Ich weiß nicht, was man davon halten soll."

Maximilians Gedanken sind inzwischen in eine andere Richtung geeilt. „Wenn die verschiedenen Versuche, mich zu befreien", flüstert er vor sich hin, „scheitern sollten, dann... Ich habe immer meine Urgroßtante Königin Marie Antoinette von Frankreich bewundert..."

„Wegen ihrer Schönheit?"

„Wegen der Kunst ihres Sterbens. Sie war an sich kein bedeutender Geist. Sie war eigentlich eine ehrgeizlose Durchschnittsperson. Aber die Art ihres Sterbens... die letzten Stunden vor ihrer Hinrichtung... wie sie tapfer und ohne sichtbare Zeichen von Angst und Schwäche zur Guillotine schritt... Jeder Zoll eine Königin, eine echte Königin, keine Theaterfigur... Wenn man nichts anderes mehr vor sich hat, das es zu bewältigen gibt, als nur dieses Eine, dieses Letzte..."

„Ich werde nicht abreisen, bevor ich dich nicht frei weiß."

„Rodolfo, lieber Rodolfo... Vielleicht sehen wir uns nicht mehr wieder. Vielleicht läßt dich die Wache kein zweites Mal mehr zu mir. Soll ich daher jetzt etwas Erbauliches sagen? Ein schönes Zitat eines großen Dichters etwa?"

„Wenn dir irgendetwas am Herzen liegen sollte..."

Hinrichtung Kaiser Maximilians in Mexiko

„... vieles, mein Freund. Ich habe bisher noch zu wenig gelebt, noch viel zu kurz! Was sind schon 35 Jahre? Die männlichen Habsburger werden in der Regel nicht alt. Nur mein Bruder, der Kaiser, nur er... nur er allein wird uns alle überleben, alle, sage ich dir, alle..."

Der Wachtposten erscheint in der Zelle.

„Es ist Zeit", spricht er zu Rodolfo, „Sie müssen gehn."

Der Soldat postiert sich wieder vor der offenen Tür, mit dem Rücken zu dem Gefangenen.

„Ich habe dem österreichischen Gesandten Baron Eduard Lago geschrieben", flüstert Maximilian jetzt Rodolfo zu, „alles aufzubieten, um die österreichische Mannschaft, die noch in Mexiko verblieben ist, zu retten und nach Europa zurück zu bringen."

„Sehr edel von dir", bemerkt der Freund kurz.

„Mein Prozeß morgen..."

„Ja, Max...?"

„Er findet auf der... Bühne des hiesigen Stadttheaters statt. Auf einer Bühne! Im Parkett und in den Logen werden die Zuhörer sitzen. Ein seltsames Schauspiel, ein widerliches Spektakel! Er... Benito Juárez wird nicht anwesend sein. Meine Richter... Ein Oberstleutnant als Vorsitzender, sechs junge Hauptleute als Geschworene..."

„Man sagt, du weigerst dich, vor diesem Gericht zu erscheinen."

„So ist es. Auf einer Bühne! In einem Theater! Er... Juárez wird es nicht wagen, mich verurteilen zu lassen. Er fürchtet den Druck des Auslands, daß man ihn andernfalls als Präsidenten nicht anerkennen wird, da seine Amtszeit ja inzwischen längst abgelaufen ist. Er wird mich wohl oder übel aus Mexiko... verbannen."

„Du bist noch immer zu optimistisch. Denke lieber an eine Flucht, die dir jene 100.000 Pesos ermöglichen werden!"

„Dieser Juárez ist ein Indianer aus der Provinz Oajaca, ein ehemaliger Maultreiberjunge! Er ist heute einundsechzig, ich bin 35. Nein, nein... er wird es nicht wagen, mich... er wird es nicht wagen!"

„Und wenn... doch?"

„Du vergißt, daß ich mit allen katholischen Monarchen Europas und sogar Brasiliens blutsverwandt bin. Selbst die

Vereinigten Staaten von Amerika, die bisher Juárez unterstützt hatten... selbst deren Präsident Andrew Johnson ließ Juárez bestellen, in bezug auf mich nicht zu weit zu gehen."

„Max, oh... Max! Juárez muß dich doch fürchten. Du könntest, wie einst Kaiser Iturbide, später einmal nach Mexiko zurückkehren und versuchen, den Thron Mexikos abermals zu besteigen. Du könntest nach einer erfolgten Begnadigung abermals in Napoleon III. oder in Königin Isabella von Spanien oder in... Queen Victoria eine mächtige Unterstützung für ehrgeizige Pläne einer Restauration finden. Man kennt bei den Juaristen nur zu gut deine politische Romantik. Man weiß, daß eine erzwungene Abdankung in deiner ruhmliebenden Seele wie eine große Schmach auf deiner Ehre brennen würde... und zwar so lange, bis diese Schmach durch neue Siege getilgt ist. Man vergißt nicht, wie hartnäckig du dich geweigert hattest, zugleich mit den Franzosen das Land zu verlassen."

„Rodolfo, findest du nicht, daß du mit diesen Worten etwas zu weit gehst? Wenn ich jedoch ernstlich verspreche, wenn ich bei meiner Ehre verspreche, nie wieder zurückzukehren?"

„Alle möglichen Versprechungen, die du jetzt abgeben möchtest, könntest du nachträglich... im sicheren Europa... für erpreßt erklären."

„Du gehst mit mir hart ins Gericht, Rodolfo."

„Sollte ein Freund schmeicheln oder sollte er nicht vielmehr ungeschminkt die Wahrheit sagen?"

„Ich kann nicht fliehen... allein, ohne meine Getreuen."

Abermals tritt der Wachtposten ein.

„Die Zeit ist wirklich um!" sagt er energisch zu Rodolfo. Er packt ihn an der Schulter und zieht ihn mit sich fort.

„Maximilian!" ruft der blonde Hüne erschüttert aus.

„Mein Freund, leb wohl!" erwidert dieser beherrscht und wendet sich gerührt ab.

Im Kriegsgericht, auf der Bühne des Stadttheaters von Querétaro, stimmen drei der Geschworenen für Tod, drei für lebenslängliche Verbannung. Die Stimme des Vorsitzenden gibt also den Ausschlag. Der junge Oberstleutnant spricht leichten Herzens den Schuldspruch:

„Tod durch Erschießen!"

Die Hinrichtung soll am 16. Juni 1867 um 15 Uhr vollzogen werden.

Die Verurteilten beichten und kommunizieren.

Maximilian schreibt etliche rührende Abschiedsbriefe, darunter einen an Charlotte, deren Todesmeldung sich nicht bewahrheitet hat.

Ihr schreibt er:

„Ma bien aimée Charlotte! (Meine überaus geliebte Charlotte!)

So viele Ereignisse, so viele unerwartete Schläge haben meine Hoffnung zerstört, der Tod ist für mich nur eine glückbringende Befreiung. Ich werde glorreich als Soldat fallen, wie ein besiegter, aber nicht entehrter König.

Wenn Deine Leiden zu schwer sind und Gott Dich bald zu mir abberuft, dann werde ich die Hand des Herrn segnen, die so schwer auf uns gelastet hat.

Adieu Charlotte, adieu!

Dein armer Maximilian."

Er übergibt diesen Brief dem neben ihm stehenden mexikanischen Offizier Antoine Chervier und bittet ihn, dafür zu sorgen, daß er auch wirklich der Adressatin zugestellt wird.

Um 16 Uhr, also eine Stunde nach der vorgesehenen Hinrichtung, erscheint der liberale Oberst Palacio mit einem Telegramm von Juárez.

Ein Hoffnungsstrahl geht über die bleichen Züge der drei Verurteilten. Das kann nur die Begnadigung sein.

Doch nein! Es ist lediglich ein... Aufschub von drei Tagen.

Ein solcher Aufschub ist jedoch wie eine doppelte Hinrichtung.

Allein die liberalen Politiker, wie auch Oberst Palacio, halten den Aufschub für den ersten Schritt zur... Begnadigung!

Der preußische Gesandte, Freiherr von Magnus, übermittelt unmittelbar darauf folgendes Telegramm an Juárez:

„Euer Exzellenz!

Die Verurteilten wurden bereits moralisch getötet, da sie ja bereits vor der Hinrichtung zu stehen glaubten.

Ich beschwöre Sie, im Namen der Menschlichkeit und des Himmels, zu befehlen, daß man nicht mehr an ihr Leben geht... und daß sämtliche Monarchen Europas alle Garantien geben, daß keiner der Gefangenen jemals zurückkehren und mexikanisches Gebiet betreten wird..."

Zwei Tage später, also am 18. Juni, telegraphiert Maximilian an die juaristische Regierung, er erbitte die Begnadigung der Generäle Miramon und Meja, und spricht den Wunsch aus, er möge das einzige Opfer sein.

Doch alle diesbezüglichen Telegramme und Briefe beantwortet der zuständige juaristische Minister ablehnend.

Nun richtet Maximilian ein herzliches Dankschreiben an Eduard Radonetz, den Palastpräfekten von Miramar, und bittet ihn, „...an der Seite meiner armen Gemahlin treu auszuharren und ihr dieselbe Ergebenheit zu widmen, die Sie mir stets in so glänzender Weise bewiesen haben..."

Seinen Eltern und dem Kaiser von Österreich, seinem Bruder, empfiehlt Maximilian in seinen Briefen „... die Witwen seiner beiden Leidensgenossen Miramon und Meja..."

An Juárez richtet er die Mahnung, „... mein (Maximilians) Blut soll das letzte sein, das vergossen wird..." Der Präsident möge in Zukunft den Geist der Versöhnung walten lassen, um dem unglücklichen Land Frieden und Ruhe wiederzugeben...

Am Morgen des 19. Juni 1867 zelebriert der Beichtvater Maximilians, Pater Soria, eine Messe für die drei Verurteilten, welche die Kommunion empfangen.

Nach der Messe zieht Maximilian seinen Trauring vom Finger und übergibt ihn mit seinem Rosenkranz seinem Leibarzt Dr. Basch mit der Bitte, diese Gegenstände seiner Mutter, Erzherzogin Sophie, zu überbringen.

Die Anwesenden brechen in lautes Weinen aus. Maximilian tröstet sie mit dem Hinweis auf Gottes unerforschlichen Ratschluß. Dann umarmt er die beiden Generäle Miramon und Meja.

„Bald sehen wir uns im Jenseits wieder", spricht er gefaßt zu ihnen. Er trägt jetzt einen schwarzen Zivilanzug. Während er die Treppen zum Ausgang hinuntersteigt, erblickt er den strahlenden Morgen.

„Welch ein herrlicher Tag!" ruft er begeistert aus. „Ich habe mir stets gewünscht, an einem solchen Tag zu sterben."

Die Wagen führen die drei Verurteilten zur Richtstätte auf dem Cerro de la Campaña (Glockenhügel).

Überall, wo der kleine Zug vorbeikommt, herrscht tiefe Stille. Türen und Fenster der Häuser der Stadt sind zum Zeichen der Trauer geschlossen. Die Passanten sind schwarz gekleidet, die Frauen am Straßenrand weinen.

Als Maximilian oben angekommen ist und den Wagen verläßt, steht sein treuer Koch Tüdös vor ihm. Er hatte nie glauben wollen, daß es soweit kommen werde.

„Glaubst du es jetzt, daß sie mich erschießen?“ fragt er ihn.

Dann geht Maximilian aufrecht die hundert Schritte den Hügel hinauf, Miramon neben sich. Meja, seiner Sinne vor Angst kaum mächtig, muß hinaufgeschleppt werden.

An einer niederen Steinmauer wird Halt gemacht.

Von hier aus hat man einen hübschen Ausblick auf die Stadt, die friedlich in der Morgensonne daliegt.

Da springt von der Seite ein großer Mann auf Maximilian zu und sinkt vor ihm auf die Knie.

„Rodolfo... du?“ fragt Maximilian erschüttert. „Geh rasch fort von hier! Du bringst dich unnötig in Gefahr.“

„Max...“, stammelt er und küßt ihm ergriffen die Hand.

„Mein Freund... wir sehen uns wieder... drüben.“

Da wird Rodolfo von Soldaten abgedrängt.

Schon stellt man die drei Verurteilten auf: Maximilian zwischen seine beiden Generäle. Da wendet sich dieser an den neben ihm stehenden Miguel Miramon.

„General“, sagt er, „ein Tapferer muß besonders angesichts des Todes von seinem Monarchen geehrt werden. Gestatten Sie, daß ich Ihnen den Ehrenplatz überlasse.“ Hierauf zu Thomas Meja gewendet:

„General, was auf Erden nicht belohnt wird, das wird es gewiß im Himmel!“

Die zur Exekution bestimmte Mannschaft tritt jetzt an.

Der Befehlshaber, ein junger Offizier, stammelt einige Entschuldigungsworte.

Maximilian dankt ihm für diese Mitleidsbezeigung.

„Es ist gut. Sie sind Soldat. Sie müssen gehorchen.“

Hierauf gibt er jedem der ihm gegenüberstehenden Wehrmänner eine Goldunze. Dann tritt er auf seinen Platz zurück. Seinen Hut und sein Taschentuch übergibt er seinem Koch Tüdös, damit er diese Gegenstände seinen Angehörigen überbringen kann.

In spanischer Sprache, mit klarer Stimme, für alle Anwesenden gut vernehmbar, spricht er:

„Mexicanos! ... Ich vergebe allen... bitte, daß auch mir alle vergeben, und wünsche, daß mein Blut, das nun vergossen wird, dem Land zum Wohle gereichen möge... Es lebe Mexiko... es lebe seine Unabhängigkeit!"

Der Offizier senkt den erhobenen Säbel. Sieben Schüsse krachen.

Maximilian fällt auf das Gesicht, das Wort „Hombre..." (Heiland) flüsternd. Sein Körper, von fünf Schüssen durchbohrt, zuckt noch... Noch ist Leben in ihm.

Der Offizier eilt zu ihm und wendet ihn mit der Waffe um.

Stumm zeigt er mit der Säbelspitze auf das Herz Maximilians.

Einer der Soldaten gibt aus nächster Nähe einen Schuß auf die bestimmte Stelle ab, der die Kleider des am Boden Liegenden versengt und ihm den Tod bringt.

Nach ihm kommen Miramon und Meja an die Reihe. Beide rufen, unabhängig voneinander:

„Es lebe Mexiko! Es lebe der Kaiser!"

Da eilt ein fanatischer Juarist auf den seitlich stehenden Rodolfo zu, der eben sein Gesicht in den Händen vergraben hat.

„Du Hund!" herrscht er ihn an. „Du bist vor ihm (Maximilian) in die Knie gegangen!"

Er zieht unversehens seine Pistole und schießt dem blonden Hünen in den Bauch.

„So...", verhöhnt er ihn, „das ist der Lohn dafür..."

Rodolfo starrt ungläubig den rasenden Fanatiker an. Dann fällt er wie ein Stück trockenes Holz... lautlos zu Boden.

27

Was ist mit ihm?

,Wir liegen Jahre auf der
Bühne der Welt und singen.
Doch keiner hört uns.'
(Hugo Schanovsky, Kafka)

Maximilians Leben war nicht immer von Klugheit und Wirklichkeitsnähe durchdrungen, doch nun zieht sein heldenmütiges Sterben das Mitgefühl und die Bewunderung der mexikanischen Bevölkerung nach sich.

Juárez scheut sich nicht, den Leichnam des Erschossenen zu besichtigen, dem man die hellen Augen ausgestochen hat... in blindem Fanatismus und Haß...

Anschließend zieht Juárez triumphierend in Mexiko-Stadt ein und läßt rauschende Feste feiern.

Und noch jemand feiert rauschende Feste, nämlich... Paris, und zwar anläßlich der Weltausstellung, die Napoleon III. soeben glanzvoll eröffnet hat.

Paris wird damit für einige Zeit wieder einmal zum Zentrum Europas, ja fast der ganzen Welt.

Abertausende strömen aus diesem Anlaß in die französische Hauptstadt an der Seine.

52.000 Aussteller beschicken diese Weltausstellung nie dagewesener Superlative... mit den köstlichsten Waren und Herrlichkeiten aus aller Welt, die in tausenden von Kiosken dargeboten werden.

Staatsoberhäupter, Fürstlichkeiten und sonstige Berühmtheiten aus aller Herren Länder kommen angereist, um dieses glanzvolle Spektakel einfach mitzuerleben und um Napoleon III. ihre Aufwartung zu machen.

Zar Alexander II. erscheint ebenso wie Wilhelm I. von Preußen.

Jacques Offenbach, der Liebling der Pariser und Wahlfranzose, schreibt eigens für diese Weltausstellung eine ausgelassene Operette, die „Großherzogin von Gerolstein". Als Deutscher Jakob Offenbach war er 1819 in Köln geboren, seit

1855 leitet der Komponist sein eigenes Theater, die Bouffes-Parisiens.

Offenbachs „musiquette" (kleine Musik), wie die Pariser ironisch witzeln, wird zum musikalischen Großereignis dieser überdrehten Polit-Schau, eines echten Kindes der französischen Gesellschaft zur Zeit Napoleons III., welche die prunkvolle Hohlheit des Kaiserhofes ebenso durchschaut wie sich selbst...

Die Literatur, die Operette, die französische Kunst schlechthin spottet über Gott und die Welt und sprüht dabei vor Bosheit. Rheinischer Humor, jüdischer Witz und pariserische Eleganz geben sich hier also ein Stelldichein.

Auf allen Gesandtschaften in Paris werden glänzende Bälle und Soiréen abgehalten.

Natürlich weiß man bereits zur Genüge, daß Maximilian gefangen ist, aber Mexiko ist weit, und man will sich die Festesfreude einfach nicht stören lassen.

Noch am 17. Juni 1867, also zwei Tage vor Maximilians Tod, sagt der amerikanische Unterstaatssekretär William Seward bei einem festlichen Souper zu Freiherrn von Wydenbruck:

„Sein (Maximilians) Leben ist ebenso sicher wie das meine und das Ihre."

Diese Worte sind ein klassisches Beispiel in der Weltgeschichte dafür, was von Erklärungen regierender Durchschnittspolitiker eigentlich zu halten ist.

Allein... im Innersten ahnt bereits einer die bevorstehende Tragödie in ihrem vollen Ausmaß, nämlich Napoleon III.

Am 12. Juni, also fünf Tage davor, äußert er zum österreichischen Botschafter, Fürst Richard Metternich:

„Es bedrückt mich unendlich, Kaiser Maximilian nicht mehr helfen zu können... Ach, hätte er doch zusammen mit unserem Marschall Bazaine Mexiko verlassen!"

Noch am gleichen Tag schreibt Napoleon III. dem österreichischen Außenminister, Freiherrn Friedrich von Beust, „... falls dieser irgendeinen Plan hätte, wie man Kaiser Maximilian helfen könnte... unbedingt auf ihn (Napoleon III.) zu zählen!"

Aber Österreich und Kaiser Franz Joseph, der Bruder des in höchster Todesgefahr schwebenden Maximilian, hat... keinen Plan!

Paris, 19. Juni 1867:

Eugénie und Napoleon fahren in die Grand Opéra zu einer festlichen Vorstellung von Verdis ‚Maskenball', zu der das französische Kaiserpaar die in Paris anwesenden Fürstlichkeiten geladen hat.

Aber seltsamerweise: Vier der Logen neben der pompösen Herrscherloge bleiben leer.

Der Graf von Flandern (der belgische Schwager Maximilians) ist nämlich mit seiner Gattin ebensowenig erschienen wie Erzherzog Karl Ludwig (der jüngere Bruder Maximilians), wie Herzog und Herzogin von York (die Verwandten Queen Victorias) oder Herzog und Herzogin von Asturien (die Verwandtschaft der spanischen Königin Isabella II.).

Die Grand Opéra ist festlich mit tausenden von Rosen, Nelken und Kamelien in den Farben der französischen Trikolore geschmückt.

Die elegant gekleideten Damen in ihren kostbaren Abendtoiletten, etliche von ihnen mit glitzernden Brillant-Diademen geschmückt, die Herren in ihren goldbetreßten Uniformen und reich bestickten Fräcken... die unbeschwerte Stimmung im dennoch überfüllten, riesigen Opernhaus... lassen Eugénie und Napoleon III. ihre Sorgen um den gefangenen Kaiser von Mexiko für kurze Zeit vergessen.

In der Pause begibt sich das Kaiserpaar in den reservierten Salon der Oper. Erfrischungen werden von Lakaien dargeboten.

„Madame...!" Prinzessin Eßling versinkt im Hofknicks vor Eugénie. „Ich bin entzückt, Ihr roséfarbenes Spitzenkleid mit der gerafften Turnüre und die herrliche Schleppe daran... einfach himmlisch!"

„Sie schmeicheln, Prinzessin!" Eugénie ist es heiß, und der stets mitgeführte Fächer muß ihr Kühlung verschaffen.

„Wie gefällt Ihnen die Aufführung?" spricht sie die neben ihr stehende Fürstin Pauline Metternich an.

„O là là... Gustav III. von Schweden hat einen strahlenden Tenor!" schwärmt Pauline und leckt sich genießerisch die geschminkte Oberlippe.

„Ach!" unterbricht sie Prinzessin Eßling und macht erschreckte Augen. „Ich bebe jetzt schon vor Aufregung, wenn ich daran denke, daß der arme König am Ende des dritten Aktes erstochen wird."

„Nun ja...", erwidert Pauline und macht eine gespielt gelangweilte Miene. „Erstechen ist schließlich lautloser als Erschießen..."

„Fürstin!" Eugénie bekommt hektische Flecken auf ihre Wangen. „Sprechen Sie bitte in meiner Gegenwart nicht vom Erschießen!"

„Natürlich... Es könnten einen sonst Erinnerungen plagen, nicht wahr?" Pauline lächelt geheimnisvoll.

„Wie meinen Sie das?" fragt Eugénie und hüstelt nervös.

„Gibt es denn nicht so viele Erinnerungen? Geglättete und frisch polierte, die zum Beispiel eine Größe von einst heuchlerisch abküssen und gleichzeitig ihrer Tragik einen sozialen Fußtritt verpassen."

„Ich verstehe kein Wort..." Eugénie stößt einen unwilligen Seufzer aus.

„Was macht eigentlich...", jetzt wieder die Prinzessin zu Eugénie, „Ihr Sicherheitsoffizier, dieser Conte Plindera? Ich sehe ihn schon längere Zeit nicht."

„Er ist nicht hier." Eugénie wechselt die Farbe im Gesicht und wird eine Spur blasser. Abrupt klappt sie ihren Fächer zu.

„Wenn ich daran denke", sprudelt die Prinzessin munter darauf los, ohne zu bemerken, daß sie mit der Erwähnung des Conte einen Fauxpas begangen hat.

„Wie bitte?" fragt die 41jährige Eugénie, die bereits von nervösen Beschwerden des Klimakteriums geplagt wird.

„Wenn ich daran denke", wiederholt genüßlich instinktlos die alte Prinzessin, „damals... in Biarritz..."

„Was sollte dort gewesen sein?" Eugénie blickt mit unruhigen Augen zu ihrem Gatten hin, der sich mit einigen ausländischen Fürstlichkeiten unterhält.

„In Biarritz..." Die Prinzessin kommt sich äußerst wichtig vor. „Madame und ich verließen im neuen, achtspännigen Daumont, den uns Paris eben geschickt hatte, das Schloß Basque. Uns gegenüber saß Ihr eleganter, junger Sicherheitsoffizier."

„Ja, und...?" Eugénie wird dieses Gespräch sichtlich peinlich.

„Und Ihr Oberst, dieser blonde Marchese..."

„Was war mit ihm?" Eugénies Stimme wird dunkler.

„O... ich war über ihn etwas erstaunt... décontenancé...

Sie verstehen, Madame... Ich wußte ja nicht, ist er nun eigentlich Österreicher oder Italiener oder Wahlfranzose..."

„Gradese... weil in Grado geboren." Eugénie möchte dieses Thema beenden. „Fürstin", fragt sie zu Pauline gewendet, „was macht eigentlich Ihr Medium mit seinem Kontrollgeist Rubis? Hält er noch Séancen ab?"

Doch die schwatzhafte Prinzessin ist nicht zu bremsen.

„Damals nannte ich Sie, Madame, ein Sonntagskind. Sie erinnern sich doch... nicht wahr?"

„Ein Sonntagskind", murmelt Eugénie und bekommt einen bitteren Zug um ihren schmalen Mund.

Das erste Glockenzeichen erklingt, welches das Ende der Pause anzeigt.

Aber heute abend ist die Eßling absolut nicht abzuschütteln.

„Madame, dieser Don José Hidalgo, der später unser erster Gesandter für Mexiko wurde, machte wohl etwas Eindruck... gewissermaßen ein wenig Furore, wenn ich mir zu bemerken erlauben darf...", säuselt sie.

„Furore..." Eugénie ist kreidebleich geworden.

„Fürstin, Prinzessin Eßling will mir unbedingt glaubhaft machen..." Die Kaiserin bricht ab und starrt gedankenverloren vor sich hin.

„Der achtspännige Daumont hielt plötzlich..." Die alte Prinzessin kreischt fast auf. „Der Marchese hatte nämlich gerufen: Wir biegen soeben in die Rue Reine Hortense ein... Dann wiederum hatte er ausgerufen: Wir nähern uns der Avenue Imperiale... Da staunen Sie, Madame, nicht wahr, wie gut mein Gedächtnis heute noch... trotz meiner Jahre... trotz meiner Jahresringe..." Die alte Dame wackelt beachtlich mit ihrem Kopf.

„Fürstin, finden Sie, daß die Partie der Amelia gut besetzt ist?" will Eugénie dem Geplauder der Prinzessin ausweichen.

„Ihr Sopran ist sehr kultiviert." Pauline versucht, Eugénie ein wenig aufzuheitern. „Sie singt wie... eine Nachtigall, bevor sie ans Nestbauen denkt."

Das zweite Pausenzeichen ertönt.

„Aber..." Die schwatzhafte Prinzessin will unbedingt ihre Geschichte zu Ende bringen. „Dort...", wird sie theatralisch, „stand ein Mädchen mit einem... Gesuch!" ruft sie triumphierend aus, „allein... der schwarzhaarige Don José schob die junge Mexikanerin mit dem äußerst tiefen Dekolleté beiseite und sprach ungeniert Euer Majestät an... er sprach Sie doch tatsächlich ungefragt an..."

„Eine Nachtigall... Nest bauen..." Eugénie lächelt zerstreut.

„Was unterstehen Sie sich, fuhr ihn der Marchese an", schwatzt die Eßling unverfroren weiter. „Ich konnte leider nicht hören, was Madame diesem Don José damals erwiderten. Sonst wüßte ich es noch heute... obwohl inzwischen einige Jahre vergangen sind... einige Jährchen..."

Das dritte Glockenzeichen ertönt.

„Madame!" Napoleon III. ist herangetreten und bietet Eugénie seinen Arm. „Kommen Sie! Die Pause ist zu Ende!

‚Damals hat eigentlich alles begonnen', hämmert es in Eugénies Gedanken. ‚Ein nichtssagender Flirt mit diesem Don José... und die Lawine kam ins Rollen... und heute ist Maximilian ein Gefangener, ein zum Tod Verurteilter... und der König auf der Opernbühne wird jeden Augenblick erstochen werden...'

Der dritte Akt der Oper beginnt.

Die schwatzhafte Prinzessin Eßling hat in Eugénies Seele wieder alles aufgerührt, was für kurze Zeit begraben schien.

Vor Eugénies geistigem Blick ersteht sofort alles, wie es begann...

Sie war eigentlich ein schüchternes Mädchen, vom Glanz der um zwei Jahre älteren Schwester umgeben, von der raffinierten Koketterie der frühzeitig verwitweten Mutter überstrahlt.

Eugénie war dreizehn, als Don José Hidalgo auftauchte. Er schien den in ihn verliebten Backfisch nicht zu bemerken und umwarb die noch jugendlich wirkende Mutter... mit Erfolg, höchstwahrscheinlich mit Erfolg.

Dann erschien der Herzog von Alba, einer der ranghöchsten Granden Spaniens, auf der Bildfläche. Er machte gleichzeitig sowohl Eugénie als auch ihrer Schwester Pacca den Hof.

Eugénie verliebte sich, wie zwei Jahre zuvor in den nach London versetzten Don José, diesmal in den... Herzog.

Nun war es wohl nicht mehr nur bloße Verliebtheit, nun war es entschieden mehr, viel mehr.

Die berechnende Mutter argwöhnte jedoch schließlich, daß der Herzog es weder mit Pacca noch mit Eugénie ernst meine. Da stellte sie ihn brüsk vor die Alternative, sich entweder für eine ihrer Töchter zu erklären oder... ihr Haus nicht mehr zu betreten.

Der Herzog erklärte sich für... Pacca, und nicht für Eugénie – die hinter einer Tür verborgen – Zeugin seiner Werbung um Pacca geworden war.

Eugénie stürzte in ihr Zimmer und nahm... Gift.

Der Kunst der Ärzte gelang es, sie ins Leben zurückzurufen.

Doch ihr Nervensystem hatte unter diesen Ereignissen sehr gelitten. Fortan verblieben ihr ein leichtes Zittern, ein nervöses Zucken mit den Augenlidern, plötzliche Anfälle von Angst und Melancholie, denen sie bisweilen mitten unter Festlichkeiten ausgesetzt war, sowie von Weinkrämpfen, wenn sie etwas schmerzlich bewegte.

Don José Hidalgo war wohl nur eine unbedeutende Episode in ihrer Mädchenzeit gewesen, aber jene Station in ihrer Biographie war dennoch mit höchst schwerwiegenden Folgen verbunden.

Denn dieser Don José drängte sich in unheilvoller Weise ab der Wiederbegegnung von Bayonne in ihr Leben, und damit kam der Stein ins Rollen.

Sie stellte Don José ihrem Gatten in Biarritz vor.

Man sprach sofort... natürlich über Politik, man sprach über... Mexiko. Man erinnerte sich dabei des jungen, weichherzigen Erzherzogs Maximilian, der seinerzeit noch als Junggeselle das Kaiserpaar in den Tuilerien besucht hatte und dabei äußerst angenehm aufgefallen war.

Jetzt... ist er in der Todeszelle von Querétaro, und wenn kein Wunder geschieht...

Unterdessen nimmt das Geschehen auf der Opernbühne seinen Lauf.

Ein geheimnisvoller Brief warnt den Bühnenkönig vor einem Mordanschlag. Doch er, nicht feige, erscheint trotzdem auf dem vorgesehenen Maskenball.

Des Königs Page Oskar will zwar die Maske des Königs nicht verraten, aber dennoch, dennoch... dem Mörder gelingt es, Gustav III. mit dem Dolch zu durchbohren.

Die Oper ‚Ein Maskenball' ist damit zu Ende.

Schon erhebt sich der hinter dem Kaiserpaar sitzende Generaladjutant Waubert de Genlis, um die Hauptdarsteller hinter der Bühne abzuholen und zu Eugénie und Napoleon III. zur Entgegennahme von Glückwünschen zu geleiten, da... tritt ein Ordonnanzoffizier ein und überreicht dem Kaiser eine Depesche.

Napoleon III. öffnet diese.

„Was ist?" fragt Eugénie. Ihre Wangen werden bleich.

„Ein Telegramm des österreichischen Botschafters in Washington."

„Und?" Eugénies Augen zucken aufgeregt.

„Er schreibt..." Napoleon III. verstummt. Das Papier raschelt umheimlich in seiner Hand.

„Was... was schreibt er?" Eugénie wird es plötzlich heiß. Sie klappt ihren Fächer auf.

„Er schreibt..." Die Hände des Kaisers beginnen zu zittern.

„Was denn? So reden Sie doch endlich!"

„Maximilian... Kaiser Maximilian... heute morgen... sehr früh..."

Eugénie ist aufgesprungen und steht starr vor Schrecken da.

„Was... sehr früh?" stammelt sie.

„Erschossen!" Die Depesche entgleitet der Hand des Kaisers und fällt zu Boden.

Da stößt Eugénie einen spitzen Schrei aus und sinkt auf ihren Stuhl zurück.

„Madame, ich bitte Sie... um alles in der Welt... wir müssen Haltung bewahren... contenance... Das Publikum blickt mit den Ferngläsern auf unsere Loge..."

Da verläßt das Kaiserpaar hastig das Opernhaus.

In den Tuilerien, in ihren Privatgemächern angekommen, fällt Eugénie in Ohnmacht.

Napoleon III. verbirgt in den Händen sein Gesicht und... weint.

Nach einiger Zeit kommt die Kaiserin wieder zu sich. Ihr Gemahl hält ihre Hand.

„Eugénie", wimmert er, „liebste Eugénie... beruhige dich, bitte, beruhige dich..."

Sie schlägt die Augen auf und blickt unsicher umher.

„Was ist..." fragt sie mit umflorten Augen und tränenerstickter Stimme, „was ist... mit dem Marchese?"

„Mit Conte Plindera?" fragt der Kaiser zurück. „Dein Sicherheitsoffizier... dieser blonde Herr?"

„Was ist mit ihm? Louis Napoleon, ich bitte dich, ich flehe dich an, ich beschwöre dich... lasse Nachforschungen anstellen, sofort Erkundigungen einziehen, was mit ihm geschehen ist, wo er jetzt ist... ob er überhaupt noch lebt... noch... lebt?"

„Beruhige dich, mein Schatz, beruhige dich! Ich werde sofort alles Nötige veranlassen... sofort..."

Napoleon III. zieht die Glocke.

„Allen Gaben, die das Schicksal gewährt", flüstert Eugénie, „ist unsichtbar der Preis angeheftet, der dafür zu bezahlen ist. Ach... hätte ich das früher erkannt!"

28

Eine rote Rose

‚Die historischen Gesetze kümmern sich einen Dreck um Privatschicksale, sie schreiten unerbittlich über den einzelnen hinweg, und zwar vorwärts.'
(Ödön von Horvath, Italienische Nacht)

Eine junge Dame eilt erregt durch das Portal des Hospital de Querétaro und stößt fast mit einer Nonne zusammen.

„Perdón, Sor, ich suche einen Patienten, schwer verwundet..."

„Sein Name?" fragt die Krankenschwester.

„Plindera... Conde Plindera..."

„Der mit dem Bauchschuß?"
„Ja... Was ist mit ihm?"
„Sie können nicht zu ihm."
„Ich muß!"
„Wer sind Sie denn?"
„Señorita Hidalgo... Ich..."
„Niemand darf zu ihm. Die Ärzte erlauben es nicht. Er liegt bereits im Koma. Er wird den Abend nicht überleben."
„Ich bin seine Braut. Bitte, lassen Sie mich zu ihm!"
„Aber... Er erkennt niemanden mehr."
„Ich flehe Sie an. Um Christi willen! Alles, was Ihnen heilig ist..." Tränen ersticken ihre Stimme.
„So kommen Sie mit mir! Aber bitte... dominación... Man muß stark sein angesichts des... Sterbens."
Die beiden Frauen durchschreiten mehrere Krankensäle. Vorbei an den Kreuzwegstationen menschlichen Leidens, menschlicher Schwäche.
Hier spitze Aufschreie, da ein letztes Aufbäumen, ein lang gezogenes Röcheln.
Endlich... inmitten des Golgathaweges dahinsiechender Leiber... endlich das vorläufige Ziel dieser schmerzlichen Wallfahrt... ein von Krämpfen durchwühltes Bett und darin unter einer dünnen Decke ein gekrümmter Körper mit einem fahlen Gesicht, blaß wie das Bettlaken... ein bärtiges, struppiges Gesicht mit wirrem Haar, mit nach oben verdrehten Augen, oval geöffnetem Mund... mehr leblos als unheilvoll belebt... mit einer Seele, schon mehr im Enteilen als im kaum noch hier Verweilen...
Neben dem Bett flackert auf dem Nachtkästchen die Sterbekerze.
„Señorita... da liegt der Patient... Bitte, silencio... keine Aufregung... die Würde des unmittelbar bevorstehenden Todes..."
„Muß er wirklich... sterben?" Die Augen der jungen Dame schwimmen in Tränen.
„Sehen Sie denn nicht? Der Todesengel steht bereits neben ihm."
Die Krankenschwester entfernt sich lautlos.
Carmencita... sie ist es wirklich... in der Hand eine rote Rose... sinkt am Bett Rodolfos in die Knie.

Durch die tränenverhangenen Augen sieht sie undeutlich das Antlitz dessen, den sie geliebt hatte, mit dem sie unzählige Male gestritten und sich wieder versöhnt hatte... immer wieder gestritten und immer wieder versöhnt... immer wieder...

Der Verlauf seines Lebens hat nun sichtbar den letzten Entwicklungsgang eingeschlagen, so daß es sich nicht mehr lohnt, noch weiter diesen gordischen Lebensfaden abzuspulen.

Der Docht aller seiner einstigen Illusionen ist jetzt abgebrannt. Es ist Zeit, daß das Schicksal ihn löscht. Es geht scheinbar ganz leicht. Nicht weit von hier liegt der Todessee mit seinen undurchdringlichen Nebeln. Der Weg dorthin ist bereits kurz. Die Brücke nach dem unbekannten, anderen Land liegt nahe vor ihm.

Schon läßt er sich fallen wie ein kreisendes Steinchen, das von irgendwo herabkollert. Die Zeit bisher war eigentlich schal, nun hatte er nichts und niemand mehr.

Die wunderschöne Blume der Erwartungen ist zerpflückt und ihr verdorrter Stiel hat nicht mehr Saft noch Kraft. Es ist wirklich höchste Zeit, daß er sich auf den Weg macht.

Es ist vielleicht kein schöner Gang, den er vorhat, aber immerhin ein besonderer. War das Leben schon kein rauschendes Fest gewesen, so sollte seinem letzten Augenblick nicht doch eine gewisse Feierlichkeit gleich einem Flötenkonzert von Vivaldi innenwohnen dürfen? Zum Beginn eines neuen Lebens?

Der Patient seufzt leise, aber tief.

Tränen tropfen von Carmencitas Wangen herab, auf dieses blasse Bettlaken hernieder mit dem ach, so fahlen Schläfer darin. Ein schmaler Sonnenstrahl tanzt urplötzlich darüber.

„Rodolfo...“, flüstert sie und ergreift seine abgezehrte Hand, in der kein Leben mehr zu pulsieren scheint.

„Verzeihe mir, Geliebter... verzeihe mir... ach, was habe ich getan? Ich liebte dich, ja, stets liebte ich dich... immerzu... und doch, und dennoch...“

Ein Sterbender, im zweiten Bett von rechts, schreit kurz auf.

Schweiß steht auf der Stirn Rudolfos. Carmencita führt ein Tüchlein, getränkt von ihrem Riechfläschchen, über sein Antlitz, unter seine aufgeblähten Nasenflügel.

Da scheint plötzlich ein zarter Lebenshauch von weit herzuziehen und sich auf diesem sterbenden Gesicht niederzulassen wie zuvor der leicht verglühende Sonnenstrahl.

„Liebster...", flüstert sie unentwegt..., „hörst du mich... hörst du mich?"

Da wendet er sich zu ihr, diesen blutvollen Lippen zu, denen Worte voll anmutigen Lebens entströmen.

„Rodolfo... ich liebe dich... ich habe immer nur dich geliebt... ich wußte es nur nicht immer... Rodolfo..."

Da schlägt er unvermittelt die Augen auf, wie von einer unsichtbaren Macht dazu angetrieben.

„Liebster...", wimmert sie unter Tränen, „ich bins... ich... deine Carmencita..."

Seine Augen werden weit und bohren sich in ihr Gesicht. Jetzt formen seine ausgedörrten Lippen mühsam die ersten Worte.

„Da bist du ja...", stammelt er, wobei er jede Silbe wie mit allerletzter Kraft zu einem ungefügen Satz formen muß.

„Ja, ich bin hier... und jetzt gehe ich nie mehr fort von dir, nie mehr..."

„Wirklich?" Leben, ein winziges Stück Leben scheint dieses Kalkgesicht mit einem Mal zu durchströmen. „Ein... wunderschönes... Märchen..." Es ist kaum hörbar, was er sagt.

„Das ist die Liebe selbst. Es war einmal, es wird immer sein... immer... ewig." Sie legt die rote Rose auf seine Brust, diese einsame, rote Rose.

„Einen Weg muß ich gehen, den..."

„Was für einenWeg?"

„Einen Weg... den noch keiner... ging... zurück..."

Dieser Satz ist zuviel für ihn. Die Augen fallen ihm zu. Sein Gesicht verkrampft sich.

„Nein!" ruft sie ihm zu. „Es ist noch zu früh. Wir beide sind noch jung. Wir haben noch das ganze Leben vor uns... hörst du, vor uns..."

Er will sprechen, etwas erwidern. Doch sein Geist verwirrt sich. Er fällt ins Delirium des Phantasierens...

„In der Calle de la libertad..."

„Ja? Was ist in dieser Straße? Was, Rodolfo?"

„Das schönste Hochzeitskleid... Ich habe es gekauft..."

„Für wen hast du es gekauft?"

„Für dich. Hier ist es. So nimm es doch...!“ Er scheint ihr etwas mit seinen Händen überreichen zu wollen.

„Oh... es ist wunderschön“, täuscht sie ihm Freude vor.

„Es steht dir gut“, phantasiert er weiter. „Und erst der weiße Schleier... Da ist auch schon der Priester, der uns traut. Padre Felipe...“ Er macht eine Pause. Das Sprechen überfordert seine Kräfte. Der Atem geht rasselnd und stoßweise.

„Was für ein glückliches Paar sind wir doch!“ Sie schmiegt ihre Wange eng an seine.

Wir alle sind zur Liebe geboren, durchströmt es sie. Liebe ist das Maß, nach dem wir letztlich drüben einmal gemessen, gerichtet werden.

Rodolfo scheint bereits etwas Schönes zu sehen. Ein scheues Lächeln überzieht sein Gesicht.

Sie starrt gebannt auf sein Antlitz, das ihr bisher nicht so bekannt war wie eben jetzt, da es in einer neuen Art zu erstehen scheint.

Ist Glück ein Pfand für immer oder keineswegs, bohrt es in ihr weiter. Ist Liebe nur ein Wort für die Ewigkeit und nicht auch eines für uns hier auf Erden? Wenn diese Nacht kommt, dann...

Er wird diesen Abend nicht überleben, sagte ihr die Klosterschwester beim Eintritt ins Spital.

Noch tanzen einige müde Sonnenstrahlen durch den Krankensaal. Aber bald wird sie untergehn.

Jetzt bäumt sich Rodolfo im Bett auf.

„Komm, eilen wir fort von hier!“ ruft er ihr zu. „Schnell, fort... nur fort!“

Sanft drückt sie ihn in das Kissen zurück.

„Morgen verreisen wir... in die Flitterwochen“, flüstert sie ihm zärtlich ins Ohr.

„Du weinst ja...“ Seine Augen bohren sich schreckhaft in ihren liebevollen Blick hinein. „Muß ich jetzt... sterben?“

„Aus Glück weine ich, Liebster, nur aus Glück. Du bist zwar sehr krank, aber du wirst wieder gesund werden... ich werde dich pflegen...“

„Ja, ich spüre, es geht mir besser, seit du bei mir bist...“ Er hebt den Kopf energisch in die Höhe. Seine Augen glänzen im Fieber.

„Ich bin eigentlich nicht mehr krank“, ruft er ihr zu. „Lasse den Wagen anspannen! Wir fahren ans Meer. Und dann mit dem Schiff nach Europa. Heim... nach... Grado...“

„Ja!“ lügt sie ihm barmherzig vor, und wie im Singsang leise:

„Mein Herz, nun winde die Girlanden schön!
Ihr Blumen, duftet herrlich wie noch nie!
Ihr besten Wünsche, tretet hurtig ein!“

„Carmencita“, wimmert er vor Freude.

„Wir werden nie mehr auseinandergehn.
Trafst jemals du das Glück? Hier ist es, sieh!
Zu dir will ich für ewig zärtlich sein.“

„Es wird finster.“ Seine Augen scheinen aus seligen Fernen zurückzukehren. „So finster...“

„Es wird Abend, Liebster.“ Das Herz krampft sich in ihr zusammen.

„Ich gehe, Licht zu machen. Viel Licht.“

„Ist das der... Abschied?“ Sein Kopf fällt kraftlos zur Seite.

„Abschied ist ein leeres Wort, wenn man liebt.“ Sie umfängt sein Haupt zärtlich. „Rodolfo... Liebster... hörst du mich?“ Ihre Augen werden schreckhaft weit. Bange fragt sie ihn:

„Rodolfo...?“ Stille. Unendlich lange Stille.

Die Krankenschwester ist unmerklich herangetreten.

„Er hat ausgelitten“, murmelt sie. Dann drückt sie ihm sanft die Augen zu.

Die rote Rose liegt einsam und stumm auf seiner Brust.

29

Letzte Jahre

‚Endgültigkeit ist nicht die Sprache der Politik.'
(Benjamin Disraeli,
berühmter britischer
Premierminister
Queen Victorias)

53 Jahre später in Madrid:

Carmencita Hidalgo ist nun 86 Jahre alt.

Seit dem Tod Rodolfos lebt sie hier, wie übrigens Ex-Kaiserin Eugénie derzeit auch, die einen Monat zuvor, nämlich am 5. Mai ihren 94. Geburtstag gefeiert hat.

Carmencita erfuhr aus der Zeitung, daß der berühmte Fischerchor ‚I pescatori di Grado' in der Ermita San Antonio el Grande ein Konzert geben wird.

Im Angedenken an Rodolfo beschließt Carmencita, in die Kirche mit den berühmten Fresken von Goya aus dem 18. Jahrhundert zu gehn und noch einmal jenes Lied zu hören, das er so sehr geliebt hatte:

‚Al primo sole si desta la città della marina...'

(Wenn aus dem Morgendunst das Städtchen am Meer erwacht)

Es ist noch etwas Zeit vor dem Konzert.

Die betagte Dame hält sich noch sehr aufrecht, aber ruht nun ein wenig in der glorieta de Jardin botánico (im Botanischen Garten) aus.

Da trippelt eine alte, sehr gepflegte Dame mit einem silbernen Krückstock heran, eine weiße Rose in der Hand.

„Ist hier noch frei?" Sie deutet auf den Platz neben Carmencita.

„Bitte!" Señora Hidalgo rückt ein wenig zur Seite.

„Danke", erwidert freundlich die Alte. „Ach, es ist schon mühsam, sich aufrecht auf den Beinen zu halten, wenn man 94 ist."

„Vierundneunzig? Sieh einmal an! Wie die Exkaiserin Eugénie, deren Geburtstag der 34jährige Alfons XIII. vor einem Monat im Königsschloß festlich zelebrieren ließ."

„Wieso wissen Sie das, Señora?"

„Es stand in den Zeitungen."

„Ach, man machte zuviel Aufhebens um eine alte Frau!"

„Immerhin war sie zwei Jahrzehnte lang die schönste Kaiserin der Franzosen."

„War sie das? Die Journalisten übertreiben oft."

„Ich kann es bestätigen. Ja, sie war wunderschön."

„Sind Sie ihr denn persönlich begegnet?"

„Das kann ich wohl behaupten."

„Sie machen mich neugierig."

„Wenn es Sie interessiert..."

„Es interessiert mich tatsächlich. Wo, wenn ich fragen darf? Wann?"

„Oft. Sogar sehr oft. Zum ersten Mal in Bayonne..."

„War sie denn dort?" Die alte Dame wackelt ein wenig mit dem Kopf.

„Natürlich. Sie kam von Biarritz herüber."

„Von Biarritz, so, so... Wozu sollte sie damals nach Bayonne gefahren sein?"

„Sie besuchte die dortige Bajonettenfabrik, glaube ich."

„Ich erinnere mich nicht." Die alte Frau wirkt ein wenig zerstreut.

„Warum sollten Sie sich auch daran erinnern? Sie können doch wirklich nicht wissen, welche Orte die Kaiserin in ihrem langen Leben besuchte."

„Sie haben recht, Señora. Das kann ich tatsächlich nicht wissen. Aber Sie scheinen ein vortreffliches Gedächtnis zu besitzen."

„Natürlich. Wenn es mit der Liebe unseres Lebens zusammenhängt."

„Mit der Liebe... Das ist ein zutreffendes Argument."

„Sie werden sich doch gewiß auch noch an alle Stationen Ihres Lebens beziehungsweise Ihrer Liebe erinnern? Ich nehme an, Sie waren verheiratet und haben Kinder, Enkelkinder?"

„Verheiratet? Ja! Kinder? Einen Sohn! Enkelkinder? Leider nein!"

„Ihr Gatte? Lebt er noch?"

„Schon längst hinübergegangen."

„Und Ihr Sohn? Ihr einziges Kind?"

„Auch schon längst..." Die alte Frau spricht nicht weiter und starrt gedankenverloren vor sich hin. „Wissen Sie", fährt sie leise fort, „man glaubt, sein Kind zu kennen, und dennoch... Er war immer so fröhlich... da fand ich in seinem Nachlaß ein handgeschriebenes Gebet... Es lautete:

‚Mein Gott, mache, daß es für mich kein Glück mehr gibt! Ich fliehe es.'

Können Sie das verstehen? Señora, ein 23jähriger, feuriger junger Mann, der eine hübsche Geliebte hat..."

„Es gab keine Schwiegertochter?" bohrt Carmencita weiter.

„Keine. Er war noch unvermählt."

„Hoffentlich sind Sie jetzt nicht ganz einsam."

„Ich wohne vorübergehend im Haus meines Großneffen."

„Wie Eugénie auch", ergänzt Carmencita, wobei sie die Ältere scharf beobachtet. „Im Palacio des Herzogs von Alba in Liria."

Und tatsächlich: Bei dem Wort ‚Eugénie' zuckt die Angesprochene zusammen.

„Warum, meine Liebe...", spricht sie zögernd, „vergleichen Sie mich bereits zum zweiten Mal mit Kaiserin Eugénie? Warum eigentlich?

„Sie erinnern mich an sie... stark sogar erinnern Sie mich an sie."

„Ich? An sie? Sehe ich denn aus wie eine Kaiserin? Schauen Sie mich doch genauer an! Ich bin eine alte Fledermaus. Aber wie die Motten zieht mich immer das Licht an. Wissen Sie, ich bin deshalb hier, weil ich vor meinem Tod noch einmal meinen kastilischen Himmel sehen wollte."

„Also lebten Sie in einem anderen Land?"

„Ja, in Frankreich. Jetzt werden Sie wiederum sagen: wie Eugénie."

„Tatsächlich. Die Parallelen zwischen Ihnen und ihr sind vorhanden."

„Ach!" seufzt die Alte auf. „Wenn Sie wüßten, meine Teure..."

„Was?" entfährt es Carmencita unbedacht.

„Sie... sie hat Fehler gemacht in ihrem Leben... etliche Fehler."

„Wer macht keine in einem langen Leben?“ Jetzt ist sich Carmencita sicher, daß sie tatsächlich Eugénie vor sich hat, die neben ihr sitzt, auf dieser Gartenbank in dieser schattigen Laube.

„Sie...“, spricht die Alte weiter, zögernd weiter, „Sie hätte sich nie in die hohe Politik einmischen dürfen, dann wäre manches anders gekommen, ganz anders...“

„Napoleon III. engagierte sich allzuviel im Vorderen Orient, in Italien, in Deutschland und...“ in Mexiko, will sie fortfahren, bricht aber ab, weil sie das alles zu sehr erregt.

„Sie sind bewandert in der französischen Außenpolitik. Wieso eigentlich, frage ich?“

„Napoleon III. erstrebte die Vormachtstellung Frankreichs über Europa, über Preußen, über das linke Rheinufer. Damit mußte es unvermeidlich zum Krieg mit Deutschland kommen, zur Niederlage von Sedan. O ja, Madame, nicht der Apfel, den Eva gegessen, hat uns einst aus dem Paradies getrieben, sondern einfach unsere Gier nach... Macht.“

„Napoleon mußte abdanken. Er starb 1873 im Exil in England, mit 65 Jahren, ja...“, nickt die alte Dame. „Er hatte seine Kräfte und jene Frankreichs überfordert. Daß das französische Volk nach Sedan die Jauche des Zorns über das Kaiserpaar ausgegossen hat, daß es dieses, ohne es auch nur anzuhören, für die allein Schuldigen an allem betrachtet hat, das ist... Ein halbes Jahrhundert ist seither vergangen, und man schmäht noch immer den Kaiser und Eugénie, als ob es in der Geschichte des zweiten Kaiserreiches nichts als Niederlagen gegeben hätte, nichts als Mexiko und Sedan... Mexiko und Sedan...“

Die alte Frau auf der harten Steinbank scheint in sich zusammenzusinken.

„Krieg ist die Todessehnsucht von Menschen, die nie erwachsen werden“, sagt die andere.

„Mexiko hätte zum blühendsten Handelszentrum der Welt werden können... unter besseren Umständen...“

„Ja, die grauenhafte Tragödie von Mexiko!“ Carmencita ist von ihrem Sitz aufgesprungen. „Kaiser Maximilian fand ein schreckliches Ende. Kaiserin Charlotte wurde wahnsinnig. Tausende hüben und drüben verbluteten für nichts... nichts, bloß weil eine... eine törichte Jugendliebe Eugénie einst zu schaffen machte.“

„Sie hat dafür gebüßt, schwer gebüßt... Ihr einziger Sohn... Napoleon IV. wäre er vielleicht geworden, wenn nicht die Zulus in Afrika ihn am 1. Juni 1879 ermordet hätten... mit 23 Jahren... können Sie das nachempfinden?... mit 23 Jahren..."

Die alte Dame führt ein Battisttüchlein an ihre Augen.

„Wir alle haben gebüßt", erklärt Carmencita bitter. „Der eine so, der andere eben anders. Die einen haben gebüßt, die anderen haben es... verdrängt. Die Mächtigen sind ja immer groß im Verdrängen."

„Señora... Sie erwähnten eine Jugendliebe, die der Kaiserin einst zuschaffen machte..."

„Ja, und wegen dieser Jugendliebe mußten Tausende in den Tod gehen, mußte Kaiserin Charlotte wahnsinnig werden, und der Sicherheitsoffizier Eugénies..."

Die alte Dame fährt erschreckt hoch.

„Wer sind Sie, Señora, um Gottes willen, wer sind Sie?"

„Wer ich bin? Eine, die sich seinetwegen vor Eugénie zu Füßen warf..."

„Sie sind... die Schwester... die Schwester des mexikanischen Gesandten in Paris..."

„Ja. Ich bin Carmencita Hidalgo, und wenn Sie, Madame, die Finger von der Politik gelassen hätten, wäre ich heute die Gattin oder Witwe von..."

„Vom Marchese! Oh... welche Erinnerungen lassen Sie in mir aufleben! Welches Riesengebirge von Erinnerungen!"

Die alte Frau schlägt die Hände vors Gesicht.

„Heute sind es auf den Tag genau 41 Jahre, daß mein einziges Kind, mein einziger Sohn, die Hoffnung meines Lebens, die Hoffnung des kaisertreuen Frankreichs, der sogenannte Napoleon IV. in Afrika grauenhaft ermordet wurde."

„Ich sehe, Sie haben schwer gebüßt... für alles."

„Und Sie, meine Liebe? Wir beide... mußten viel, allzuviel Liebe in das Grab senken. Gestatten Sie, daß eine alte Frau Sie umarmen darf."

Die beiden hochbetagten Frauen umschlingen einander und weinen.

„Nicht wahr, meine Teure, nun hassen Sie mich nicht mehr? Jetzt sind wir Schwestern geworden, Schwestern im Leid."

Carmencita nickt gerührt, einmal... zweimal... mehrere Male.

„Darf ich Ihnen diese weiße Rose schenken", nun Eugénie, „als Andenken an eine komische Alte, die einmal... schön gewesen sein soll. Sehen Sie, Señora, so welkt alles dahin: Macht, Reichtum, Schönheit, nur eines nicht... Nicht wahr, darin sind wir uns einig?"

„Ja, Madame, die Liebe verwelkt nicht, und es versiegt auch nicht der tiefe Brunnen der Erinnerungen... in uns."

„Niemals. Denn Gott ruhte zwar am siebenten Tag, jedoch am achten erschuf er die alleinige Krone der Schöpfung... die Liebe!"

„Leben Sie wohl, Madame."

Die alte Frau schreitet langsam davon, schwer auf ihren silbernen Krückstock gestützt.

Carmencita sieht ihr lange nach.

Eine weiße Rose als Symbol für eine Jugendliebe, die Weltgeschichte machte... und eine rote Rose einst auf der Brust des toten Rodolfo... Welch ein Unterschied!

Alles auf Erden dreht sich am Ende um die Liebe, und alles auf Erden dreht sich hintergründig um... Macht.

19. Januar 1927:

Der Königshof von Brüssel gibt folgendes Bulletin an die in- und ausländische Presse weiter:

„Meysse, den 19. Januar 1927.

Heute morgen um sieben Uhr ist im Schlosse zu Bouchout Ihre Majestät, die verwitwete Kaiserin Charlotte von Mexiko, geborene Prinzessin von Belgien, im siebenundachtzigsten Lebensjahr gestorben. Sie überlebte ihren im Jahre 1867 in Querétaro standrechtlich erschossenen Gemahl in geistiger Umnachtung um nahezu sechzig Jahre..."

Was hat sich nicht alles zwischen dieser längst versunkenen Welt und der unromantischen industriellen Arbeitswelt von 1927... ereignet!

Längst untergegangen ist das französische Kaiserreich Napoleons III., desgleichen die jahrhundertealte Habsburger Monarchie sowie das Deutsche Kaiserreich, auf den Trümmern der Macht Napoleons III. gegründet und wieder zerbrochen an den Freiheitswünschen der neu gegründeten Republik.

Am 27. Juli 1857 hatte sich Charlotte mit Maximilian vermählt. Der zweitgeborene Bruder des Kaisers von Österreich und die ehrgeizige, einzige Tochter des frisch gebackenen Königs Leopold des eben erst erstandenen, neuen Königsreiches der Belgier hatten in ihrem grenzenlosen Ehrgeiz sofort zueinander gefunden. Er, der umtriebige Maximilian, der sich als Nachfolger des Weltenkaisers Karls V., in dessen Reich die Sonne nicht unterging, ebenbürtig fühlte... und sie, die sich als Königstochter für zu gut hielt, nichts als die Schwägerin der Kaiserin Elisabeth von Österreich zu sein, die keine gebürtige Königstochter war, sondern ‚nur' die Tochter des Herzogs *in* Bayern.

Nein, Charlotte hatte absolut keine Lust, am Wiener Hof als unbedeutende Erzherzogs-Gattin zu ‚versauern', und ihr Maximilian hatte gleichfalls absolut keine Lust, lediglich als zweitgeborener Bruder des Kaisers ‚dahinzuvegetieren'!

Im Jahre 1998, also in jüngster Gegenwart, publiziert der österreichische Pathologe Professor Hans Bankl medizinische Befunde aufgrund von Krankheitssymptomen in den Familien der Nachkommen des Kaisers Franz II. von Österreich. Dabei stellt der Wissenschaftler folgendes fest:

„... Es stimmt, daß die meisten Habsburger Opiate genommen haben. Es waren nur geringe Dosen, aber sie wurden regelmäßig konsumiert. Und dadurch entsteht ein gewisses Gewöhnungspotential. Bei Personen, die von Haus aus labil und nicht sehr gesund waren, wie Erzherzog Maximilian, waren die Folgen allerdings verheerend... Daß (dadurch) eine psychisch gestörte Persönlichkeit herauskommt, ist völlig klar."

Von den Brüdern Franz Josephs ortet der Pathologe bei Erzherzog Karl Ludwig (jüngerer Bruder Maximilians) eine... „Einengung seines Gesichtskreises, aber auch religiöse Wahnvorstellungen." Ludwig Viktor wiederum (der jüngste Bruder Maximilians) war homophil sowie... „ernsthaften und praktischen Tätigkeiten im Rahmen von Repräsentation oder Pflichten des Hofes nicht mächtig..." (Er wurde von Franz Joseph übrigens nach Salzburg verbannt).

Warum das alles? Darauf gibt der Wissenschaftler folgende Antwort:

„... Es kam zu einem Durchschlagen der vielen Verwandtenehen... Der Verlust der Ahnen ist ja hier auffällig..." All das fördert das vermehrte Aufkommen von psychisch gestörten Persönlichkeiten.

Soweit also der wissenschaftliche Befund des Pathologen aus derzeitiger medizinischer Sicht.

Durch diese vorgegebenen, unseligen Umstände hatte jedoch leider... leider das Geschick in den erbabhängigen Seelen sowohl von Maximilian als auch von Charlotte bereits alles vorprogrammiert, was danach eine unrealistische, zum Teil sehr habgierige Clique von Auslands-Mexikanern antrieb, diesen beiden die Krone eines überseeischen Reiches anzubieten, die es eigentlich gar nicht gab.

Am 10. April 1864 hallte durch die Prunkräume des Marmorschlosses Miramar bei Triest der Ruf...

„Es lebe Kaiser Maximilian... es lebe Kaiserin Charlotte!"

Doch für dieses neu errichtete, auf Illusionen wie auf Sand gebaute Kaiserreich fehlten einfach alle Voraussetzungen, denn es fehlte an Soldaten, an Waffen, an Geld, an rechtlichen Präliminarien, an Begeisterung, es fehlte einfach... an allem!

Ein mexikanischer Ex-Gesandtschaftssekretär namens Hidalgo, zufällig aus Eugénies Jungmädchen-Tagen mit dieser bekannt bis ein wenig befreundet, treibt die vom Gatten enttäuschte und sich daraufhin der Politik zuwendende Eugénie an, für das mexikanische Abenteuer zu wirken, diese treibt Napoleon III. an, und er wiederum die Spekulanten der internationalen Finanzpolitik, und so schließt sich der Kreis.

Der romantische, zum Teil weltfremde Träumer Maximilian greift nach der Macht über Mexiko, als ob die Mexikaner ein Stück Vieh wären, das man für billige Versprechungen oder ein paar Glitzersteine erwerben könnte.

Hie und da blitzt wohl in der Seele selbst dieses Illusionisten ein kleiner Zweifel auf, ob alles wirklich so rosig ist, wie es ihm seine Phantasie, wie es ihm andere, die ebenso wirklichkeitsfremd träumen wie er, oder die von Habgier und Raffsucht angetrieben werden, ... eben... vorgaukeln.

Aber wie gern glaubt der Mensch, was er unbedingt auch wahrhaben möchte!

Allein... so oft auch solche kurzen Zweifel in Maximilians Seele aufblitzen, immer ist es sofort vor allem seine Frau Charlotte, die in hemmungslosem Ehrgeiz solche Seelenschwankungen Maximilians bedenkenlos hinwegfegt mit ihrer tollen, bisweilen allzu tollen Überredungskunst.

Nichts und niemand ist jemals imstande, diesen wirklichkeitsfremden Ehrgeiz Charlottes zu bremsen.

Selbst als bereits alles verloren scheint, als sich Napoleon III. nach monatelangen Vorankündigungen schließlich doch aus dem mexikanischen Abenteuer endgültig zurückzieht und seine letzten Truppen heimbeordert, selbst als dem weltfremden Träumer Maximilian ‚die Schuppen von den Augen fallen' und er abdanken will, selbst da hält Charlotte ihren Mann mit ihrer unseligen Überredungskunst von diesem Schritt zurück.

Charlotte reist höchst eigenmächtig, ohne die Zustimmung selbst der mexikanischen Konservativen, der einzigen Stütze dieses illusorischen Thrones, lediglich mit der Zustimmung ihres Mannes, den sie hiezu selbst erst schwer ‚bearbeiten' muß... sie fährt also höchst eigenmächtig nach Europa zu Napoleon III. und dem Papst, als ob alle diese enormen Schwierigkeiten und Riesenhindernisse rund um das mexikanische Abenteuer lediglich durch die Überredungskünste einer Frau dahinschmelzen könnten wie Schnee in der Aprilsonne.

Aber selbst als Napoleon III. und der Papst, wie rational nicht anders zu erwarten war, der in ihre Gedanken verbohrten Charlotte einfach nicht helfen können,... selbst da ist sie uneinsichtig, einfach durch nichts und niemand zu überzeugen von den Notwendigkeiten der Vernunft.

Denn Charlotte ist nun einmal zwanghaft darauf fixiert, daß nicht ihre Ansichten und Ideen einfach abstrus und verworren sind, nein, die anderen sind eben stur, ihr feindlich gesinnt, und zwar so feindlich, daß diese sie vernichten wollen, physisch und seelisch, ihr nach dem Leben trachten, sie ermorden wollen. Damit verwirrt sich endgültig ihr Geist... bis an ihr ferneres Lebensende.

In Miramar liegt sie nach ihrem geistigen Zusammenbruch

in Fieberträumen. Maximilian ist jetzt für jene Herr der Erde, er ist der Kaiser des Weltalls. Vor ihm neigen sich nun alle, selbst der Vergifter im fernen Babylon, das jetzt Paris heißt.

Dann ist Charlotte wieder überzeugt, daß alle sie vergiften wollen, sogar Maximilian, einfach deswegen, weil sie ihm kein Kind gebären konnte, keinen Sohn, keinen Thronfolger.

So magert Charlotte schließlich derart ab, aus Furcht vor vergifteter Speise, vor vergiftetem Trank, so daß sie schließlich nur noch Haut und Knochen ist.

Ende Juli 1867 schickt Königin Marie Henriette, die Gattin Leopolds II. von Belgien, eine geborene österreichische Erzherzogin, einen Oberst mit einem besonderen Ersuchen nach Wien. Sie will nämlich persönlich ihre unglückliche Schwägerin gesund pflegen.

Kaiser Franz Joseph überlegt: Weg, nur weg mit dieser Charlotte aus Miramar, weg mit dieser unglückseligen Erinnerung an einen unbotmäßigen Bruder, an eine aufmüpfige belgische Schwägerin!

Daher stimmt Franz Joseph sofort dem Plan Marie Henriettes zu. Ja, ja... die Kranke gehört zu ihrer Verwandtschaft nach Belgien.

So bringt man sie nach Tervueren.

Sie benimmt sich sehr verständig, spielt Klavier, besonders gern das Ave Maria von Bach-Gounod... immer und immer wieder. Zwischendurch malt sie mit Fleiß kleine Landschaftsbilder. Der Wahnsinn verläßt sie unter der pflegerischen Oberaufsicht der Königin scheinbar.

Doch plötzlich läßt Charlotte Marie Henriette rufen. Sie stürzt zu ihren Füßen und tobt...

„Man (einer der Pfleger wahrscheinlich) hat mich am Ärmel gepackt, man soll mit Gewalt nach Miramar zurück. Nein, nein...nicht, nicht!... Ruhe ist hier. Gut speisen ist es hier mit Max täglich bei Tisch. Heute kam man zu spät, er saß schon da. Komisch... er fiel auf einmal um auf seinen Teller wie eine Puppe... Schön ist Max! Die Uniform, ja... unser schönes großes Reich von Mexiko! Anders als das arme, kleine Europa... Man ist wahnsinnig, liebe Schwägerin, wahnsinnig oder vielleicht gesund?... Man speist, man liest, Ruhe ist ringsumher, gerade recht nach all dem Jammer... Danke, Marie Henriette, Du bist so gütig... eine wirkliche Freundin... Nicht wahr, es ist jetzt alles gut? Man fühlt sich wohl und munter, man verträgt sogar einen Rüffel..."

Dann ist sie wieder lange Zeit recht normal und friedlich.

Ende 1868, also mehr als ein Jahr nach Maximilians Tod, ersucht das belgische Königspaar den Erzbischof von Brüssel, ihr davon endlich Mitteilung zu machen.

Dieser bemüht sich, den richtigen Ton zu treffen:

„Majestät, Kaiser Maximilian ist in die ewige Seligkeit eingegangen. In Ehren gefallen ist er, nun weilt er nächst dem Thron des Allerhöchsten. Heldenhaft war sein Tod."

Zuerst scheint sie nicht zu begreifen, was man ihr da soeben gesagt hat. Dann fällt sie der anwesenden Marie Henriette um den Hals. Sie weint. Schließlich erklärt sie:

„Ich will Frieden machen mit dem Himmel! Ich will beichten, ja beichten..."

Man verspricht ihr, am nächsten Morgen den Beichtvater zu ihr zu schicken.

Doch mitten in der Nacht läßt sie Marie Henriette wiederum herbeirufen.

„Meine liebste Freundin", ruft sie ihr unter Tränen entgegen, „ich kann nicht beichten... nein, ich kann es nicht! Es geht nicht, verstehst du... es geht nicht..."

„Beruhige dich, mein Kind!" Sie wird auch sofort wieder ruhig und verständig.

„Wie geht es Max?" fragt sie die Schwägerin. „Daß er nur morgen bei Tisch nicht zu spät kommt! Schläft er vielleicht jetzt? Warum ist er nicht hier bei mir? Ah... er ist krank, verstehe... oh... wie schön, er ist nur krank, nur krank..."

Dennoch legt sie schließlich Trauerkleidung an, weint manchmal, wirkt aber zwischendurch immer wieder ergeben in ihr Schicksal.

Bis März 1869 geht es mit der Kranken ganz gut. Die Königin lädt sie sogar jetzt öfter an den Hof nach Schloß Laeken ein.

Dann kommt unvermutet plötzlich ein schwerer Rückfall. Sie muß endgültig zurück nach Schloß Tervueren. Ärzte und Irrenwärter umgeben sie fortan.

Am 3. März 1879 bricht im Schloß ein Brand aus.

Man bringt die Kranke nach Laeken. Doch der König, ihr Bruder, will die Geistesgestörte nicht ständig um sich haben.

Also… Übersiedlung nach Schloß Bouchout, einem quadratischen Bau aus dem 12. Jahrhundert: ein uraltes Gemäuer mit vier Ecktürmen, von einem stillen Teich umgeben.

Lichte Augenblicke wechseln im Leben der Kranken mit dunklen ab.

Oft spielt sie recht gekonnt mit der Königin vierhändig am Klavier. Charlotte speist gern mit ihrem Gefolge am gleichen Tisch und plaudert friedlich mit diesen Leuten. Dann wiederum spricht sie nur mit sich selbst über diese Vergifter und Mörder, die da mit ihr zu Tisch sitzen.

Sie stickt Decken, Tischläufer und Meßgewänder. Fleißig malt sie stimmungsvolle Landschaftsbilder. Aber ab und zu zerstört sie ein solches in ohnmächtiger Wut.

Die behandelnden Ärzte stehen dem Krankenbild Charlottes hilflos gegenüber. Er erweist sich, daß letztlich kein körperlicher Befund erhoben werden kann, der diese Krankheit schlüssig erklären könnte. Auch hinsichtlich der Behandlungsmethoden zeigt sich, daß keine dieser Methoden im Grund das unheimliche Leiden Charlottes effektiv heilen kann.

Der seelisch Gesunde entspricht ohne große Mühe den Erfordernissen des Daseins, das ist seines Alltags. Seine Ambitionen liegen innerhalb des Spielraumes der praktischen Verwirklichung.

Charlottes Psyche hat diesen notwendigen Spielraum einer praktischen Verwirklichung ihrer ehrgeizigen Pläne nie zur Kenntnis nehmen wollen oder… können.

Der psychisch Gesunde befaßt sich möglichst wenig mit sich selbst.

Charlottes unersättlicher Ehrgeiz jedoch machte… vielleicht unbewußt ihr Ich zum explosiven Zentrum aller ihrer Aktivitäten. Damit war das Drama ihrer Seele von Anfang an bereits vorgezeichnet.

Charlotte wird älter und alt, greisenhaft klein und ein wenig gekrümmt. Noch immer ist sie eitel, was auch ihr Äußeres betrifft. Noch immer will sie nur in schwarze Seide und Spitze gekleidet werden.

„Ja…“, sagt sie einmal. „Man ist blöde, man ist toll. Man ist wahnsinnig. C'est la vie!“

Und irgendwann einmal kommt auch zu ihr Freund Hein.

Man bringt sie zu Bett.

„Was ist denn mit mir auf einmal los?“ fragt die Kranke ihre diensttuende Hofdame.

„Ich werde Ihnen etwas vorlesen“, erwidert diese ausweichend.

„Es wird so schwarz, wer löscht denn das Licht?“

Statt einer Antwort beginnt die Hofdame, ihr aus einem Gedicht vorzulesen:

„Komm, Freund Tod, senk dich hernieder
auf mein Haupt, das schlummern will.
Endet Seufzer, rauschet Lieder
einmal auf noch, schweigt dann still!“

„Die Dunkelheit lastet so schwer auf dem Herzen“, seufzt die Patientin.

„Tor, wer Nacht je finster schalt,
die nur Feind der Treibenden.
Was von uns zu Tage wallt
von dem Schönen, Bleibenden,

war's nicht dunkel wie ein Spruch?
Laßt nach Licht die Blinden jagen,
Weise lüstet nach dem ‚Du'...

Blättert ihr nur fort ein Buch,
lernt nur weiter ruhlos fragen!
Nur in Dir lag meine Ruh...“

„Max... Max“, ruft jetzt die Sterbende mit matter Stimme.

„Wie fühlen Sie sich, Majestät“, fragt die Hofdame.

„... Es wird auf einmal alles so leicht, so strahlend...“

„Wie schön!“ Die Vorleserin beugt sich besorgt über Charlotte.

„Engelstimmen erklingen“, flüstert sie mit letzter Kraft. „Sie rufen... sie rufen...“

„Was rufen sie denn?“

„Sie rufen...“ Charlottes Stimme ist kaum mehr zu vernehmen. „Sie rufen... Viva el emperador... viva Carlot...“

Weiter kommt sie nicht.

In der Schloßkirche von Laeken wird sie neben ihrer Mutter, Königin Marie Louise von Orléans, beigesetzt.

Und die Fischer von Grado, wenn sie aufs Meer hinausfahren, singen heute noch mit Begeisterung ihre Lieder vom rauhen Alltag und von zärtlichen Nächten.

Jene unsterblichen Lieder, die einst schon Rodolfo am Strand vor der Via Provveditori di Grado begeisterten, aber auch Maximilian in Miramar... mit Blick auf das rauschende Meer, mit Träumen von einem Reich jenseits des Ozeans, in dem die Sonne niemals untergehen sollte wie bei seinem Vorfahren... Karl V.

Doch so romantisch wie Maximilian ist leider sein ‚Fall Maximilian' nicht. Dieser ist nämlich eine Causa célèbre, wie die Franzosen sagen, das ist ein aufsehenerregender Rechtsfall, ja beinahe eine berühmt-berüchtigte Angelegenheit der Weltgeschichte.

Denn was sich an historischen Ungereimtheiten und menschlichen Widersprüchlichkeiten rund um die sogenannte Kaisererhebung eines an sich unerfahrenen Abkommen eines alten Herrschergeschlechts abspielte, ist der Beweis dafür, wie unvollkommen der Ablauf der Geschichte meistens vor sich geht.

Der ‚Fall Maximilian' scheint nach außen hin die Tragödie eines jungen Kaisers und seiner schönen Gemahlin zu sein. Doch dieser ‚Fall' ist hintergründig die Auswirkung einer Verliebtheit der 13jährigen Eugénie in einen jungen Mexikaner, die später als Gattin Napoleons III. zu großer Machtfülle gelangte und durch Verstrickungen gehäufter ‚Zufälle' eine politische Lawine auslöste, die ein Land mit sich in die Tiefe riß.

Der ‚Fall Maximilian' ist ein Fanal dafür, wie in der Weltgeschichte oft egoistische Machtpolitik über weise Verwirklichung des für die Gesellschaft Nützlichen triumphiert.

Denn zwischen den Polen von Machtgier und Liebessehnsucht spult sich seit jeher das Knäuel der Weltgeschichte fast unheimlich gesetzmäßig ab.

Aber Herr der Geschichte ist nur kurzfristig der Mensch. Hinter ihm steht nämlich trotz allem schließlich eine... höhere Macht.

Man mag es glauben oder nicht.

Zeittafel

1547 Spanien erobert Mexiko als eine feudale bzw. katholische Kolonie und nennt diese offiziell Vizekönigreich Neuspanien.

1802 7. Dezember: Erzherzog Franz Karl geboren (offizieller Vater von Maximilian von Mexiko).

1805 27. Januar: Sophie von Bayern geboren (Mutter von Maximilian von Mexiko).

1806 21. März: Benito *Juárez* García geboren, der spätere Präsident von Mexiko und Gegenspieler Maximilians.

1808 20. April: Charles *Louis Napoleon* (später Napoleon III.) in Paris geboren.

1811 20. März: Der Sohn Napoleons I., Napoleon, König von Rom, Napoleon II., später Herzog von Reichstadt, in Paris geboren.

1813 17. September: Der katholische Priester J. M. Morélos y Pavón beruft einen mexikanischen Nationalkongreß ein und erklärt die Unabhängigkeit Mexikos von Spanien.

1815 Morélos wird mit 50 Jahren von den Spaniern erschossen.

1821 24. Februar: Offizielle Unabhängigkeitserklärung Mexikos.

1822 19. Mai: Der spanisch-mexikanische General Augustine de Iturbide ernennt sich selbst zum Kaiser von Mexiko. Der spanische Vizekönig tritt daraufhin zurück.

1823 20. März: ‚Kaiser' Augustine I. muß abdanken und geht ins Exil.

1824 19. Juli: Iturbide wird nach seiner Rückkehr in Padilla (Mexiko) mit 41 Jahren erschossen.
4. November: Heirat von Franz Karl mit Sophie von Bayern (Tochter Maximilians I. von Bayern und Karoline von Baden).

1825 Spanien räumt seinen letzten Stützpunkt in Mexiko (Veracruz).

1826 5. Mai: Eugénie von Montijo und Teba, Tochter des nachmaligen Herzogs Manuel Fernandez von Peneranda, in Granada geboren (spätere Gattin Napoleons III.).

1832 6. Juli: Erzherzog Ferdinand *Maximilian* in Wien geboren.

1833 – 1836: Antonio López de *Santa Anna,* Präsident bzw. Diktator in Mexiko.

1840 7. Juni: Charlotte (Marie), Tochter König Leopolds I. der Belgier und der französischen Königstochter Marie Louise von Orléans, in Laeken (Brüssel) geboren.

1846 16. Juni: Graf Giovanni Mastai-Ferretti wird mit 54 Jahren Papst; nennt sich Pius IX.

1848 2. Dezember: Der österreichische Kaiser Ferdinand dankt in Olmütz ab. Sein Neffe, der 18jährige Franz Joseph, Bruder von Maximilian, besteigt den Habsburger Thron.

1850 26. Oktober: Maximilian tritt in die österreichische Kriegsmarine ein.

1853 29. Januar: Heirat Napoleons III. mit Eugénie von Montijo.

1854 1. Juli: Santa Anna beauftragt Don José Guiterrez, einen Prinzen als zukünftigen Kaiser von Mexiko zu ‚suchen'.
10. September: Maximilian wird zum Konteradmiral und Oberkommandierenden der österreichischen Kriegsmarine in Triest ernannt.
Sturz Santa Annas.
Zwischen 1821 und 1854 in Mexiko 34 Regierungen mit fünf unterschiedlichen Verfassungen.

1855 Neue Verfassung in Mexiko durch Juárez (derzeit mexikanischer Justizminister): Trennung von Staat und Kirche. Enteignung der vielen, riesigen Kirchengüter sowie aller Großgrundbesitzer.

1856 20. März: Napoleon (Lulu), Sohn Napoleon III. in Paris geboren (Napoleon II. war ebenfalls an einem 20. März in Paris geboren.)

1857 27. Juli: Heirat Maximilians mit Charlotte. Er wird Generalgouverneur in Mailand.

1858 Juárez wird Vizepräsident von Mexiko.

1859 USA erhalten im sogenannten ‚Mc Lane-Ocampo'-Vertrag das Recht, die Souveränität Mexikos stark einzuschränken. Daraufhin schwere Befürchtungen Europas wegen imperialistischer Tendenzen der nordamerikanischen Staaten.

Der 26jährige General Miguel Miramon (konservativ-klerikal) wird Präsident von Mexiko: Unterstützung durch die mexikanischen Generäle Leonardo Marquez und Thomas Meja (auch Mejia).
19. April: Maximilian wird seines Postens als Generalgouverneur von Lombardo-Venetien enthoben. Die Regierungsgewalt wird Graf Gyulai übertragen.

1859 – 1861: Bürgerkrieg in Mexiko wegen der Reformgesetze (Verstaatlichungen) von Juárez.

1861 15. April: Nach der Wahl Abraham Lincolns zum Präsidenten der USA treten elf Südstaaten aus der Union aus.
17. Juli: Juárez stürzt Miramon und verkündet als Präsident von Mexiko ein zweijähriges Moratorium (Zahlungsaufschub) für Mexikos Auslandsschulden. Spanien bricht diplomatische Beziehungen zu Mexiko ab. Pius IX. ebenfalls und verhängt über Juárez den Kirchenbann.
Frankreich verlangt eine bewaffnete Intervention gegen Mexiko.
Juárez läßt sich daraufhin mit diktatorischen Vollmachten ausstatten.
10. Oktober: Auf Veranlassung von Napoleon III. und Eugénie erste Kontaktaufnahme des österreichischen Außenministers, Graf Johann Rechberg in Miramar mit Maximilian wegen eventueller Thronannahme eines zu errichtenden Kaiserreiches von Mexiko. Daraufhin bedingungsweise Zustimmung in Miramar und Wien.

1861 – 1865: Sezessionskrieg (amerikanischer Bürgerkrieg) zwischen den Nord- und Südstaaten.

1862 23. Februar: Convention von Soledad: Großbritannien für Liberale unter Juárez, Spanien und Frankreich für die mexikanischen Klerikalen bzw. Konservativen. Spanien will einen Bourbonen auf einem in Mexiko zu errichtenden Thron sehen. Frankreich ist gegen einen Bourbonen.
Konferenz von Orizaba: Spanische und englische Invasions-Truppen verlassen Mexiko. Nun alleinige Invasionstruppen Frankreichs in Mexiko. Warnungen darüber aus Washington.

1863 Februar: Großbritannien bietet Maximilian die Königskrone von Griechenland an (Otto I., Sohn Ludwigs I. von Bayern, wurde durch die Oktoberrevolution 1862 aus Griechenland vertrieben).
18. Februar: Maximilian lehnt das Angebot ab.
7. Juni: Frankreich erobert die Hauptstadt Mexikos. Juárez flieht nach San Luis Potosi.
Frankreich inszeniert eine Wahlkomödie in Mexiko zugunsten eines zukünftigen Kaisers Maximilian.
8. August: Napoleon III. läßt Maximilian zum Kaiser von Mexiko proklamieren.
3. Oktober: Maximilian empfängt in Miramar eine Abordnung (bestehend aus Auslandsmexikanern), die ihn zum Kaiser von Mexiko ernennt. Die hiebei von Maximilian geforderten ‚Garantien' bleiben jedoch aus.

1864 18. März: Absolute Unterstützungserklärung Napoleons III. für Maximilian als künftigen Kaiser von Mexiko.
22. März: Kaiser Franz Joseph fordert seinen Bruder Maximilian zum Verzicht auf sein Thronfolgerecht in Österreich auf, falls er Kaiser von Mexiko werden sollte.
9. April: Maximilian gibt nach und verzichtet auf sein Thronfolgerecht in Österreich.
10. April: Maximilian empfängt abermals eine mexikanische Deputation und nimmt endgültig die ‚Kaiserkrone' von Mexiko an.
14. April: Abreise Maximilians und Charlottes nach Mexiko.
12. Juni: Kühler Empfang des ‚Kaiserpaares' in Mexiko-Stadt.

1865 28. Mai: U.S.A.: Niederlage der Südstaaten und Sieg der Nordstaaten.
10. Dezember: Leopold I., König der Belgier, Vater Charlottes, der Maximilian sehr unterstützt hatte, stirbt in Laeken (Brüssel) mit 75 Jahren.

1866 25. April: Die USA verbieten jede Intervention einer europäischen Macht in Mexiko und drohen widrigenfalls mit Krieg.
Militärische Mißerfolge Maximilians gegenüber den Truppen des Juárez, der nunmehr offen von den USA unterstützt wird.

Frankreich kündigt den Rückzug seiner Truppen aus Mexiko daraufhin an.
2. Juli: Französische Truppenverbände verlassen bereits Mexiko. Maximilian will abdanken, Charlotte überredet ihn zu bleiben. Sie selbst will in Paris und Rom Hilfe für Maximilian einfordern.
Österreichs Zweifrontenkrieg gegen Italien und Preußen.
3. Juli: Niederlage Österreichs bei Königgrätz. Ausscheiden Österreichs aus dem Deutschen Bund. Stärkung Preußens.
9. Juli: Abreise Charlottes nach Europa.
22. August: Charlotte erhält von Napoleon III. nur Absagen.
27. September: Charlotte erhält auch von Pius IX. nur Absagen.
28. September: Ausbruch des Wahnsinns bei Charlotte.
7. Oktober: Charlotte wird nach Miramar gebracht und im Gartenhaus interniert.
20. Oktober: Maximilian erwägt abermals abzudanken und bricht nach Orizaba auf. Abfall der meisten Anhänger des Kaisers.
7. November: Edouard Pierron, französischer Sekretär Maximilians teilt ihm mit, er habe vom österreichischen Gesandten in Mexiko erfahren, daß Maximilian nach seiner Abdankung weder nach Miramar noch an einen anderen Ort Österreichs reisen dürfe.
Mexikanische Konservative überreden Maximilian, nicht abzudanken und nach Querétaro zu übersiedeln.
Frankreich drängt Maximilian zur Abdankung.

1867 5. Februar: Die letzten französischen Truppen verlassen Mexiko. Leere Versprechungen der Konservativen für Maximilian.
13. Februar: Abreise Maximilians nach Querétaro.
Kämpfe vor Querétaro mit Anhängern des Juárez.
15. Mai: Verrat des Oberst Miguel Lopez an Maximilian. Dadurch Einnahme des kaiserlichen Hauptquartiers durch die Juaristen. Oberst Lopez und der liberale Oberst Gallardo wollen Maximilian zur Flucht ver-

helfen. Er lehnt ab. Gefangennahme Maximilians durch den juaristischen General Echegarray.
14. Juni: Maximilian wird in Querétaro zum Tod verurteilt.
Pariser Weltausstellung.
19. Juni: Maximilian wird in Querétaro mit 35 Jahren erschossen.
27. Juli: Charlotte wird nach Belgien gebracht.

1868 18. Januar: Die sterblichen Überreste Maximilians werden in der Wiener Kapuzinergruft beigesetzt.

1870 Preußisch-französischer Krieg. Napoleon III. von den Preußen gefangen.
4. September: Favre und Gambetta rufen die 3. französische Republik aus.

1872 18. Juli: Juárez stirbt in Mexiko (66 Jahre alt).
Ein Denkmal Maximilians wird in Wien-Hietzing enthüllt.

1873 9. Januar: Napoleon III. stirbt in Chislehurst (London) mit 65 Jahren.

1875 3. April: Ein Denkmal Maximilians wird in Triest auf der heutigen Piazza Venezia enthüllt.

1879 1. Juni: Lulu (Napoleon IV.), einziges Kind Napoleons III. und Eugénies in Itelezi (Afrika) von Zulus getötet (23 Jahre jung).

1898 10. September: Kaiserin Elisabeth, Gattin Franz Josephs, in Genf ermordet (61 Jahre alt).

1901 10. April: An der Hinrichtungsstätte in Querétaro wird eine Kapelle für Maximilian eingeweiht, welche die österreichischen Fürsten Khevenhüller und Fürstenberg erbauen ließen.

1909 17. Dezember: Der belgische König Leopold II. (Bruder Charlottes) mit 74 Jahren gestorben.
Auf ihn folgt sein 34jähriger Neffe: Albert I.

1916 21. November: Kaiser Franz Joseph, älterer Bruder Maximilians, im Schloß Schönbrunn in Wien mit 86 Jahren gestorben.

1920 11. Juli: Eugénie, Exkaiserin der Franzosen, in Madrid im 95. Lebensjahr gestorben.

1927 19. Januar: Charlotte, Witwe Maximilians, im Schloß Bouchout bei Brüssel gestorben, 87 Jahre alt.

Bibliographie

Acton Lord John, The Rise and the Fall of the Mexican Empire. London 1919

Adams Ch.K., Demokratie und Monarchie in Frankreich. Stuttgart 1875

Alba Victor, The Mexicans. The Making of a Nation. London 1967

Altamirano, Ignacio M., Historia y politica de Mexico 1821–1882. Mexico 1947

Alvensleben Max Frh. v., With Maximilian in Mexico. London 1867

Anders William, An American in Maximilian's Mexico 1865–1866. San Marino 1959

Andics Helmut, Die Frauen der Habsburger, Wien 1969

Anonymus, Kaiser Franz Joseph I. und sein Hof. Wien – Hamburg 1984

Bancroft Frederic, The French in Mexico and the Monroe-Doctrin, in: Political Science Quarterly, XI. 1806. New York 1896

Bankl Hans, Die kranken Habsburger, Wien 1998

Barker Nancy, The French Experience in Mexico 1821–1866. Chapel Hill 1979

Basch Samuel S.K. Ritter von, Erinnerungen aus Mexico. Leipzig 1868

Bestenreiner Erika, Die Reise nach Mexico. Roman um Kaiser Maximilian. Berlin 1995

Black Shirley J., Napoleon III. and the French Intervention in Mexico. A Quest for Silver, Oklahoma 1974

Blumberg Arnold, The Diplomacy of the Mexican Empire 1863–1867. Philadelphia 1971

Borton de Trevino Elizabeth, Juárez. Man of Law. New York 1974

Bravo Ugarte José, Historia de Mexico, Mexico 1959

Bulnes Francisco, La guerra de independencia. Mexico 1910

Burke Ulick R., A Life of Benito Juárez, Constitutional President of Mexico, London 1894

Cadenhaed Ivie, Benito Juárez. New York 1973

Castelot André, Maximilien et Charlotte du Mexique. Paris 1977
Chynoweth W. Harris, The Fall of Maximilian. Late Emperor of Mexico. London 1872
Corti Egon Caesar Conte, Maximilian and Charlotte von Mexiko. 2 Bände. Zürich–Leipzig–Wien 1924
Corti Egon Caesar Conte, Die Tragödie eines Kaisers, Leipzig 1933
Corti Egon Caesar Conte, Elisabeth. Die seltsame Frau, Wien 1934
Corti Egon Caesar Conte, Unter Zaren und gekrönten Frauen, Wien 1936
Corti Egon Caesar Conte, Anonyme Briefe an drei Kaiser, Salzburg 1939
Corti Egon Caesar Conte, Mensch und Herrscher, Wien 1952
Dabbs Jack A., The French Army in Mexico 1861–1867. The Hague 1963
Daniek Edmund, Sie zogen nach Mexiko. München–Zürich 1964
Dawson Daniel, The Mexican Adventure. London 1935
Delord Taxile, Histoire du Second Empire. Paris 1873
Detroyat P.L., L'intervention Française au Mexique. Paris 1868
Domenech Emanuel, Histoire du Mexique: Juárez et Maximilien. Paris 1868
Ebeling Adolf, Napoleon III. und sein Hof. Drei Bände. Köln und Leipzig 1893
Enriquez Andreas Molina, Juárez y la reforma, Mexico 1972
Ernst Otto (Hrsg.), Franz Joseph I. in seinen Briefen. Wien–Leipzig–München 1924
Estrada sh. Guiterrez
Eulenburg-Hertefeld Philipp Fürst zu, Erlebnisse an deutschen und fremden Höfen. Leipzig 1934
Fabiani Rosella, Schloß Miramare. Trieste 1989
Flesch-Bruningen Hans (Hrsg.), Die letzten Habsburger in Augenzeugenberichten. Düsseldorf 1967
Franz-Willing E., Der weltgeschichtliche Aufstieg der Vereinigten Staaten von Amerika durch die Entscheidung des Bürgerkrieges von 1865. Osnabrück 1979

Fröhlich Roland, Große illustrierte Kirchengeschichte. Freiburg–Basel–Wien 1992
Gelmi Josef, Die Päpste in Lebensbildern. Graz–Wien–Köln 1983
Grix Arthur Ernst, Erlebnis Mexiko. Braunschweig 1940
Guiterrez de Estrada Manuel, Méjico y el archiduque Fernando Maximiliano. Paris 1862
Hallberg Charles W., Franz Joseph and Napoleon III. 1852–1864. New York 1955
Hamerle Andreas, Geschichte der Päpste. Leoben 1906
Hanstein Otfried von, Kaiser Maximilian von Mexiko. Leipzig (ohne Angabe)
Haslip Joan, Maximilian, Kaiser von Mexiko. München 1972
Hellwald Friedrich von, Maximilian, Kaiser von Mexiko. Wien 1869
Herre Franz, Kaiser Franz Joseph von Österreich. Köln 1978
Hidalgo José Manuel, Projectos de monarquia en Mexico. Mexico 1904
Hyde Montgomery, Mexican Empire. The History of Maximilian and Charlotte. London 1946
Kaehlig Theodor, Geschichte der Belagerung von Querétaro. Wien 1879
Kapp Friedrich, Geschichte der Sklaverei in den Vereinigten Staaten von Amerika. Hamburg 1861
Kératry Graf, Kaiser Maximilians Erhebung und Fall. Originalkorrespondenzen und Dokumente. Leipzig 1867
Kisch Egon Erwin, Entdeckungen in Mexiko. Wien 1946
Kühn Joachim, Das Ende des mexikanischen Kaiserreiches in Mexico. Berlin–Frankfurt/M. 1966
Kühn Richard (Hrsg.), Hofdamen-Briefe um Habsburg und Wittelsbach. Berlin 1942
Kupisch K., Kirchengeschichte. Fünf Bände. Stuttgart 1973–1975
Kurtz Harald, Eugénie. Tübingen 1964
Lally Frank E., French Opposition to the Mexican Policy of the Second Empire. Baltimore 1931
Liegel, Kaiser Maximilian I. von Mexico. Hamburg 1868
Löhde Walter, Ein Kaiserschicksal der „hohen" Politik. München 1941

Magnus Anton, Das Ende des mexikanischen Kaiserreiches in Mexico. Göttingen 1966
Malortie Karl Baron von, Mexikanische Skizzen. Erinnerungen an Kaiser Max. Leipzig 1882
Martin Percy F., Maximilian in Mexico. The Story of the French Intervention. 1861-1867. New York 1914
Masseras E., Un essai d'empire au Mexique. Paris 1879
Mateo Solana y Guiterrez, Psichologia du Juárez. Mexiko 1968
Maximilian Ferdinand Erzherzog v. Österreich, Aus meinem Leben – Reiseskizzen, Aphorismen, Gedichte. Leipzig 1867
Metternich de Sandor, Pauline Princesse, Eclairs du Passé. Wien 1922
Mirecourt Eugène de, Napoleon III., Berlin 1860
Montlong W. von, Authentische Enthüllungen über die letzten Ereignisse in Mexiko. Stuttgart 1868
Mühlenberg E., Epochen der Kirchengeschichte. Heidelberg 1980
Nippold, Geschichte des Katholizismus seit der Restaurierung des Papsttums. Elberfeld 1883
O' Connor Richard, The Cactus Throne. London 1971
Parthe Ernst, Die Interventionen in Mexiko und das neue Kaiserreich. Leipzig 1864
Pitner Ernst von, Im Dienst Kaiser Maximilians von Mexiko. Wien–Köln–Weimar 1995
Proudhon P.J., Napoleon III., Paris 1900
Ranke Leopold von, Geschichte der Päpste. Drei Bände. Leipzig 1915
Redlich Joseph, Kaiser Franz Joseph v. Österreich. Berlin 1929
Reinhardt E.A., Napoleon III. und Eugenie. Berlin 1930
Richthofen Emil Freih. v., Die mexikanische Frage. Berlin 1862
Ringel Erwin, Die österreichische Seele. Wien–Köln–Graz 1984
Rippy J. Fred, The United States and Mexico. New York 1931
Roeder Ralph, Juárez and his Mexico. New York 1947
Romero Flores, Benito Juárez. Mexico 1972
Salm-Salm Felix Prinz zu, Querétaro. Blätter aus meinem Tagebuch in Mexiko. Stuttgart 1868

Salm-Salm Prinzessin zu, Zehn Jahre aus meinem Leben. 1862–1872. Stuttgart 1875
Schanovsky Hugo, Den Tod auf der Zunge. Linz 1992
Schanovsky Hugo, Diesen Tag Sarajevo. Steyr 1994
Schanovsky Hugo, Keine Adlerspur zieht der Mensch. Steyr 1998
Tschudi Clara, Eugenie, Kaiserin der Franzosen. Leipzig ohne Angabe
Turlington Edgar, Mexico and Her Foreign Creditors. New York 1930
Turquan Joseph, Die Königin Hortense. Zwei Bände. Leipzig 1897
Ugarte Jose Bravo, Historas de Mexico. Drei Bände. Mexico 1953
Urbach Monica, Mexiko zwischen Republik und Monarchie. Frankfurt/M. 1987
Vacha Brigitte (Hrsg.), Die Habsburger. Eine europäische Familiengeschichte. Graz–Wien–Köln 1992
Werfel Franz, Juárez und Maximilian. Zürich 1924
Wertheimer von, Napoleon III. Berlin 1928
Widl Joachim, (Hrsg. Salcher Andreas) Ölt das Riesenrad. Wien 1989
Widl Maria, Christentum und Esoterik. Graz–Köln–Wien 1995
Widl Maria, Kleine Pastoraltheologie. Realistische Seelsorge. Graz–Köln–Wien 1997
Widl Robert, Mayerling. Die letzte Nacht. Mühlacker – Irdning 1988
Widl Robert, Napoleons verhängnisvolle Familie. Mühlacker – Irdning 1992
Wolf J., Blut und Rasse des Hauses Habsburg-Lothringen. Zürich 1940
Wusowski Cornelia, Die Familie Bonaparte. München 1993
Zeldin Theodore, The Political System of Napoleon III. London 1958
Zerecero Anastasio, Biografia del Benito Juárez. Puebla 1867

Verzeichnis der Abbildungen

Titelbild: Kaiser Maximilian von Mexiko
Österreichische Nationalbibliothek Wien, Bildarchiv

Eugénie, Kaiserin der Franzosen
Gemälde von Dubufe
Archives Photographiques, Paris

Napoleon III., Kaiser der Franzosen
Österreichische Nationalbibliothek Wien, Bildarchiv

Schloß Miramare
Fotografie

Ernennung Maximilians zum Kaiser von Mexiko
(Ganz links: Maximilian; 2. von links: Guiterrez; ganz rechts: Hidalgo)
Gemälde von C. dell'Acqua
Fondo Miramare

Kaiserin Elisabeth von Österreich verabschiedet Charlotte bei deren Abreise nach Mexiko
Gemälde von C. dell'Acqua
Fondo Miramare

Abreise des Kaiserpaares von Miramare
Österreichische Nationalbibliothek Wien, Bildarchiv

Kaiserin Charlotte von Mexiko
Gemälde
Österreichische Nationalbibliothek Wien, Bildarchiv

Kaiser Maximilian von Mexiko
Gemälde von E. Heinrich
Archivio di Stato di Trieste,
Fondo Miramare

Hinrichtung Maximilians in Mexiko
Österreichische Nationalbibliothek Wien, Bildarchiv